天津市对外贸易指南

天津市商务委员会
天津市国际贸易学会 编

南开大学出版社

天　津

图书在版编目(CIP)数据

天津市对外贸易指南/天津市商务委员会，天津市国际
贸易学会编．一天津：南开大学出版社，2009.9
ISBN 978-7-310-03250-1

Ⅰ．天… Ⅱ．①天…②天… Ⅲ．对外贸易-天津市-指
南 Ⅳ．F752.821-62

中国版本图书馆 CIP 数据核字（2009）第 173707 号

南开大学出版社出版发行
出版人：肖占鹏
地址：天津市南开区卫津路94号 邮政编码：300071
营销部电话：(022)23508339 23500755
营销部传真：(022)23508542 邮购部电话：(022)23502200
*
天津泰宇印务有限公司印刷
全国各地新华书店经销
*
2009 年 9 月第 1 版 2009 年 9 月第 1 次印刷
787×1092毫米 16开本 19.25印张 1插页 350千字
定价：67.50 元
如遇图书印装质量问题，请与本社营销部联系调换，电话：(022)23507125

《天津市对外贸易指南》

编 委 会

顾　　　问：王树培

主　　　编：陈明铎

副 主 编：赵建中　　刘会春　　李胜利　　谭　楠

编　　　委：李　宏　　范志强　　张　颖　　张　沛

　　　　　　李胜功　　王欣耕　　杨金玲　　李一中

　　　　　　李祥禄　　王鸿凯　　杨声一　　朱振华

参与编写人员：

韩洁——天津海关　　　　　　　许庆华——天津出入境检验检疫局

宁书军——天津市工商局　　　　韩淼——天津市国家税务局

魏巍——天津市地方税务局　　　李璐——国家外汇管理局天津市分局

王爱莉——中国银行天津分行　　石莉——天津市质量技术监督局

路楠——天津市贸促会　　　　　石力——天津国际贸易与航运服务中心

赵桂娇——中国人保财险天津分公司

刘峰——中国信保天津分公司

吕璇——天津市外经贸服务中心　王隆——天津市外商投资企业协会

张藕——天津市外经贸企业协会　王宝栋——天津市国际货运代理协会

王计生——天津经济技术开发区管委会贸发局

张志强——天津港保税区管委会办公室

吕　欣——天津高新区管委会经发局

张忠东——天津东疆保税港区管委会办公室

黄春艳、栾杰、董继、阎晓琳、王峥、鲁宁兰、李欣——天津市商务委员会

韩雨明——天津市国际贸易学会

编者的话

近年来，我市进出口企业数量快速增加，截至 2008 年底，已有 1.4 万家企业进行了对外贸易经营者备案登记。很多企业反映，开展进出口业务缺乏较为权威性的指导资料，缺乏操作知识和实践经验，缺乏专业人才，自行摸索难免困难较多。为指导帮助广大中小企业，特别是新获外贸经营资格的企业顺利开展进出口业务，在市商务委指导下，天津市国际贸易学会于 2007 年酝酿策划，2008 年上半年启动了《天津市对外贸易指南》的编撰工作，历时一年，现正式出版。

《天津市对外贸易指南》以对外贸易业务流程为主线，突出实务操作，突出解决问题，具有如下几个特点：一是以问答方式行文，思路清晰、编排合理、文字通俗、简洁易懂，查阅方便，体现了工具书的特点，对从事对外贸易业务，特别是初涉对外贸易的企业和个人都具有一定的参考价值；二是在广泛搜集、多方印证的前提下，文中表述均是国家的现行政策，具有一定的权威性、时效性；三是通过介绍我市对外贸易各管理部门、促进服务机构和各功能区办事程序，起到了企业办事"路线图"的作用；四是以较大篇幅详细介绍了加工贸易的现行政策及基本做法，对新老企业开展加工贸易均有较强的指导作用；五是在介绍普惠制产地证（Form A）的同时，收录了部分与我国签有贸易协定的国家和经济共同体对中国产品给予优惠关税的产地证书及其制作要求，对推进出口市场多元化战略应能起到积极作用。

《天津市对外贸易指南》是在天津市人民政府对外贸易办公室各成员单位和其他相关单位提供素材的基础上，由有丰富对外经济贸易管理和实践经验的人员组织编写，并经多位专家点评论证，几易其稿而成。但由于时间仓促，编撰人员水平有限，难免有遗误和不当之处，请读者谅解，并将您的意见反馈给我们，以便再版时补正。

联系方式：天津市市商务委贸发处——022-23016751
　　　　　天津市国际贸易学会——022-23112719
电子邮箱：tjgmxh666@126.com（天津市国际贸易学会）

《天津市对外贸易指南》编写组

2009 年 4 月

目 录

第一章

对外贸易经营登记

《中华人民共和国对外贸易法》第九条规定："从事货物进出口或者技术进出口的对外贸易经营者，应当向国务院对外贸易主管部门或者其委托的机构办理备案登记"，"未按规定办理备案登记的，海关不予办理进出口货物的报关验放手续"。因此，尚未获得对外贸易经营权而拟经营进出口业务的企业，需要按照下列程序和办法申办对外贸易经营者备案登记、海关登记、检验检疫登记、外汇登记、出口退（免）税认定等对外贸易经营登记手续后，才可直接经营进出口业务。

企业办理对外贸易经营登记路线图如图 1-1 所示。

```
┌─────────────────────────────────┐
│        去天津外经贸服务中心         │
│                                   │
│              申领                  │
│                                   │
│     "对外贸易经营者备案登记表"      │
└─────────────────────────────────┘
                 ↓
┌─────────────────────────────────┐
│        去工商注册地海关            │
│                                   │
│              申领                  │
│                                   │
│   "进出口货物收发货人注册登记证书"  │
└─────────────────────────────────┘
                 ↓
```

去天津国际贸易与航运服务中心或中国电子口岸

数据中心天津分中心

申办

中国电子口岸（IC 卡）入网

↓

去天津市行政许可服务中心

申领

"出入境检验检疫备案登记证书"

↓

去天津市外汇管理局

申办

出口收汇核销备案登记

对外付汇进口单位名录登记

境内机构基本信息登记

外汇登记证（仅限外商投资企业）

↓

去银行

开立外汇账户

↓

去工商注册地国税局

申办

出口货物退（免）税认定

图 1-1　企业办理对外贸易经营登记路线图

第一节 对外贸易经营者备案登记

根据国家商务部 2004 年第 14 号令公布的《对外贸易经营者备案登记办法》,企业经营对外贸易,需办理对外贸易经营登记。首先应向商务部门办理对外贸易经营者备案登记手续,领取加盖商务备案登记印章的《对外贸易经营者备案登记表》,并凭该登记表在 30 日内到海关、检验检疫、外汇、税务等部门办理开展对外贸易业务所需的有关手续。逾期未办理的,上述备案登记表自动失效。

一、企业申请对外贸易经营者备案登记的条件是什么?

根据《中华人民共和国对外贸易法》第八条规定:"对外贸易经营者,是指依法办理工商或者其他执业手续,依照本法和其他有关法律、行政法规的规定从事对外贸易经营活动的法人、其他组织或者个人"。因此,只要依照《中华人民共和国对外贸易法》和其他有关法律、行政法规办理了工商登记和其他执业手续的各类企业(含外商投资企业和个体工商户)均可申请对外贸易经营者备案登记。

二、企业申请对外贸易经营者备案登记需要提交什么材料?对提交的材料有何具体要求?

企业申请对外贸易经营者备案登记需要提交以下材料:

(一)在网上填报的《对外贸易经营者备案登记表》一份(获取和填报方法详见本章备案登记程序(一))。

(二)营业执照副本复印件一份。

(三)组织机构代码证副本复印件一份。

(四)外商投资企业申请备案登记的,还应提交外商投资企业批准证书复印件一份。

(五)依法办理工商登记的个体工商户(独资经营者),还需提交合法公正机构出具的财产公证证明;依法办理工商登记的外国(地区)企业,须提交合法公正机构出具的资金信用证明文件。

企业所提交的材料必须完整、准确、合法有效。要求复印的材料一律用 A4

纸复印，字迹清楚。

三、企业申请对外贸易经营者备案登记的程序是什么？需要多长时间？

企业申请对外贸易经营者备案登记的程序是：

（一）申请登记的企业首先在网上登记录入：登陆网站 **www.ec.com.cn** 首页……[登记备案]…….外贸经营者登记，在备案登记系统中录入企业信息。录入完毕后在网上提交备案登记。提交成功后在网上打印该表格（正反两面均须打印）一份，反面须盖企业公章和法人代表章（或法人代表签字）。（在录入过程中，请注意填写经营者英文名称和经营场所英文名称及电子邮箱）。该表备妥后，连同上述需要提交的其他材料一并送天津市对外经济贸易服务中心（以下简称"外经贸服务中心"）。

（二）自企业提交齐全部材料之日起 3 个工作日后，"外经贸服务中心"出具加盖商务备案登记印章的《对外贸易经营者备案登记表》，对于外商投资企业的经营范围无分销权的，则在《对外贸易经营者备案登记表》备注栏加盖"无进口商品分销业务"印章。

（三）企业自提交齐全部材料之日起 3 个工作日后，应派员携带单位介绍信（加盖公章）一份和取表人身份证原件及复印件一份到"外经贸服务中心"领取《对外贸易经营者备案登记表》，并凭该登记表在 30 日内到海关、检验检疫、外汇、税务等部门办理经营对外贸易所需的其他有关登记手续。逾期未办理的，《对外贸易经营者备案登记表》将自动失效。

四、企业办理对外贸易经营者备案登记变更需要提交什么材料？对提交的材料有何具体要求？

企业办完对外贸易经营者备案登记手续后，《对外贸易经营者备案登记表》上的任何登记事项发生变更时，企业应在 30 日内向原商务备案登记部门办理对外贸易经营者备案登记变更手续。逾期未办理变更手续的，其《对外贸易经营者备案登记表》将自动失效。

企业办理对外贸易经营者备案登记变更需提交以下材料：

（一）变更申请：企业自行打制变更申请（为避免录入时有误，请务必打印），注明变更项目及变更后的内容，打印后盖公章。

（二）《对外贸易经营者备案登记表》原件（或进出口企业资格证书正、副本原件)。

（三）变更后的营业执照副本复印件一份。

（四）法人身份证复印件一份（如不涉及法人变更则不需提供）。

（五）如变更企业名称还需要提供变更后的组织机构代码证副本复印件一份。

（六）外商投资企业变更还需提交变更后的外商投资企业批准证书复印件一份。

企业所提交的材料必须完整、准确、合法有效，字迹清楚。

五、企业办理对外贸易经营者备案登记变更的程序是什么？需要多长时间？

企业备妥上述变更登记的材料后，送到原发放《对外贸易经营者备案登记表》的部门，企业自提交齐全部材料之日起 3 个工作日后，派员携带单位介绍信（加盖公章）一份和取表人本人身份证原件及复印件一份，领取新的《对外贸易经营者备案登记表》，并凭新的《对外贸易经营者备案登记表》向海关、检验检疫、外汇、税务等部门办理相应的变更登记手续。

六、企业在何处办理对外贸易经营者备案登记及其变更登记手续？

符合条件的企业可到"外经贸服务中心"办理备案登记或变更登记手续。

"外经贸服务中心"地址：天津市和平区郑州道 18 号港澳大厦 3 层

电话：23025219

第二节 海关登记和电子口岸 IC 卡

企业办妥对外贸易经营者备案登记后，需到工商注册地海关办理报关单位注册登记手续，领取《海关进出口货物收发货人注册登记证书》，并凭该登记证书及其他有关材料办理中国电子口岸（IC 卡）入网手续。

◎ 海关登记

依据《中华人民共和国海关对报关单位注册登记管理规定》第三十五条：

"进出口货物收发货人应当按照规定到所在地海关办理报关单位注册登记手续",领取《中华人民共和国海关进出口货物收发货人注册登记证书》。

一、企业办理报关单位注册登记手续需要提交什么材料？对提交的材料有何具体要求？

企业办理报关单位注册登记需要提交以下材料：

（一）企业法人营业执照副本复印件（个人独资、合伙企业或者个体工商户提交营业执照）。

（二）《对外贸易经营者备案登记表》复印件（法律、行政法规或者商务部规定不需要备案登记的除外）。

（三）《中华人民共和国外商投资企业批准证书》、《中华人民共和国台港澳侨投资企业批准证书》复印件（限外商投资企业提交）。

（四）企业章程复印件（非企业法人免提交）。

（五）税务登记证副本复印件。

（六）银行开户证明复印件。

（七）组织机构代码证书副本复印件。

（八）《进出口货物收发货人注册登记申请书》、《报关单位情况登记表》、《报关单位管理人员情况登记表》。

（九）其他与报关注册登记有关的文件材料。

（注：申请人按规定提交复印件的，复印件加盖公章，并将原件交海关验核。）

二、企业到海关办理报关单位注册登记手续的程序是什么？需要多长时间？

企业办理报关单位注册登记的程序是：

（一）下载表格，逐项正确填写

（参阅天津海关网——办事指南——下载中心）

表格名称：

1. 进出口货物收发货人注册登记申请书。

2. 报关单位情况登记表。

3. 报关单位管理人员情况登记表。

（二）向海关受理部门报送材料

企业完成上述表格、备齐上述报关单位注册登记所需材料后报送海关。

申请人提交材料符合法定要求的，海关在 5 个工作日内向申请人核发《中华人民共和国海关进出口货物收发货人注册登记证书》。

三、企业办理海关注册登记变更需要提交什么材料？对提交的材料有何要求？

依据《中华人民共和国海关对报关单位注册登记管理规定》第四十五条："进出口货物收发货人单位名称、企业性质、企业住所、法定代表人（负责人）等海关注册登记内容发生变更的，应当自批准变更之日起三十日内，向注册地海关提交变更后的工商营业执照或者其他批准文件及复印件，办理变更手续。"

企业办理海关注册登记变更需要提交以下材料：

（一）企业法人营业执照副本复印件（个人独资、合伙企业或者个体工商户提交营业执照）。

（二）对外贸易经营者备案登记表复印件（法律、行政法规或者商务部规定不需要备案登记的除外）。

（三）《中华人民共和国外商投资企业批准证书》、《中华人民共和国台、港、澳、侨投资企业批准证书》复印件（限外商投资企业提交）。

（四）外商投资企业提供商务部门同意变更的批复。

（五）如增加注册资本需提供会计师事务所到位注册资本的《验资报告》。

（六）如企业地址跨区变更需提供税务登记证书副本复印件。

（七）《进出口货物收发货人注册登记变更申请书》、《报关单位情况登记表》、《报关单位管理人员情况登记表》。

（八）其他与注册登记变更有关的文件材料。

（注：申请人按规定提交复印件的，复印件加盖公章，并将原件交海关验核）

四、企业办理海关注册登记变更的程序是什么？需要多长时间？

企业办理海关注册登记变更的程序是：

（一）表格下载

（参阅天津海关网——办事指南——下载中心）

表格名称：

1. 进出口货物收发货人注册登记变更申请书。

2. 变更登记表。

3. 报关单位情况登记表。

4. 报关单位管理人员情况登记表。

参阅天津海关网"办事指南""企业管理"栏目——五、进出口货物收发货人注册登记指南——2. 进出口货物收发货人注册登记变更（**网址：http://tianjin.customs.gov.cn**）。

（二）办理时限

申请人提交材料符合法定要求的，海关在 5 个工作日内向申请人核发变更后的《中华人民共和国海关进出口货物收发货人注册登记证书》。

五、企业办理换证手续需要提交什么材料？对材料有何要求？

依据《中华人民共和国海关对报关单位注册登记管理规定》第三十八条："《中华人民共和国海关进出口货物收发货人报关注册登记证书》有效期为三年，进出口货物收发货人应当在有效期届满前三十日到注册地海关办理换证手续。"

企业办理换证手续需要提交以下材料：

（一）企业法人营业执照副本复印件（个人独资、合伙企业或者个体工商户提交营业执照）。

（二）《对外贸易经营者备案登记表》复印件（法律、行政法规或者商务部规定不需要备案登记的除外）。

（三）《中华人民共和国外商投资企业批准证书》、《中华人民共和国台港澳侨投资企业批准证书》复印件（限外商投资企业提交）。

（四）《报关单位情况登记表》。

（五）《报关员情况登记表》（无报关员的免提交）。

（六）《报关单位管理人员情况登记表》。

（注：申请人按规定提交复印件的，复印件加盖公章，并将原件交海关验核）

六、企业办理换证手续的程序是什么？需要多长时间？

企业办理换证手续的程序是：

（一）表格下载

（参阅天津海关网——办事指南——下载中心）

表格名称：

1.《进出口货物收发货人注册登记证书换证申请书》。

2.《报关单位情况登记表》。

3.《报关单位管理人员情况登记表》。

4.《报关员情况登记表》（无报关员的免提交）。

（参阅天津海关网"办事指南""企业管理"栏目——五、进出口货物收发货人注册登记指南——3. 进出口货物收发货人注册登记证书有效期满换证（**网址：http://tianjin.customs.gov.cn**））。

（二）办理时限

申请人提交材料符合法定要求的，海关在 5 个工作日内向申请人换发《中华人民共和国海关进出口货物收发货人注册登记证书》。

七、企业在何处办理海关注册登记、变更注册登记和换证手续？

天津海关进出口货物收发货人注册登记实行属地管理，业务范围包括报关注册登记、注册登记变更、注销及注册登记证书的换证等业务，进出口货物收发货人按照工商注册地到所属区域海关办理。

各区域海关管辖范围及受理部门如下：

（一）新港海关

塘沽区（除开发区、保税区、出口加工区）、汉沽区、大港区、宁河县所属企业。

受理部门：新港海关直属稽核科

咨询电话：022-65206177

办公地点：天津市经济技术开发区宏达街 15 号

邮政编码：300457

（二）开发区海关

天津经济技术开发区、天津出口加工区所属企业。

受理部门：开发区海关审批科

咨询电话：022-65206416

办公地点：天津市经济技术开发区宏达街 15 号

邮政编码：300457

（三）保税区海关

天津港保税区、保税区（空港）及保税物流园区所属企业

受理部门：加工贸易管理科（负责天津港保税区所属企业）

咨询电话：022-65205829

办公地点：天津港保税区海滨五路 1 号

邮政编码：300461

受理部门：物流园区业务科（负责天津保税物流园区所属企业）

咨询电话：022-65205305

办公地点：天津保税物流园区综合办公楼

邮政编码：300461

受理部门：空港业务科（负责保税区（空港）所属企业）

咨询电话：022-84202206

办公地点：天津空港加工区保税区（空港）卡口西侧

邮政编码：300308

（四）蓟县海关

蓟县、宝坻区所属企业。

受理部门：蓟县海关业务科

咨询电话：022-29145944

蓟县办公地点：天津市蓟县人民东路 28 号

邮政编码：301900

宝坻区办公地点：天津市宝坻区钰华街 108 号（宝坻石桥工业园区管委会楼内）

咨询电话：022-82661107

邮政编码：301800

（五）武清海关

天津武清区所属企业。

受理部门：武清海关业务一科

咨询电话：022-84202649

办公地点：天津市武清开发区泉州北路 2 号

邮政编码：301700

（六）现场业务处

上述地区之外的企业。

受理部门：现场业务处企管科（上述地区之外的企业）、北辰监管科（北辰区所属企业）、静海业务科（静海县所属企业）

咨询电话：022-65307501（语音咨询电话）、022-84202302、022-84202479（北辰）、022-84202717（静海）

企管科：天津市西青经济开发区赛达二大道 18 号

北辰监管科：天津市北辰科技园区中捷火炬科技园淮河道 5 号（宜兴埠天

土力花园附近）

静海业务科：天津市静海县迎宾大道 99 号静海县政府大楼 309 房间

（七）东疆保税港区海关筹备处

东疆保税港区内所属企业。

受理部门：审批科

咨询电话：022-65307613

办公地点：东疆保税港区联检商贸服务中心

◎ 中国电子口岸 IC 卡

中国电子口岸是企业与电信公网连接，通过公共数据中心在网上直接向海关、外汇、税务、银行等管理部门申办进出口手续，实现有关管理部门对企业的一站式服务。IC 卡是身份识别卡，只有办理了 IC 卡，并插入读卡器中才可登陆中国电子口岸，办理有关进出口手续。

一、企业办理电子口岸 IC 卡需要提交什么材料？对材料有何要求？

电子口岸 IC 卡分为法人卡、操作员卡和报关员卡。法人卡持卡人要求是具有合法身份的公民，为所属单位的法人代表或者是主要管理人员；操作员卡持卡人要求是具有合法身份的公民，为所属单位的正式职工，熟练使用计算机，熟悉进出口业务，了解出口收汇、退税、进口付汇等相关业务知识；报关员卡持卡人要求是具有合法身份的公民，为所属单位的正式职工，具有报关员资格证书，具备计算机操作技能，掌握报关业务相关知识。

企业办理电子口岸 IC 卡需要提交以下材料：

（一）《中国电子口岸企业情况登记表》1 号表、2 号表及下列有效证件的副本原件及复印件。

（二）《中华人民共和国组织机构代码证》。

（三）《企业法人营业执照》或《企业营业执照》。

（四）《国税税务登记证》或《外商投资企业税务登记证》。

（五）《对外贸易经营者备案登记表》或《中华人民共和国进出口企业资格证书》，外资企业持《中华人民共和国外商投资企业批准证书》。

（六）《中华人民共和国海关进出口货物收发货人报关注册登记证书》。

二、企业申办电子口岸 IC 卡的程序是什么？需要多长时间？

企业申办电子口岸 IC 卡的程序是：

（一）企业到天津国际贸易与航运服务中心或中国电子口岸数据中心天津分中心柜台领取《中国电子口岸企业情况登记表》1 号表、2 号表，也可登陆网址 **http://www.tjitsc.gov.cn** 下载。企业需正确填写《中国电子口岸企业情况登记表》1 号表、2 号表。

表格填写完毕须加盖企业法人印章（或法人签字）和单位公章。

注意事项： 法人卡持卡人与操作员卡持卡人不能为同一人。

填写《中国电子口岸企业情况登记表》需参照表格背面的填表说明，并且字迹工整、清晰可辨。其中《中国电子口岸企业情况登记表》（2 号表）填写企业法人卡持卡人信息及企业操作员卡持卡人信息及以下内容。企业如申请多张操作员卡，则按照企业指定的操作员人数每人填写一份 2 号表。

企业的《中国电子口岸企业情况登记表》填制不规范或携带证件不符合要求，数据分中心不予办理相关手续。

（二）企业携带上述递交单证到数据分中心进行纸证初审。

（三）数据分中心对企业提交的材料进行电子数据录入，包括：组织机构表、工商注册表、税务登记证、外贸批准证、海关登记表、管理人员表、外汇登记表、银行账号表、IC 卡登记表等数据信息。

（四）由技术监督局、工商局、国税局三个部门进行计算机数据审核并在《中国电子口岸入网用户资格审查登记表》上加盖部门审核印章。

（五）数据分中心制作企业电子口岸 IC 卡，并通过企业法人 IC 卡向商务委、外汇管理局、海关三个部门申报企业备案、企业权限、IC 卡备案、IC 卡权限。

（六）由商务委、外汇管理局、海关三个部门进行计算机数据审核并在《中国电子口岸入网用户资格审查登记表》上加盖部门审核印章。

（七）企业操作员持取卡通知单、企业介绍信、身份证到数据分中心领取企业 IC 卡和《中国电子口岸系统用户实用手册》，购置 Oracle Lite 软件、读卡器等设备。

（八）用户登陆中国电子口岸业务网站，购买 95199 上网卡。

企业提交的材料、证件合法有效，符合中国电子口岸要求，4 个工作日办结。

三、企业如何办理中国电子口岸 IC 卡解锁业务？

进入中国电子口岸系统，如系统提示 IC 卡密码已经被锁定，请携带以下证件到天津数据分中心办理解锁业务：

（一）被锁定的 IC 卡。

（二）被锁 IC 卡持卡人的身份证原件。

（三）单位介绍信。

解锁后的 IC 卡初始密码为 8 个"8"。

四、企业办理电子口岸数字证书更新需要提交什么材料？

中国电子口岸 IC 卡有效期为两年。如系统提示 IC 卡到期或提示"验证用户出错"，需到原发卡部门办理证书更新手续。

企业办理电子口岸数字证书更新需提交以下材料：

（一）法人卡。

（二）操作员卡或报关员卡。

（三）法人卡和操作员卡持卡人身份证复印件。

（四）经办人身份证复印件。

（五）单位介绍信。

（六）报关员证复印件。

证书更新后的初始密码为 8 个"8"。

五、企业到何处办理电子口岸 IC 卡及其数字证书更新、解锁手续？

中国电子口岸分别接受技术监督局、工商局、国税局、商务委、外管局、海关等部门入网资格的审核，同时办理购买电子口岸专用读卡器、软件及 IC 卡等设备手续。

办理地址

（一）天津港保税区集装箱物流中心跃进路 1 号，天津国际贸易与航运服务中心二楼（81 至 88 号窗口）。

网址

中国电子口岸业务网址：**http://www.chinaport.gov.cn**

咨询电话：022-25601000、022-65307313

（二）中国电子口岸数据中心天津分中心，天津市河东区八经路新关公寓一层。

网址同上。

咨询电话：022-84201926

第三节 检验检疫登记

企业经营对外贸易，需向检验检疫机构申办出入境检验检疫自理报检单位登记手续，取得报检单位备案登记号，才可办理出入境货物检验检疫报检手续。自理报检单位的备案登记需在"中国电子检验检疫业务网"提出申请。（网址：**http://www.eciq.cn**）

一、企业申办检验检疫登记手续需要提交什么材料？对材料有何要求？

根据国家质检总局的有关规定，从事出入境检验检疫报检工作的自理报检单位在首次报检时须先办理备案登记手续。

自理报检单位，是指根据法律法规规定办理检验检疫报检手续的出入境货物收发货人以及进出口货物的生产、加工和经营单位等。

企业申办检验检疫登记手续需要提交以下材料：

（一）《出入境检验检疫自理报检单位备案登记申请书》，加盖企业公章和法人代表章。

（二）加盖企业公章的《企业法人营业执照》复印件（个人独资企业、合伙企业或个体工商户提交非企业法人营业执照复印件），同时交验原件。

（三）加盖企业公章的《组织机构代码证》复印件（同时交验原件）。

（四）有进出口经营权的企业须提供有关证明材料（《进出口企业资格证书》、《外商投资企业批准证书》或《对外贸易经营者备案登记表》）。

（五）加盖企业公章的《海关注册登记证书》复印件，同时交验原件。

二、企业申办检验检疫登记的程序是什么？需要多长时间？

企业申办检验检疫登记的程序是：

（一）登陆 **www.eciq.cn**，选择"自理报检单位备案登记、报检员注册申请（企业用户）（New!）"，进行网上登记并下载打印《天津出入境检验检疫局自理报检单位登记备案申请表》或《备案信息更改申请表》。其中填写表格时，"属地检验检疫机构"栏选择"天津出入境检验检疫局"；申请单位名称、地址、法人统一按营业执照上的内容填写；单位英文名称按《对外贸易经营者备案登记表》内容填写；打印申请表时请选择系统页面内的"打印"按键。

（二）完成网上注册申请后，即可携带上述材料到检验检疫部门办理备案登记手续。

办理时限：企业提交的材料齐全、合格的，自申请后 5 日内，检验检疫部门将为企业办妥备案登记手续。

企业履行检验检疫登记备案手续后，将取得自理报检单位登记备案证明书。

三、企业办理检验检疫备案登记的变更需要提交什么材料？

报检单位的组织机构、性质、业务范围、名称、法定代表人、法定地址及隶属关系等发生重大改变和变动，应于 15 日内以书面形式向原报检备案登记的出入境检验检疫机构提出变更申请，并持《出入境检验检疫局备案登记证书》到发证机构办理变更手续。

企业办理检验检疫备案登记的变更需要提交以下材料：

（一）出入境检验检疫自理报检单位《备案信息更改申请书》，加盖企业公章。

（二）加盖企业公章的《企业法人营业执照》复印件（个人独资企业、合伙企业或个体工商户提交非企业法人营业执照复印件），同时交验原件。

（三）加盖企业公章的《组织机构代码证》复印件，同时交验原件。

（四）有进出口经营权的企业需提供有关证明材料：《进出口企业资格证书》或《外商投资企业批准证书》或《对外贸易经营者备案登记表》复印件，加盖企业公章，同时交验原件。

（五）加盖企业公章的《海关注册登记证明书》复印件，同时交验原件。

四、企业办理检验检疫备案登记变更的程序是什么？需要多长时间？

企业办理检验检疫备案登记变更的程序是：

（一）申请单位登录 **www.eciq.cn**。

（二）点击"报检单位、报检员注册/备案登记（企业用户）"进入申请界面。

（三）已注册/备案单位业务。

（四）输入 9 位组织机构代码和单位注册/备案登记号。

（五）自理单位信息更改、报检员注册申请。

（六）更改单位信息并填写更改原因或填写报检员注册登记信息。

（七）完成填写保存或提交信息。

（八）点击"打印"，打印申请书（备案/注册登记/信息更改/报检员注册）。

（九）结束申请。

办理变更登记的时限：

自企业提交的材料被受理后，检验检疫部门将在 5 日内为企业办完变更登记手续。

五、企业在何处办理检验检疫备案登记及其变更手续?

受理企业检验检疫备案登记和备案登记的变更均在同一地点。

受理地点：天津市河东区红星路 79 号天津市行政许可服务中心 9 号窗口。咨询电话：24538037。

请天津辖区自理报检企业网上申请后携带所需文件到上述地点办理，外地企业向所在地检验检疫机构申请备案。

鉴于检验检疫备案登记要求一律在网上申请（包括已备案登记单位的更改申请、备案年审申请、备案登记终止申请），企业应注意以下几点要求：

（一）系统要求使用 IE6.0 或更高版本浏览器，推荐以 1024×768 或更高屏幕分辨率来进行操作，并安装 ADOBE READER 6.0 或 PDF 打印软件。

（二）组织机构代码为九位，带"X"须在中文状态下输入，代码中"-"不需输入。

（三）单位备案/注册申请时"属地检验检疫机构"一栏应填写企业所在地检验检疫局。

（四）"法定代表人"、"银行账号"及"经营范围"等数据项出现字符不够的情况可在纸质申请书上修改，同时须在修改处加盖申请单位印章。

（五）已注册的自理报检单位办理报检员注册时，原企业报检人员中无此人信息的须先办理企业信息更改中的新增报检人员一项。

第四节 外汇备案登记和外汇开户

企业在办妥商务、海关和检验检疫备案登记后，还需要到外汇管理部门办理相关的备案登记和境内机构基本信息登记，然后到有关银行开立经营对外贸易所需的外汇账户。

◎ 外汇备案登记

企业办理外汇备案登记，主要是指到外汇管理部门办理以下与外汇管理有关的手续，即办理《出口收汇核销备案登记》、《对外付汇进口单位名录》登记、《外汇登记证》和《境内机构基本信息登记》等手续。

一、企业办理《出口收汇核销备案登记》需要提交什么材料？对材料有何具体要求？需要多长时间？

企业在办理第一笔出口业务前，需到外汇管理局办理《出口收汇核销备案登记》手续。

首次办理了对外贸易经营者备案登记的企业，办理《出口收汇核销备案登记》时，需向外汇管理部门提供以下材料：

（一）加盖单位公章的出口单位介绍信。

（二）加盖单位公章的备案登记申请书。

（三）《对外贸易经营者备案登记表》或《中华人民共和国外商投资企业批准证书》或《中华人民共和国台港澳侨投资企业批准证书》正本及复印件。

（四）《企业法人营业执照（副本）》或《企业营业执照（副本）》或其他执业证明正本（副本）及复印件。

（五）《中华人民共和国组织机构代码证》正本及复印件。

（六）《中华人民共和国海关进出口货物收发货人报关注册登记证明书》正本及复印件。

（七）中国电子口岸企业操作员 IC 卡。

（八）企业法人身份证（正本及复印件）。

（九）条码章（长：5cm、宽：1.5cm，上部为企业中文全称，下部为企业组织机构代码）。

上述材料经审核合格后，外汇管理部门现场即可为企业办理登记手续。

二、企业办理《出口收汇核销备案登记》的变更需要提交什么材料？对材料有何要求？需要多长时间？

企业电子档案信息发生变更时，应在工商、海关等部门办理变更手续后一个月内，持变更申请书、出口单位备案登记审核材料中发生变更的证明材料正本及复印件，到外汇管理局办理《出口收汇核销备案登记》变更手续。

上述材料经审核合格后，外汇管理局即可为企业办理变更手续。

三、企业在何处办理《出口收汇核销备案登记》及其变更手续？

（一）注册地在天津市塘沽区、天津经济技术开发区、天津保税监管区域以外的出口单位到国家外汇管理局天津市分局经常项目处出口收汇核销科办理。

地　　址：天津市和平区解放北路 117 号

电　　话：23209502

（二）注册地在天津市塘沽区的出口单位到国家外汇管理局塘沽中心支局经常项目科办理。

地　　址：天津经济技术开发区新城东路 59 号

电　　话：66239174

（三）注册地在天津海关特殊监管区域的出口单位到保税区管委会办理。

地　　址：天津保税区通达广场 1 号投资服务中心

电　　话：25763833

四、企业办理《对外付汇进口单位名录》登记需要提交什么材料？对材料有何要求？需要多长时间？

企业在办理第一笔进口付汇业务前，需要到外汇管理局办理《对外付汇进口单位名录》登记手续，需提供以下材料：

注册地在保税监管区域之外的进口单位，需提供以下材料原件（正副本均可）及复印件。

（一）《企业法人营业执照》或《企业营业执照》。

（二）《对外贸易经营者备案登记表》或《中华人民共和国外商投资企业批

准证书》或《中华人民共和国进出口企业资格证书》。

（三）《中华人民共和国组织机构代码证书》或《企业法人代码证书》。

（四）《中华人民共和国海关进出口货物收发货人报关注册登记证明书》。

（五）法定代表人身份证。

（六）加盖公章的进口单位列入名录登记的申请。

注册地在天津保税监管区域的进口单位，需提供如下材料原件（正副本均可）及复印件：

（一）《保税监管区域外汇登记证》。

（二）《对外贸易经营者备案登记表》。

（三）《海关注册登记证明书》。

（四）《企业法人营业执照》或《企业营业执照》。

（五）法定代表人身份证。

（六）加盖公章的进口单位列入名录的申请。

企业提供的材料齐全、合格，并经外汇管理部门受理后，外汇管理局当日下午 4 时后通过网络统一向全市各银行发布电子信息，公布名单。

五、企业办理《对外付汇进口单位名录》的变更需要提交什么材料？对材料有何要求？需要多长时间？

注册地在天津保税监管区域之外的进口单位，发生变更时需提供如下材料原件（正副本均可）及复印件：

（一）《企业法人营业执照》或《企业营业执照》。

（二）《对外贸易经营者备案登记表》或《中华人民共和国外商投资企业批准证书》或《中华人共和国进出口企业资格证书》。

（三）《中华人民共和国组织机构代码证书》。

（四）《企业名称变更核准通知书》。

（五）《中华人民共和国海关进出口货物收发货人报关注册登记证明书》。

（六）法定代表人身份证（无法定代表人的提供企业负责人身份证）。

（七）加盖公章的进口单位变更名录登记的申请。

注册地在天津保税监管区域的进口单位，发生变更时需提供如下材料原件（正副本均可）及复印件：

（一）《保税监管区域外汇登记证》。

（二）《对外贸易经营者备案登记表》。

（三）《海关注册登记证明书》。

（四）《企业名称变更核准通知书》。

（五）《企业法人营业执照》或《企业营业执照》。

（六）法定代表人身份证（无法定代表人的提供企业负责人身份证）。

（七）加盖公章的进口单位变更名录登记的申请。

进口单位提供的材料齐备并被外汇管理部门受理后，当日下午 4 时后外汇管理局通过网络统一向全市各银行发布电子信息，公布《对外付汇进口单位名录》变更名单。

六、企业在何处办理《对外付汇进口单位名录》登记及其变更？

（一）注册地在天津市塘沽区、天津经济技术开发区的进口单位到国家外汇管理局塘沽中心支局办理。

地　　址：天津经济技术开发区新城东路 59 号

电　话：66239177

（二）注册地在天津保税监管区域的进口单位到保税区管委会办理。

地　　址：天津保税区通达广场 1 号投资服务中心

电　话：25762200

（三）注册地在天津市塘沽区、天津经济技术开发区、天津保税监管区域以外的进口单位到国家外汇管理局天津市分局经常项目处进口付汇核销科办理。

地　　址：天津市和平区解放北路 117 号

电　话：23209516

七、企业办理《境内机构基本信息登记》需要提交什么材料？对材料有何要求？需要多长时间？

企业到外汇管理部门办理《境内机构基本信息登记》需要提供以下材料：

（一）营业执照或社团登记证等有效证明（正副本均可）的原件和复印件（盖公章）。

（二）组织机构代码证原件和复印件（盖公章）。

要求材料真实，复印件一律用 A4 纸。

企业提交的材料被外汇管理部门受理 2 小时后，即可到银行办理开户手续。

八、企业办理《境内机构基本信息登记》的变更需要提交什么材料? 对材料有何要求? 需要多长时间?

企业工商登记发生变更时,需到外汇管理部门办理基本信息变更,需要提供以下材料:

(一)变更申请书。

(二)变更后的营业执照或社团登记证等有效证明的原件和复印件。

(三)变更后的组织机构代码证原件和复印件。

(四)有关主管部门出具的营业执照或社团登记证变更通知书。

企业提交的材料被外汇管理部门受理 2 小时后,即可到银行办理开户变更手续。

九、企业在何处办理《境内机构基本信息登记》及其变更手续?

(一)注册地在天津市塘沽区、天津经济技术开发区、天津保税监管区域以外的单位到国家外汇管理局天津市分局经常项目处非贸易科办理。

地　　址：天津市和平区解放北路 117 号

电　　话：23209539、23209498

(二)注册地在天津市塘沽区、天津经济技术开发区的进口单位到国家外汇管理局塘沽中心支局经常项目科办理。

地址：天津经济技术开发区新城东路 59 号

联系电话：66239173、66239188

(三)注册地在天津保税监管区域的进口单位,办理地点为国家外汇管理局天津保税区办事处。

地址：天津港保税区管委会三楼

联系电话：25763860

十、外商投资企业办理《外汇登记证》需要提交什么材料? 对材料有何要求? 需要多长时间?

所有经主管部门批准的外商投资企业(合资、合作、独资等)都需要办理《外汇登记证》。《外汇登记证》现已更换为外汇登记 IC 卡。新设外商投资企业需提交如下材料:

(一)《外商投资企业外汇登记申请表》。

（二）商务部门（外经贸部门）批准企业成立的批复文件原件、颁发的批准证书原件及复印件。

（三）企业法人营业执照副本原件及复印件。

（四）经批准生效的企业《合同》（外商独资企业除外）、《章程》原件及复印件。

（五）组织机构代码证原件及复印件。

（六）中方投资者为境内机构的，提供该境内机构的组织机构代码证及营业执照副本；中方投资者为境内自然人的，提供该境内自然人身份证；外方投资者为境外个人的，提供该个人的有效身份证件；外方投资者为境外机构的，提供其机构登记注册证明文件。

（七）针对前述材料应当提供的补充说明材料。

企业提供材料齐全并经审核合格后，外汇管理部门将在 20 个工作日内办理完登记手续。

十一、外商投资企业办理《外汇登记证》的变更需要提交什么材料？对材料有何要求？需要多长时间？

外商投资企业办理《外汇登记证》的变更需要提交如下材料：

（一）《外汇登记证》原件（验后返还）。

（二）商务（外经贸）部门批准企业变更事项的批复文件原件及复印件。

（三）变更后的批准证书原件及复印件。

（四）变更后的工商营业执照副本原件及复印件。

（五）经批准生效的修订后的企业《合同》、《章程》原件及复印件。

（六）针对上述材料应当提供的补充说明材料。

外汇管理局办理该变更手续大约需要 20 个工作日。

十二、企业在何处办理《外汇登记证》及其变更手续？

（一）注册地在天津市塘沽区、天津经济技术开发区、天津保税监管区域以外的单位，办理地点为国家外汇管理局天津市分局资本项目处。

地址：天津市和平区解放北路 117 号一楼大厅

联系电话：022-23209094

企业在该处办理《外汇登记证》变更大约需要 20 个工作日。

（二）注册地在天津市塘沽区、天津经济技术开发区的单位到国家外汇管理局塘沽中心支局资本项目科办理。

地　　址：天津经济技术开发区新城东路 59 号

电　　话：66239122

（三）注册地在天津保税监管区域的进口单位，办理地点为保税区管委会。

地　　址：天津保税区通达广场 1 号投资服务中心

电　　话：25763860

在该处办理《外汇登记证》的变更大约需要 5 个工作日。

◎ 外汇开户

企业经营对外贸易，将涉及不同国家或地区之间商品贸易、技术和劳务供应及相关从属费用的款项结算，即国际结算问题。国际结算主要通过银行办理，个别情况下才使用外汇现金。因此，拟直接经营进出口业务的企业，有必要向银行申请开立外汇账户。

各有关银行对企业申请开立外汇账户需要提交的材料、办理程序等大同小异，不一定完全相同。现仅将中国银行天津分行及其各营业网点为企业办理外汇开户手续的具体办法介绍如下：

一、企业申请开立外汇账户需提交什么材料？对材料的具体要求是什么？

企业申请开立外汇账户需要向银行提交以下材料：

（一）开户单位首次开立外汇账户须先到当地外汇局办理开户主体基本信息登记，即《境内机构基本信息登记》（开立经常项目账户时需要）。

（二）外汇登记证（外汇业务 IC 卡）或由外汇局出具的开户核准件（开立资本项目账户时需要）。

（三）营业执照（正本）或民政部门颁发的社团登记证或国家授权管理部门批准成立的文件原件及复印件。

（四）涉外业务经营许可文件或外汇登记证原件及复印件。

（五）组织机构代码证（正本）原件及复印件。

（六）法定代表人直接办理的，须提供法定代表人或负责人身份证件原件及复印件；授权代理人办理的，还要提供法定代表人或负责人授权书、被授权人的身份证件原件及复印件。

（七）开户行视情况要求提供的其他资料。

对材料的具体要求：

（一）复印件提供两份，须用 A4 纸复印并加盖开户单位公章。

（二）身份证要提供正反两面复印件。

（三）开户人提供的申请材料要真实、完整、合规、有效。

二、企业申请开立外汇账户的程序是什么？需要多长时间？

客户携带开户所需资料及公章、财务章、法人章到银行柜台，填写开户申请书及对账协议后，即可办理开户手续。若材料齐全当日即可开户。

三、企业办理外汇账户变更需要提交什么材料？对材料有何具体要求？办理程序是什么？需要多长时间？

经常项目外汇账户变更时，应按如下要求办理：

（一）开户单位变更名称的，须先到外汇局办理基本信息变更手续。然后持名称变更后的营业执照正本和复印件、组织机构代码证书正本和复印件、企业单位名称变更的申请书及其他证明文件到开户行办理。

（二）变更组织机构代码的，须办理重新开户手续。

（三）开户人变更除名称、组织机构代码以外的信息，开户行可根据开户人提交的有效书面申请书直接办理相关变更手续。

资本项目外汇账户变更需审核的材料：

投资（注册）资本金账户、外债及外债转贷款专用账户、外债及外债转贷款还贷专用账户、境外发行股票专用账户名称或组织机构代码变更需审核以下材料：

（一）外汇局出具的"资本项目外汇业务核准件"，核准要项为"账户变更"。

（二）营业执照（正本，名称变更时还须提供国家工商行政管理部门出具的变更登记证明）及复印件。

（三）外汇登记证（外汇业务 IC 卡）。

（四）组织机构代码证（正本）原件（组织机构代码变更时还须提供国家技术监督局出具的变更登记证明）及复印件。

（五）开户人法定代表人身份证件原件及复印件（由法定代表人直接办理的）；法定代表人授权书及其身份证件以及被授权人的身份证件，原件及复印件（由授权代理人办理的）。

（六）开户行视情况要求提供的其他资料。

（上述复印件需准备两份）。

受理部门与开户行的名称一致，变更外汇账户的时限与开立外汇账户时相同。

四、企业在何处办理外汇开户手续及其变更？

经中国人民银行批准，我市受理企业申请开立外汇账户的银行现有三十多家，详见表 1-1 所示可开立外汇账户的银行名单。

表 1-1　天津市可开立外汇账户的银行名称、地址、联系电话表

银行名称	联系电话	地址
中国银行	27102208	和平区解放北路 80 号
中国工商银行	28401628	河西区围堤道 123 号
中国农业银行	23338955	和平区解放北路 120 号
中国建设银行	23400461	河西区南京路 19 号增 1 号
交通银行	23403828	河西区南京路 35 号
光大银行	23308516	和平区曲阜道 83 号
天津银行	28405155	河西区友谊路 15 号
招商银行	83280620	河西区友谊北路 55 号
兴业银行	23335123	河西区吴家窑大街森淼商务广场
中信银行	23028937	河西区南京路 14 号
浦东发展银行	88378902	河西区宾水道增 9 号
深圳发展银行	28010278	河西区友谊路 10 号
中国民生银行	28408833	河西区围堤道 125 号天信大厦
华夏银行	58790972	河西区宾水道增 9 号环渤海发展中心 E 座
渤海银行	58316228	河西区马场道 201-205 号
北京银行	58186845	和平区承德道 21 号
农村合作银行	83866573	河西区马场道 59 号 4-6
汇丰银行	24207888	河北区海河东路远洋广场 1 号
渣打银行	83191360	和平区南京路 75 号国际大厦一层
三井住友银行	23306677	和平区南京路 75 号国际大厦 1210 室
三菱东京日联银行	23110088	和平区南京路 75 号国际大厦 2110 室
花旗银行	83191988	和平区南京路 189 号津汇广场 1-18 层

续表

银行名称	联系电话	地址
新韩银行	23394070	和平区南京路 75 号国际大厦 507 室
韩国外换银行	23192598	和平区台儿庄路 33 号利顺德大饭店 122 房
韩国中小企业银行	23305842	和平区南京路 75 号国际大厦 911 室
法国兴业银行	23133428	和平区南京路 235 号河川大厦 22 层
华侨银行	23395911	和平区南京路 75 号国际大厦 511 室
东方汇理银行天津分行	23393010	和平区南京路 75 号国际大厦 710 室
法国巴黎银行天津分行	23307965	和平区南京路 75 号国际大厦 1601 室
摩根大通银行天津分行	23399111	和平区南京路 75 号国际大厦 1401
浙商银行天津分行	23271363	河西区永安道 217 号四楼
瑞穗实业银行有限公司天津分行	66225588	天津经济技术开发区新成东路 20 号金融街（东区）写字楼 E2 座 ABC 楼 5 层
国家开发银行天津分行	85681117	河西区宾水道增 9 号 24-28
盛京银行天津分行	28373500	河西区乐园道 42 号

第五节　出口退（免）税认定

　　企业按照《中华人民共和国对外贸易法》和商务部《对外贸易经营者备案登记办法》的规定办理对外贸易经营者备案登记后，应在 30 日内凭加盖备案登记印章的《对外贸易经营者备案登记表》等有关材料，到所在地主管税务机关（国税机关）办理出口货物退（免）税认定手续。

　　对于没有出口经营资格的生产企业委托出口自产货物（含视同自产货物，下同），自代理出口协议签订之日起 30 日内，凭代理出口协议等有关材料，到所在地主管税务机关（国税机关）办理出口货物退（免）税认定手续。

一、企业申办出口货物退（免）税认定需提供哪些材料？

　　企业到主管税务机关申办出口货物退（免）税认定手续需提供以下材料：

　　（一）加盖备案登记专用章的《对外贸易经营者备案登记表》原件及复印件，没有出口经营资格的生产企业委托代理出口自产货物的，只需提供出口代理协议（附送）。

（二）工商营业执照（副本）（出示）。

（三）税务登记证（副本）（出示）。

（四）银行基本账户号码（出示）。

（五）载有海关进出口企业号码的海关自理报关单位注册登记证明书原件及复印件等（附送）。（没有出口经营资格的生产企业委托代理出口自产货物的免送）。

二、企业申办出口货物退（免）税认定的程序是什么？需要多长时间？

出口企业凭《对外贸易经营者备案登记表》或代理出口协议，首先向所在地税务机关主管退税部门申请领取空白《出口货物退（免）税认定表》一式两份；其次，按规定工整填写两份《出口货物退（免）税认定表》，并由企业法定代表人或个体工商负责人签字、加盖印章以示确认；最后，在规定的时间内将上述填写完毕的两份《出口货物退（免）税认定表》，连同上述有关材料一并报送主管税务机关。

税务机关受理出口企业申请后，需对《出口货物退（免）税认定表》及相关资料进行严格审核，同时与企业的实际经营情况进行核对。核对无误后，在《出口货物退（免）税认定表》上加盖公章并退还企业 1 份。如无特殊情况，上述工作可在 1 个月内完成，但实际上各税务机关从出口企业角度出发，一般在 1 周左右时间内即可完成有关认定工作。

三、出口货物退（免）税认定的变更手续如何办理？

已办理出口货物退（免）税认定手续的企业认定内容发生变化或发生解散、破产、撤并、撤销以及其他依法应中止出口货物退（免）税事项的，应于实际情况发生变化以及备案登记变更后 30 日内，持相关材料到出口货物退（免）税原认定税务机关办理认定变更或注销手续。

企业认定内容发生变化，自有关管理机关批准变更之日起 30 日内，领取并填写《出口货物退（免）税认定表》（一式两份）或变更表（一式两份）及下列材料到原主管退税部门办理出口货物退（免）税认定变更手续。

（一）《工商营业执照》副本（出示）。

（二）《税务登记证》副本（出示）。

（三）有关变更项目的批准文件、证明材料原件及复印件（附送）。

（四）已变更的《对外贸易经营者备案登记表》原件及复印件（附送）。

（五）已变更的海关自理报关单位注册登记证书原件及复印件等（附送）。

企业发生解散、破产、撤消以及依法应终止出口货物退（免）税事项的，应持以下材料到主管税务机关办理出口货物退（免）税认定注销手续：

（一）《税务登记证》副本（出示）。

（二）办理出口货物退（免）税认定注销申请报告（附送）。

（三）商务部门取消对外贸易经营者备案登记的证明材料（附送）。

（四）原《出口货物退（免）税认定表》（附送）。

四、企业在何处办理出口货物退（免）税认定及其变更、注销手续？

天津市国家税务局在本市 18 个行政区、县以及开发区、保税区、新技术产业园区均设有国家税务局机关。此外，根据税收管理工作需要，还设立了天津市国家税务局直属税务分局、天津市国家税务局海洋石油税务分局等直属局。在上述 23 个基层国家税务机关中都设立了退税管理部门——进出口税收管理科，负责受理所属出口企业出口货物退（免）税认定及相关事宜（见表1-2）。

表 1-2　23 个区县级国税机关具体名称、地址、电话表

单 位 名 称	地 址	电 话
天津市和平区国家税务局	和平区云南路 4 号	60352227
天津市河西区国家税务局	河西区越秀路越秀大厦 B 座	88375331
天津市河东区国家税务局	河东区六纬路 151 号	84110740
天津市河北区国家税务局	河北区北安道 38 号	24456735
天津市南开区国家税务局	南开区三潭路三潭东里 1 号楼	27382331
天津市红桥区国家税务局	红桥区光荣道 24 号	86524655
天津市东丽区国家税务局	东丽区跃进路南	84375075
天津市津南区国家税务局	津南区咸水沽南华路	28390635
天津市西青区国家税务局	西青区杨柳青柳口路	27915336
天津市北辰区国家税务局	北辰区京津公路与北医道交口	26913858
天津市武清区国家税务局	武清区杨村镇泉州北路 21 号	28191275
天津市宝坻区国家税务局	宝坻区城关学街 2 号	29242335
天津市静海县国家税务局	静海县开发区泰安道桃园路交口	29522641
天津市宁河县国家税务局	宁河县芦台镇光明路 64 号	69574829
天津市蓟县国家税务局	蓟县人民西路	29039486

续表

单 位 名 称	地 址	电 话
天津市塘沽区国家税务局	塘沽区大连道 1428 号	66898051
天津市汉沽区国家税务局	汉沽区新开中路	25694120
天津市大港区国家税务局	大港区世纪大道 185 号	63396995
天津市开发区国家税务局	开发区宏达街 19 号	25202387
天津市保税区国家税务局	空港物流加工区服务中心 C 区	84906505
天津市新技术产业园区国家税务局	产业园区梅苑路 6 号海泰大厦	83715629
天津市国家税务局直属税务分局	和平区赤峰道 70 号	27118497
天津市国家税务局海洋石油税务分局	开发区宏达街 11 号增 10 号	66295180

第六节　税务登记变更

企业办妥对外贸易经营者备案登记，领取了加盖备案登记印章的《对外贸易经营者备案登记表》后，企业的税务登记证上无对外贸易经营范围的，除应及时办理工商登记的变更外，还应到原税务部门办理税务登记的变更手续。

企业已在工商行政管理部门办理工商变更登记的，应当自工商部门办理工商变更登记之日起 30 日内，向原税务登记部门办理变更税务登记手续。

一、企业办理税务登记证的变更需要提交什么材料？对材料有何要求？

企业办理税务登记证的变更需要填报《税务登记变更表》一份，同时分别以下两种情况提交以下材料：

涉及税务登记证件内容变化的应提供以下材料：

（一）工商营业执照原件及工商变更登记表复印件。

（二）组织机构代码证书（副本）原件（涉及变动的提供）。

（三）业主或法定代表人身份证件的原件及复印件（涉及变动的提供）。

（四）场地使用证明：自有房屋的出示房屋产权证，租赁房屋的提供租房协议和出租方的房屋产权证复印件，无房屋产权证的提供情况说明，无偿使用的提供无偿使用证明（地址）。（涉及变动的提供）。

（五）《税务登记证》正本、全部副本原件。

涉及其他税务登记内容变化的应出示并提供：

纳税人变更登记内容的决议及有关证明文件。

二、企业办理税务登记变更的程序是什么？需要多长时间？

企业办理税务登记变更的程序是：

（一）纳税人提交的有关变更登记的材料齐全的，应如实填写税务登记变更表。经税务机关审核，符合规定的，税务机关应予以受理；不符合规定的，税务机关应通知其补正。

（二）纳税人已在工商行政机关或其他机关办理变更登记的，应当自办理工商变更登记之日起 30 日内向原税务机关申报办理变更登记。税务机关应当自受理之日起 30 日内，审核办理变更税务登记。纳税人税务登记表和税务登记证中的内容都发生变更的，税务机关按变更后的内容重新核发税务登记证件；纳税人税务登记表的内容发生变更而税务登记证中的内容未发生变更的，税务机关不重新核发税务登记证件。

三、企业在何处办理税务登记变更手续？

企业应到生产、经营所在区、县主管国家税务局或地方税务局或行政许可中心办理税务登记证的变更手续。

四、企业办理地税登记证的变更需要提交什么材料？对材料有何要求？

企业办理地税登记变更应提交以下材料：

（一）填报的《税务登记变更表》（2 份）。

涉及税务登记证件内容变化的，还应出示并提供以下证件和资料：

（二）出示工商营业执照原件及工商变更登记表并提供复印件 2 份。

（三）出示组织机构统一代码证书（副本）原件并提供复印件 2 份（涉及变动的提供）。

（四）出示业主或法定代表人身份证件的原件并提供复印件 2 份（涉及变动的提供）。

（五）出示并提供场地使用证明：自有房屋的出示房屋产权证原件并提供复印件 2 份，租赁房屋的提供租房协议和出租方的房屋产权证复印件 2 份，无房屋产权证的提供情况说明 2 份，无偿使用的提供无偿使用证明（地址）2 份（涉及变动的提供）。

（六）《税务登记证》正本、全部副本原件。

涉及其他税务登记内容变化的，还应提供纳税人变更登记内容的决议及有关证明文件。

五、企业办理地税登记变更的程序是什么？需要多长时间？

联合办理变更登记程序：

（一）纳税人税务登记事项发生变化需要重新核发税务登记证件的，比照设立登记办理（变更登记如不改变主管税务机关的，不需登记局审核）。

（二）纳税人税务登记事项发生变化不需要重新核发税务登记证件的，只在税收征管系统做登记信息的变更，同时将纳税人登记信息变更项目传递同级另一方税务局。

（三）纳税人因经营地点发生变化改变主管税务机关的，纳税人应按照缴纳流转税税种管辖权向主管国、地税局提出变更税务登记迁移申请，国、地税局受理并提交市地税局登记局审核后，在同一时限内分别办理纳税人迁移手续。

税务机关办理地税登记变更的承诺时限：

提供资料完整、填写内容准确、各项手续齐全、无违章问题，符合条件的当场办结；如纳税人提交的证件和资料明显有疑点的，自受理之日起两个工作日内转下一环节，经核实符合规定的，自受理之日起 30 日内发放税务登记证件。

六、企业在何处办理地税登记变更手续？

目前税务登记证的办理手续是在各区县税务机关办理，名单如表 1-3 所示：

表 1-3　天津市 22 个可办理税务登记证的税务机关名称、电话及地址表

序号	单位名称	电话	地址
1	天津市和平区地方税务局	23045819	天津市和平区新兴路 52 号
2	天津市河东区地方税务局	24155448	天津市河东区七纬路 99 号
3	天津市河西区地方税务局	23264446	天津市河西区广东路 65 号
4	天津市南开区地方税务局	27025000-0401	天津市南开区白堤路 96 号
5	天津市河北区地方税务局	24464286　24462570	天津市河北区自由道 68 号
6	天津市红桥区地方税务局	87726286　87726296	天津市红桥区芥园道
7	天津市地方税务局直属局	23282745	天津市河西区广东路 58 号

序号	单位名称	电话	地址
8	天津市塘沽区地方税务局	25861501	天津市塘沽区大连道 1698 号
9	天津市汉沽区地方税务局	25695923　25668919 25668751	天津市汉沽区新开中路 96 号
10	天津市大港区地方税务局	63221934	天津市大港区振兴路 6 号
11	天津市东丽区地方税务局	58186019　58186020 58186021	天津市东丽区先锋路 13 号
12	天津市西青区地方税务局	27392478	天津市西青区柳口路 43 号
13	天津市津南区地方税务局	28392095	天津市津南区咸水沽镇红旗路
14	天津市北辰区地方税务局	26912758	天津市北辰区北仓道
15	天津市开发区地方税务局	25202641	天津市开发区宏达街 19 号
16	天津市保税区地方税务局	84906579-80	天津空港物流加工区西三道 166 号投资服务中心 C 区
17	天津市新技术产业园区地方税务局	83716307	天津市华苑产业园区梅苑路 6 号
18	天津市宁河县地方税务局	69115819	天津市宁河县光明路 64 号
19	天津市武清区地方税务局	82120049	天津市武清开发区禄源道
20	天津市静海县地方税务局	28942545	天津市静海县静文路 13 号
21	天津市宝坻区地方税务局	29240944	天津市宝坻城关镇建设路东段
22	天津市蓟县地方税务局	29130974	天津市蓟县南环路 70 号

第七节　工商登记变更

　　企业办妥商务备案登记手续后，企业营业执照上无对外贸易经营范围的，应当向工商管理部门申请办理增加经营范围的变更手续。

一、企业办理工商登记变更需要提交什么材料？对材料有何具体要求？

　　企业办理工商登记变更需要提供如下材料：

（一）法定代表人签署的《企业变更登记申请书》（企业加盖公章）。

（二）企业签署的《指定代表或者共同委托代理人的证明》（企业加盖公章）及指定代表或委托代理人的身份证复印件（本人签字），并应标明具体委托事项、被委托人的权限、委托期限。

（三）企业类型属于有限公司或者股份有限公司的，需提交公司章程修正案（公司法定代表人签署）。

（四）企业营业执照正、副本。

以上各项未注明提交复印件的，应当提交原件；提交复印件的，应当注明"与原件一致"，并由企业加盖公章。

二、办理工商登记变更的程序是什么？需要多长时间？

企业申请办理工商登记变更手续的程序是：

企业指派指定代表或委托代理人，持企业营业执照副本到登记机关领取《企业变更登记档案》，并现场进行咨询：企业人员按照登记机关的要求正确填写登记文本，及时到登记机关报送登记材料。登记机关现场审查《企业变更登记档案》，对登记材料齐全、符合法定形式的，当场作出准予变更登记的决定，核发《准予变更登记通知书》。企业自接到《准予变更登记通知书》之日起 10 日内到登记机关领取营业执照。至此，变更登记程序全部完成。

三、企业在何处办理工商登记变更手续？

企业办理工商登记变更，应到企业所在地的原工商管理登记机关办理。

企业变更工商登记需要填报的文本或表格可以通过国家工商行政管理局《中国企业登记网》（http//qyj.saic.gov.cn）下载或者到各工商行政管理机关领取。

第八节　组织机构代码信息更新

企业办妥对外贸易经营者备案登记手续后，营业执照上无对外贸易经营范围的，应首先办理工商登记变更，领取新的营业执照，并凭新的营业执照向质量技术监督部门申办组织机构代码采集信息更新手续。只需做信息更新，无须更换组织机构代码证书。

一、企业办理组织机构代码信息更新需要提交什么材料？对材料有何具体要求？

企业办理组织机构代码信息更新需提交如下材料：

（一）组织机构代码证正本及副本。

（二）组织机构代码证集成电路（IC）卡。

（三）企业营业执照副本的原件及复印件。

（四）组织机构法定代表人（负责人）的有效身份证件复印件。

（五）申办组织机构代码经办人的有效身份证件复印件。

（六）加盖单位公章的《天津市组织机构代码信息表》。

二、企业办理组织机构代码采集信息的程序是什么？需要多长时间？在何处办理？

企业提供办理组织机构代码采集信息更新所需材料，到原办证点办理，提交材料审查合格后，留存相关材料。

技监部门将在 7 个工作日内完成信息更新手续。

第二章

经营对外贸易业务前的准备

刚刚完成对外贸易经营登记手续的企业，在正式开展对外贸易业务前，还需认真做好一系列的准备工作，才能真正将这项业务开展起来。

企业经营对外贸易业务前的准备，除需配置适合经营对外贸易业务的办公场所、办公设施、交通工具和对外贸易业务启动资金外，还需配备经营对外贸易业务的专业人员，搞好专业人员的政策和专业培训，如：学习对外贸易政策规定、熟悉本企业经营的商品、掌握寻找国外客户的途径和建立客户关系的方法、掌握成本核算和开展对外贸易业务的程序及办法、加入进出口商会等。

第一节　配备专业人员

企业经营对外贸易，必须配备具有对外贸易专业知识、掌握对外贸易政策规定、熟悉进出口业务手续环节、并具有一定外语水平的外贸专业人员，否则，很难将这项业务正式开展起来。过去，有不少企业获得对外贸易经营权后，没有配备相应的外贸专业人员，对外贸易业务迟迟未能开展起来，这是重要原因之一。

一、企业经营对外贸易业务需要配备一些什么样的专业人员？

企业经营对外贸易，需要配备一些什么样的专业人员，这要根据企业经营对外贸易业务的实际需要而定。具体说来一般应配备下列人员：（1）进出口业务员；（2）自理报关员；（3）自理报检员；（4）进出口商品会计；（5）外贸业务负责人。

二、对外贸易专业人员的主要职责是什么？

进出口业务员。进出口业务员应是正规的外经贸院校毕业的学生，具有经营对外贸易业务所必需的外贸专业知识，掌握对外贸易政策规定，熟悉对外贸易的各个手续环节，了解国际市场行情变化和汇率变化，适时把握对外洽谈、签约的机会，实现进出口业务所确定的既定目标。进出口业务员一般应掌握一门外语（最好是英语），并能较熟练地使用电脑。

进出口业务员的主要职责是：根据我国对外贸易法和其他法律、行政法规的规定开展对外贸易活动。具体职责是：根据企业外贸业务主管的安排，制定进出口业务方案和中长期发展规划；编制进出口商品目录；草拟中英文或其他需要文字的进出口合同格式文本；拟定需要主动对外推销的商品出口报价单和需要主动进口的进货单；依据企业业务主管授权和委托，通过参加国内外进出口商品展销会、洽谈会等及其他各种方式招揽客户，承接进出口业务，洽谈签订进出口合同；负责对外函电联系，掌握履约进度；办理租船订舱、订载、制单等进出口业务手续；开展市场调研，规避国际贸易风险。

自理报关员。自理报关员是企业依法向海关办理进出口货物报关和海关核销的专业人员。报关员应学习并掌握国家有关对外贸易政策法规和进出口报关的法律和行政规章，熟悉进出口业务，了解出口收汇、退税、进口付汇等相关业务知识，掌握进出口报关和核销手续的程序和办法，熟悉商品编码，具有相当的英语水平和计算机应用能力。经海关培训合格、注册并领取《报关员证》后执业。

自理报关员的主要职责是：代表本企业依法向海关办理货物和技术进出口的报关手续和海关核销手续；负责中国电子口岸 IC 卡的操作。报关员执业应当遵守有关法律、行政法规、规章和海关的各项规定，恪守报关员职业道德和执业纪律，遵循职业规范，承担相应责任。

自理报检员。报检员是报检单位与检验检疫机构联系的桥梁。自理报检员是企业向出入境检验检疫机构申办本企业货物出入境检验检疫的专业人员。应具有高中或中等专业学校毕业以上学历，有相当的英语水平和计算机应用能力，掌握出入境检验检疫、国际贸易、运输、银行、保险、海关和商品学等方面的知识。经过国家质检总局统一考试合格，取得《报检员资格证书》。学习国家有关对外贸易政策规定，熟悉出入境货物检验检疫的法律、行政规章，掌握办理检验检疫手续的程序和办法。

自理报检员的主要职责是：代表本企业依法向出入境检验检疫机构申办货物进出口检验检疫手续。具体职责是：办理检疫审批，配合检疫进程，了解检疫结果，适时做好除害处理，对不合格货物按检疫要求配合检验检疫机构做退运、销毁等处理；对于出境检疫物配合检验检疫机构，掌握输入国家（地区）必要的检疫规定等有关情况，进行必要的自检，提供有关产地检验资料，帮助检验检疫机构掌握产地疫情，了解检疫结果，领取证书；对于入境不合格货物，及时向出入境检验检疫机构通报情况，以便整理材料、证据，对外索赔。对于出境货物要搜集对方对货物的反映（尤其是有异议的货物），解决纠纷；向本企业的领导传达并解释出入境检验检疫有关法律法规、通告及管理办法。

进出口商品会计。进出口商品会计是从事进出口商品核算、财务、预算、费用计算、财务分析、税务筹划等方面的外贸专业人员。进出口商品会计须由经过大专院校会计专业学习并获得《会计从业资格证书》的人员充任，掌握财务和外经贸等方面的法律和行政法规，会外语并能较熟练地使用电脑。

进出口商品会计的主要职责是：进出口商品核算；进出口商品财务预算；计算费用；办理出口退税、进口纳税；财务分析；核算进出口商品盈亏和企业效益；税务筹划，资金使用和费用开支筹划，审核进出口单据并办理外汇和人民币结算等。

外贸业务负责人。外贸业务负责人应具有一定的外贸专业知识，了解对外贸易的法律和行政规章，有较强的组织领导能力和内外协调能力。

其主要职责是：根据企业规划，领导和组织本部门职工依法开展进出口业务；组织本部门人员学习对外贸易及其有关的法律和行政规章；制定进出口业务方案和中长期发展规划；代表企业对外签订进出口合同；掌握进出口业务履约进度，搞好本部门人员工作之间的衔接、协调和配合。遇到问题，代表企业出面交涉、协调。

对外贸易专业人员的配备，应根据企业的实际情况和经营进出口业务的实际需要而定。对企业规模小、进出口业务量小、进出口商品单一的企业，有的工作可由业务员兼任，有些工作如进出口报关和报检等，也可委托报关行或者货运代理等代为办理。对于进出口业务量大、进出口商品繁杂、而对质量又有严格要求的企业，除配备上述人员外，还必须配备商品质量检验或监管人员。

第二节　掌握国家政策

企业配备了经营对外贸易的专业人员后，首先应对这些人员进行专业培训。特别是对那些刚刚从学校毕业而无实践经验的人员必须进行培训后才能胜任进出口业务工作。经营对外贸易的专业人员必须掌握：我国对货物进出口实行什么管理制度，现行禁止进出口的商品是什么，哪些属于限制进出口的商品，哪些属于法定检验商品，哪些需要提前申领配额和许可证，哪些需要提前办理法定检验手续等。对于禁止进出口的商品，企业不能对外签订进出口合同，即便对外签订了合同，也根本不能执行。这样做，不仅属于违法行为，也势必给企业的信誉和经济方面造成不必要的损失。因此，必须对经营对外贸易的人员进行上岗前的培训。

对外贸专业人员的培训内容较为广泛，但学习和掌握对外贸易及其他有关方面的法律和行政法规是十分重要和必要的。

一、我国对进出口货物实行的管理制度是什么？

根据《中华人民共和国货物进出口管理条例》的规定，我国对进出口货物实行统一的管理制度。

（一）属于自由进出口的货物，不受限制，但对其中的部分进出口货物，实行进出口自动许可管理。

（二）对有数量限制的限制进出口货物，实行配额许可证、配额招标和许可证管理。

（三）其他限制进出口的货物，实行许可证管理。

（四）对部分进出口货物实行国营贸易管理。

（五）属于禁止进出口的货物，不得进出口。

二、我国现行禁止进出口的商品有哪些？

根据《中华人民共和国对外贸易法》的规定："国家准许货物与技术的自由进出口。但是，法律、行政法规另有规定的除外"。"国家基于下列原因，可以限制或者禁止有关货物、技术的进口或者出口"，"为维护国家安全、社会公共利益或者健康，保护环境"等需要限制或者禁止进口或者出口的。

根据上述对外贸易法，国务院对外贸易主管部门制定或会同其他有关部门共同制定了限制或者禁止有关货物的进口或者出口。

（一）禁止出口的商品

国务院对外贸易主管部门或会同其他部门分批先后公布了禁止出口的商品目录。现行禁止出口的商品有：

虎骨、犀牛角、牛黄、麝香、麻黄草、发菜、四氯化碳、三氯乙烷、三氯三氟乙烷、原木、铂（以加工贸易出口除外）、木炭、青石棉、二溴乙烷、艾氏剂、七氯、毒杀芬、多溴联苯、多氯联苯、地乐酚及其盐和酯、二硝酚、狄氏剂、异狄氏剂、氟乙酸钠、2，4，5涕及其盐和酯、三（2，3二溴丙基）磷酸酯、联苯胺（4，4'—二胺基联苯）、氟乙酰胺（敌蚜胺）、杀虫脒、二恶英、呋喃、硅砂及石英砂、森林凋落物、泥炭（草炭）。

（二）禁止进口的商品

第一批：虎骨、犀牛角、鸦片液汁及浸膏、四氯化碳、三氯三氟乙烷（用于清洗剂—CFC—113）。

第二批：（旧机电产品禁止进口商品目录）装压缩或液化气的钢铁容器、可使用气体燃料的家用炉灶和家用器具、非零售装压缩或液化气体铝容器、蒸发量在900吨/时及以上的发电锅炉、水管锅炉—未列明蒸气锅炉、过热水锅炉、家用型热水锅炉、集中供暖用热水锅炉、锅炉辅助设备、蒸气动力装置冷凝器、使用液体或气体和粉状固体燃料的炉用燃烧器、机械加煤机及其装置、矿砂或金属热处理用炉及烘箱、炼焦炉、放射性废物焚烧炉、未列明非电热的工业或实验用炉及烘箱、未列明磁带录音机及其他声音录制设备、未列明视频信号录制或重放设备、心电图记录仪、B型超声波诊断仪、彩色超声波诊断仪、未列明超声波扫描仪、核磁共振成像装置、闪烁摄影装置、病员监护仪、未列明电气诊断装置、紫外线及红外线装置、注射器、缝合针及其他针、导管、插管及类似品、牙钻机、装有牙科设备的牙科用椅、牙科用未列明仪器及器具、眼科用其他仪器及器具、听诊器、血压测量仪器及器具、内窥镜、肾脏透析设备（人工肾）、透热疗设备、输血设备、麻酸设备、其他医疗、外科或兽医用仪器及器具、X射线断层检查仪、X射线应用设备、低剂量X射线安全检查设备、a、b、r射线应用设备、X射线管、X射线影像增强器、电子游戏机、发动机、车类。

第三批：含铅汽油淤渣，含砷、汞、铊、锑、铍、镉、铬及其混合物矿灰残渣，焚化城市垃圾产生的灰渣，废油，废药物，城市垃圾，下水道淤泥，医疗废物，废有机溶剂，废的金属酸洗机，液压油及制动油，化学废物，其他编号未列明化工副产品及废物，含银或银化合物的灰，其他贵金属或其他化合物的灰。

第四批：未加工的人发、废人发、猪鬃和猪毛的废料、獾毛及其他制刷用兽毛的废料、废马毛、糖蜜、矿渣及类似的工业残渣、沥青碎石、含铅、其他金属及化合物的矿灰和残渣、废轮船及其切块、皮革废渣、灰渣、淤渣及粉末、旧衣物、电池废碎料及废电池等共16个商品编码。

第五批（废机电产品禁止进口货物目录，包括其零部件、拆散件、破碎件）：空调、电冰箱、放射性废物焚烧炉、计算机类设备、显示器、打印机、计算机输出输入部件及自动数据处理设备和其他部件、微波炉、电饭锅、有线电话机、传真机、及电传打字机、录像机、放像机及激光视盘机、移动通讯设备、摄像机、摄录一体机及数字相机、电视机、印刷电路、热电子管、冷阴极管激光阴极管等、复印机、医疫器械、射线应用设备等共 21 个商品编码。

第六批：石棉、1，2=溴乙烷、二溴氯丙烷、艾氏剂、七氯、毒杀芬、多溴联苯、多氯联苯、地乐酚及其盐和酯、二硝酚、狄氏剂、异狄氏剂、氟乙酸钠 ，2，4，5涕及其盐和酯，三（2，3二溴丙基）磷酸酯，联苯胺（4，4'—二胺基联苯）、氟乙酰胺（敌蚜胺）、杀虫脒、二恶英、呋喃。

上述禁止进出口商品详情，请登陆中华人民共和国商务部对外贸易司网站 http://wms.mofcom.gov.cn 查询，并以其登载的内容为准。

三、我国现行限制进出口的商品有哪些？

根据《中华人民共和国对外贸易法》和《中华人民共和国货物进出口管理条例》等法律和行政规章的有关规定，国家商务部或商务部会同国务院其他部门发布或共同发布限制部分商品的进出口。并通过招标、配额和许可证的方式进行管理。

因此，企业经营国家限制进出口的商品，必须根据不同的情况和要求办理，有的需要参加招标并中标，有的需要申领到配额和许可证后，才能正式对外签订进出口合同。

我国现行限制进出口的商品分别是：

（一）限制进口的商品：

2009 年实行进口许可证管理的货物为消耗臭氧层物质及重点旧机电产品：化工设备、水泥生产设备、金属冶炼设备、工程机械类、造纸设备、电力电气设备、食品加工及包装设备、农业机械类、印刷机械类、纺织机械类、船舶类、矽鼓。

（二）限制出口的商品：

2009 年实行出口许可证管理的货物共 50 种，由商务部配额许可证事务局（以下简称许可证局）、商务部驻各地特派员办事处（以下简称特办）及商务部授权的地方商务主管部门（以下简称地方发证机构）负责签发相应货物的出口许可证。

许可证局负责签发以下 6 种货物的出口许可证：玉米、小麦、棉花、煤炭、原油、成品油。

特办负责签发以下 33 种货物的出口许可证：大米、玉米粉、小麦粉、大米粉、锯材、活牛、活猪、活鸡、焦炭、稀土、锑及锑制品、钨及钨制品、锌矿砂、锡及锡制品、白银、铟及铟制品、钼、磷矿石；葡草及葡草制品、碳化硅、氟石块（粉）、滑石块（粉）、轻（重）烧镁、矾土、甘草及甘草制品；冰鲜牛肉、冻牛肉、冰鲜猪肉、冻猪肉、冰鲜鸡肉、冻鸡肉、铂金（以加工贸易方式出口）、天然砂（含标准砂）。

地方发证机构负责签发以下 11 种货物的出口许可证：消耗臭氧层物质、石蜡、锌及锌基合金、部分金属及制品、汽车（包括成套散件）及其底盘、摩托车（含全地形车）及其发动机和车架、钼制品、柠檬酸、青霉素工业盐、维生素 C、硫酸二钠。

在京中央管理企业的出口许可证由许可证局签发。

为维护正常的经营秩序，对部分出口货物实行指定发证机构发证或指定口岸报关出口。企业出口此类货物，须向指定发证机构申领出口许可证，并在指定口岸报关出口；发证机构须按指定口岸签发出口许可证。

锑及锑制品指定黄埔海关、北海海关、天津海关为报关口岸。

轻（重）烧镁的出口许可证由大连特办签发，指定大连（大窑湾、营口、鲅鱼圈、丹东、大东港）、青岛（莱州海关）、天津（东港、新港）、长春（图们）、满洲里为报关口岸。

甘草指定天津海关、上海海关、大连海关为报关口岸；甘草制品指定天津海关、上海海关为报关口岸。

以陆运方式出口的对港澳地区活牛、活猪、活鸡出口许可证由广州特办、深圳特办签发。

进口原木加工锯材复出口的：（黑龙江省）指定大连、绥芬河为报关口岸，由黑龙江省商务厅签发出口许可证；（内蒙古自治区）指定满洲里、二连浩特、大连、天津、青岛为报关口岸，由内蒙古自治区商务厅签发出口许可证；（新疆维吾尔自治区）指定阿拉山口、天津、上海为报关口岸，由新疆维吾尔自治区外经贸厅签发出口许可证；（福建省）指定福州、厦门、莆田和漳州为报关口岸，由福建省外经贸厅签发出口许可证。

标准砂出口许可证由福州特办签发；对港澳地区天然砂出口许可证由广州特办签发；对台湾地区天然砂出口许可证由广州特办和福州特办（分别向广东省、福建省符合天然砂出口许可证申领标准的企业）签发，并在本省口岸报关出口。

按照 2001 年国家林业局、外经贸部、海关总署联合发布的《进口原木加工锯材出口试点管理办法》（林计发〔2001〕560 号）的规定，有经营资格的试点企业进口原木加工锯材复出口的，须凭《进口原木加工锯材出口证明》申领出口许可证，发证机构须在许可证备注栏注明"进口原木加工锯材"。

对实行出口配额招标管理的货物，发证机构须凭商务部公布的中标企业名单及其中标数量和招标办公室出具的《申领配额招标货物出口许可证证明书》签发出口许可证。

自 2009 年 1 月 1 日起，对磷矿石实行出口配额许可证管理，其出口许可证由特办签发；对青霉素工业盐、维生素 C、硫酸二钠实行出口许可证管理，其出口许可证由地方发证机构签发。

自 2009 年 1 月 1 日起，取消蚕丝类和部分金属及制品中的部分钢材产品的出口许可证管理，企业报关出口不再需要申领出口许可证。

自 2009 年 1 月 1 日起，铟及铟制品、钼的出口许可证调整为由特办签发。

对加工贸易和边境小额贸易出口许可证的签发，按商务部、海关总署 2008 年第 100 号公告的规定执行。

对不实行"一批一证"管理的货物，发证机构须在许可证备注栏注明"非一批一证"。

发证机构应严格按商务部颁布的《货物出口许可证管理办法》、《2009 年出口许可证管理货物目录》和《出口许可证签发工作规范》（商配发〔2008〕398 号）等有关规定签发出口许可证。

（注："一批一证"也称为"一关一证"，即许可证一次报关有效，不能多次报关。"非一批一证"的出口许可证可在同一口岸多次报关，但最多不超过 12 次。当 12 次报关后，出口许可证虽有余额，海关停止接受报关。对不执行"一批一证"制的许可证，有效期从发证之日算起，最长不超过 6 个月；对实行"一批一证"制的许可证，有效期从发证之日算起，最长不超过 3 个月）

四、除禁止、限制进出口商品外，其他商品是否自由经营？

根据《中华人民共和国对外贸易法》第十四条规定："国家准许货物与技术的自由进出口。但是，法律、行政法规另有规定的除外"。该法第十五条还规定："国务院对外贸易主管部门基于检测进出口情况的需要，可以对部分自由进出口的货物实行进出口自动许可并公布其目录。实行自动许可的进出口货物，收货人、发货人在办理海关报关手续前提出自动许可申请的，国务院对外贸易主管部门或其委托的机构应当予以许可；未办理自动许可手续的，海关不予放行"。因此，虽然有些商品和技术不属于国家禁止和限制进出口范围，允许自由进出口，但应申领进出口许可证。只不过这种许可证不受招标、配额等限制，只要办理了对外贸易经营登记的企业，或者已有进出口经营权的企业，均可自由向商务主管部门申领，一般也不受数量和国别地区的限制，但必须履行申领进出口许可证手续，海关凭许可证放行。

五、我国现行实行自动进口许可管理的商品有哪些?

根据《货物自动进口许可管理办法》，商务部对 2009 年自动进口许可管理商品进行了调整。2009 年《自动进口许可管理货物目录》如下：

目录一：肉鸡、植物油、烟草、二醋酸纤维丝束、铜精矿、煤、废纸、废钢、废铝、铜。

目录二：

由商务部签发的商品：光盘生产设备、金属加工机床、烟草机械、移动通讯产品、卫星广播电视设备及关键部件、汽车产品、飞机、船舶、游戏机。

由地方、部门机电产品进出口办公室签发的商品：锅炉、汽轮机、发动机、水轮机及其他动力装置、化工装备、食品机械、工程机械、造纸及印刷机械、纺织机械、金属冶炼及加工设备、金属加工机床、电气设备、铁路机车、汽车产品、飞机、船舶、医疗设备。

商务部签发的旧机电产品：旧胶印机。

目录三：铁矿石、铝土矿、原油、成品油、天然气、氧化铝、化肥、钢材。

六、我国现行实行自动出口许可管理的商品有哪些?

我国现行实行自动出口许可管理的商品是：

农产品：

锯材、蔺草及蔺草制品、活大猪、活中猪、活牛、活鸡。

工业品：

钨及钨制品、锡及锡制品、锑及锑制品、钼、铟、甘草、矾、白银、氟石、滑石、碳化硅、轻重烧镁。

上述禁止和限制进出口的商品目录及实行自动进出口许可管理的商品目录，国家还将依据对外贸易法和其他行政法规的规定和客观需要，进行补充、完善和调整。因此，经营进出口业务的企业应随时关注这方面的信息，及时掌握国家禁止、限制和实行自动进出口许可管理商品的变化，以便掌握主动，适应企业经营对外贸易业务的需要。

请各企业登陆国家商务部对外贸易司网站（**wms.mofcom.gov.cn**）查询。

第三节　加入进出口商会

中国进出口商会是我国国际贸易的促进组织，也是带有自律性的行业性组织。在为会员企业开展进出口业务进行协调、指导、咨询、服务等方面发挥着独特的作用。

一、进出口商会的职能和作用是什么？

根据《中华人民共和国对外贸易法》第五十六条和五十七条的规定，商会的主要职责是：依法"按照章程对其成员提供与对外贸易有关的生产、营销、信息、培训等方面的服务，发挥协调和自律作用，依法提出有关对外贸易救济措施的申请，维护成员和行业的利益，向政府有关部门反映成员有关对外贸易建议，开展对外贸易促进活动"，"按照章程开展对外联络、举办展览、提供信息、咨询服务和其他对外贸易促进活动"。因此，不参加进出口商会，企业经营进出口业务就得不到上述服务，也无权报名参加广州交易会，也难以参加被动配额招标等活动。因此，经营对外贸易的企业，都应加入有关进出口商会，并服从其协调。

为便于参加商会组织的各项活动，为企业提供更多的贸易机会，企业可根据所经营的商品范围，申请加入六大商会24个专业分会中相应的一个或多个专业分会。加入专业分会需提供专业分会入会申请登记表，经专业分会审核批准后，在会员证书上加盖分会签章或邮寄专业分会会员标签，请将分会会员标签粘贴在会员证书的分会签章栏内。加入专业分会不需额外缴纳费用。

二、加入商会要办理什么手续？在何处办理？

目前，我国按照商品大类分为六大进出口商会，企业可根据自身经营的进出口商品范围，申请加入相关的进出口商会。

企业申请加入进出口商会，一般需要提供以下材料：

（一）入会申请表。

（二）加盖商务备案登记印章的《对外贸易经营者备案登记表》或《进出口企业资格证书》或《外商投资企业批准证书》。

（三）企业《营业执照》复印件。

（四）"自理报关单位注册登记证书"或"进出口货物收发人海关注册登记证书"。

（五）企业简介。

上述材料需一律加盖企业公章。

企业备妥上述材料后，一并寄送给有关进出口商会，并交纳一定的入会费后，进出口商会发给企业会员证书并邮寄发票，入会手续即告完成。

上述要求企业提供的入会材料及办理程序等，各进出口商会的要求不尽相同。现将六大进出口商会的名称、地址、联系方式等分述如下，请径直与其联系。

中国纺织品进出口商会

地址：北京朝阳区潘家园南里 12 号楼

邮编：100021

电话：010-67739316

传真：010-67719255

网址：http//www.ccct.org.cn

中国轻工工艺品进出口商会

地址：北京市朝阳区潘家园南里 12 号楼 10 层 1031 室

邮编：100021

电话：010-67732678

传真：010-67732689

网址：http//www.cccla.org.cn

中国食品土畜进出口商会

地址："北京市崇文区广渠门内大街 80 号通正国际大厦 4 层

邮编：100062

电话： 010-87109831　87109830

传真：87109829

网址：http//www.agriffchina.com

中国五矿化工进出口商会

地址：北京市朝阳区朝外大街 22 号泛利大厦 17 层

邮编：100020

电话：010-65884112　010-85692862

传真：010-65884109

网址：http//www.cccmc.org.cn

中国机电产品进出口商会

地址：北京市朝阳区潘家园南里 12 号楼 9 层 923 室　100021

电话：010-58280833，58280832，58280837，58280808

传真：010-58280830，58280820，58280810

网址：http//www.cccme.org.cn

中国医药保健品进出口商会

地址：北京市朝阳区潘家园南里 12 号 8 层

邮　编：100021

联系电话：010-67734724

传　真：010-87789735

网址：http//www.cccmhpie.org.cn

第四节　建立客户关系

客户是我们开展进出口交易的对象。不论是刚刚踏上国际贸易舞台的中小企业，急于向国外推销自己的产品，还是已经建立了一定的贸易关系的企业，面对激烈的竞争，都需要不断地物色新的业务伙伴，以便在广阔的国际市场上形成广泛的、有基础的、有活力的客户网，确保交易成功，贸易平稳发展。下面仅就如何利用特定的渠道寻找客户、建立客户关系应注意的问题及如何了解客户资信等问题作一概述。

一、目前有哪些渠道可以找到国内外客户？

寻找客户的渠道很多。随着全球经济一体化进程的不断发展，中国改革开放不断深入，内外交流特别是经济上的往来越来越广泛，寻找客户，建立贸易关系似乎越来越容易，但也越来越复杂。容易的是客户好找，但真正建立起贸易关系又是那样的不容易。所以，我们要下大力气，扎扎实实地做好寻找客户的基础工作。

（一）参加国际与国内展会。国外展会如纽约、巴黎、法兰克福、科隆、杜塞尔多夫、米兰等地的专业展会，都有大批客户参加，展出的水平较高，展会的含金量较高；国内大型的综合性展会，如广（广州）交会、华东交易会、海峡两岸经贸交易会、昆（昆明）交会、哈（哈尔滨）洽会等。其中广交会是吸引世界各地客户最多、效果最好的国际贸易盛会。积极参加这些展会，是结识客户的有效渠道。

（二）出国考察、联系国外客户在华的办事处，以寻找客户。

（三）利用互联网。一边介绍自己的产品，一边寻找合适的客户。

（四）利用来华参观访问的国际代表团，积极参与对口的商贸洽谈，寻找突破口，建立业务联系。

（五）利用联合国政府采购和国际上大型的企业集团采购行为，发现商机，选择客户，开拓业务。

（六）通过我驻外使领馆、商务处介绍客户。

（七）通过老客户、代理商、推销代表推荐，发展新客户，扩大业务。

（八）利用自己企业在海外的分支机构，相应开展业务，建立新的客户关系。利用私人海外关系寻找客户。

（九）通过商务部的信息网络、贸促会、银行资询公司推荐，选择客户；利用商会在国际上的网络寻找客户求购信息。

（十）利用广告、新闻媒体获得客户，通过阅读公开发行的商行目录、工商名录寻找客户。

二、寻找国外客户应注意哪些问题？

寻找国外客户时，一定要注意如下几点：

（一）在选找客户时，切记不可盲目出击，一哄而上。一定要精心准备，有的放矢，要结合自己的销售意图有针对性地去开发、寻找客户。首先要对市场进行必要的调研，基本的市场容量（或叫"纳胃量"）、消费者的消费习惯以及该国的客户经营理念都应有一个基本的了解，自身的产品一定要适销对路。

（二）一定要对新发展的客户有一个全面正确的认识，不盲目崇洋，不一味盲从。某些企业特别是当产品出现积压时，表现得非常急躁，只要是洋人，就什么都好，忘记了对其资信的考察，结果欲速则不达。对新客户的资信一定要有全面的了解，只和那些资信好的客户发展业务。

（三）在与新客户交往过程中，一定要注意有理有节、不卑不亢、不急于为了拉客户而不择手段，一味委曲求全，要敢于在谈判中据理力争。国际贸易是一种公平竞争，任何一方不得利用本身的优势地位来强迫另一方接受不平等的条件。

（四）对新客户一定要有耐心，要用发展的眼光看问题，千万不要急于求成。尤其是在刚开始时，新客户有可能购买数量比较小，也比较琐碎，批量不多，这些都是很正常的事情。因为客户也需要在实践中对我们的产品、服务等各个方面进行实际的考察。因此，我们要稳扎稳打，积极配合，以我们的真诚和优质的服务取得客户对我们的信任。时间长了，彼此相互信任必然带来贸易上的扩大。

三、如何了解客户的资信状况？

国际市场上，鱼龙混杂，良莠不齐。因此要想方设法尽可能地多了解新客户的资信状况，才能发现和找到有价值的客户，避免上当。下面的方法提供给大家参考：

（一）了解这些新客户是否是所在行业的大买家、大公司。如果是，则他们资信一般没有什么问题。

（二）了解新客户所在的市场是否是自己产品出口的主要市场或目标市场。因为只有来自目标市场的客户才是有潜力的或有价值的客户，才有必要对其资信进行了解。

（三）对一些从来没听说过的、不了解的客户，可以通过函电往来体会客户。可根据函电了解客户是否是专业商、是否了解行情等，如果这个客户所言非常专业，而且相当熟悉当地的行情，应该说是一个有发展可能的客户。

（四）对交易量比较大、涉及金额也大，可以直接出国对客户进行实地考察，事实证明这种实地考察是一种行之有效的途径。

（五）通过行业中其他客户来了解这个新客户，有些新客户对其他的客户非常熟悉，他们交往很多，因此我们完全可以通过其他客户来了解这个新客户的资信。

（六）伴随着办公自动化，互联网的应用，我们可以通过互联网、专业调查机构、律师行、进出口银行、出口信用保险公司等对客户进行资信调查，获得相关信息。

（七）通过驻外使领馆、商务处、驻外分支机构来了解客户的资信状况。

第五节 掌握成本核算

为了控制亏损、增加盈利，外贸企业在交易磋商及成交前都必须对拟进出口的商品做成本核算。一般只有在有盈利的情况下，才能组织对外成交。下面就出口成本的核算、出口盈亏额和出口盈亏率、出口报价如何计算作一分述：

一、如何进行出口成本核算？

出口换汇成本=出口商品总成本（人民币）/出口外汇净收入（外币，一般为美元）

说明：

（一）出口商品总成本=出口商品购进价（含增值税）+出口的流通费用（国内总费用）－出口退税收入。

（二）国内流通费用计算方法：

1. 可按定额费用计算。即国内费用=出口商品购进价×费用定额率（5%～10%不等，可按不同商品以及经营情况自行核定）。

2. 将各项国内费用实际累加。通常国内费用包括国内运杂费、包装费、商品损耗费、仓储费、认证费、港杂费、商检费、报关费、垫款利息、经营管理费（含广告费、差旅费、邮电通讯费、样品宣传费、水电费等）、银行费用（通常按报价的一定比例计算）以及其他费用。

（三）退税收入=出口商品购进价（含增值税）/（1+增值税率）×退税率。

（四）出口外汇净收入为 FOB 金额（扣除佣金、出口运费、保险费等后的外汇净收入）。（FOB、CFR、CIF 等系价格术语，分别代表买卖双方的责任、风险和费用划分，具体详见国际贸易术语章节的介绍）。

其他价格术语与 FOB 术语的换算公式：

FOB =CFR－出口运费

FOB =CIF－出口运费－出口保费

　　　=CIF×[1－（1+保险加成）×保险费率]－出口运费

FOB =CIF－出口运费－出口保费－佣金

二、如何计算出口盈亏额与出口盈亏率?

计算公式如下:

(一)出口盈亏额=(FOB 出口外汇净收入×银行买入价)－出口商品总成本(退税后)

(二)出口盈亏率=(盈亏额/出口总成本)×100%

$\qquad$ =[(FOB 净收入×银行外汇买入价)－出口商品总成本

$\qquad$ (退税后)(本币)]/出口商品总成本×100%

出口盈亏额与出口盈亏率的计算结果若为正的,则为盈利;结果若为负,则为亏损。

三、如何计算出口对外报价?

计算公式如下:

FOB 报价=FOB 成本价 /(1－预期利润率－银行手续费率 － …)=

$\qquad$ 出口商品总成本(退税后)/(1－预期利润率－银行手续费率 － …)

CFR 报价=CFR 成本价 /(1－预期利润率－银行手续费率 －…)=

$\qquad$ 出口商品总成本(退税后)+ 出口运费/(1－预期利润率－银行手续费率－ …)

CIF 报价=CFR 成本价 /[1－(1+保险加成)×保险费率－预期利润率－银行手续费率－…]=出口商品总成本(退税后)+ 出口运费/[1－(1+保险加成)×保险费率－预期利润率－银行手续费率－…]

CIFC 报价=CFR 成本价/[1－(1+保险加成)×保险费率－预期利润率－佣金率－银行手续费率－ …]

(注:凡按报价的一定百分比计算的部分,均将相关的百分比部分置于分子,用 1 扣减。)

四、如何进行进口成本的核算?

(一)进口成本计算公式:

$\qquad$ 进口成本=进口合同价格+进口费用

说明:

1. 进口合同价格在合同成立之前是一种估价,使买卖双方通过磋商可能取得一致意见的合同价格。

2. 进口费用包括（以 FOB 条件成交为例）：

（1）从装运港至进口国卸货港的国外运输费用。

（2）运输途中货物的保险费用。

（3）进口关税、消费税、增值税。

（4）卸货费用，包括卸货费、驳船费、码头建设费、码头仓租费等。

（5）进口商品的检验费用和其他公证费用。

（6）银行费用，包括开证费用、L/C 不符点费用、其他手续费及从开证到收回货款之间所发生的利息支出（如贷款利息、汇票贴现利息、远期付款下开证利息等）。

（7）报关提货费。

（8）国内运输费用、仓储费。

（9）其他费用。

（二）进口商品盈亏率的计算公式：

进口商品盈亏率=（国内销售价格－进口总成本）/ 进口总成本

（三）进口价格确定时应注意事项

1. 确定进口商品价格时，凡有国际市场价格的商品，按国际市场价格水平作价；一时无法掌握国际市场价格的一般商品，参考类似商品的国际市场价格作价；进口机械设备类商品，应根据产品质量、技术性能等条件，经与其他产品比较，评估后再定价。

2. 在进行价格评估时，最低的价格并不一定是最优的价格，还应考虑商品质量、数量、付款条件、所使用的贸易术语等因素。

3. 商品价格受供求关系影响，因此应合理安排进口进度，避免集中进口，造成需求旺盛的假象，促成供应商提价。

4. 进口商品成本要依据购买外汇的成本来核算，即把外汇折算成人民币才能算出人民币货价成本。由于外汇汇率在不断上、下浮动，加上从准备进口到达成交易再到交货付款，通常经过较长的时间，因此，在核算进口商品的成本时应考虑汇率的变化。

人民币货价成本的计算公式：

人民币货价成本=CIF 价（以外币计）×人民币市场汇价

为避免损失，进口企业在确定进口商品的价格时，应慎重选择所使用的货币并考虑汇率变化的因素。

第六节 灵活运用佣金、折扣

在进出口合同的价格条款中，经常会涉及到佣金（commission）与折扣（discount，allowance）的运用。现就何谓"佣金"，如何计算，何谓"折扣"，如何计算等，介绍如下。

一、什么是佣金？如何计算？

在国际贸易中，有些交易是通过中间商进行的，所以说佣金是市场经济发展的必然产物。佣金是卖方或买方支付给中间商，为其对货物的销售或购买提供中介服务的酬金。它具有劳务费性质，此项酬金就是佣金。

佣金可用英文字母"C"来表示，并注明佣金的百分比，如：CIFC 3%，即表示3%的佣金。佣金也可以用绝对数表示。例如：每公吨支付佣金50美元。

计算佣金有不同的方法，最常见的是以买卖双方的交易额即发票金额为基础计算佣金。

佣金的计算公式：

单位货物佣金额 ＝ 含佣价×佣金率

净价 ＝ 含佣价－单位货物佣金额 ＝ 含佣价×（1－佣金率）

含佣价 ＝ 净价／（1－佣金率）

二、什么是折扣？如何计算？

折扣是指卖方给予买方一定的价格减让,折扣同样是市场经济的必然产物。在国际货物贸易中，它是出口商加强对外经销的一种手段。

折扣一般应用文字表示，如：USD445 per m/t FOB Tianjin less 2% discount，即表示2%的折扣。

折扣也有用绝对数来表示的。如：每公吨折扣6美元。

折扣的计算公式：

折扣通常是以成交额或发票金额为基础计算出来的。

单位货物折扣额 ＝ 原价（或含折扣价）×折扣率

卖方实际净收入 ＝ 原价－单位货物折扣额

折扣额 ＝ 发票金额 × 折扣率

按照国际贸易惯例，佣金一般是按交易额（即发票金额）为基础进行计算的。不管采用何种贸易术语，都按交易总额乘佣金率来计算佣金。也可以 FOB 或 FCA 价格作为计算佣金的基础，即如按 CIF 或 CIP 术语成交，计算佣金时要先扣除运费和保险费，如按 CFR 或 CPT 术语成交，应先扣除运费，然后按 FOB 或 FCA 价格计算佣金。究竟采用何种方法计算佣金，选择权应由买卖双方协商而定。而折扣计算较为简单，用实际发票金额乘以约定的折扣率即为应减除的折扣金额。

佣金与折扣均有"明"和"暗"两种方式，均由卖方支付给买方。

一般情况下，折扣在交易进行中直接减让；佣金则在交易执行后再付给中间商。

第七节 确定合理价格

进出口商品的价格是决定企业经济效益的重要因素之一，也是交易双方磋商的中心内容。合同的价格条款是货物买卖合同的核心条款,买卖双方在合同其他条款上的得失，都会在价格条款中反映出来，价格条款的内容对合同中的其他条款会产生重要影响。下面就价格条款的组成，什么是合理的价格水平，以及确定价格条款应注意的问题作一简述。

一、进出口商品价格的基本内容是什么？

进出口商品价格的基本内容由计量单位、计价结算的货币、贸易术语和单位价格金额四个部分组成。有些合同还包括佣金和折扣，其中计价结算货币及贸易术语是国际贸易货物买卖合同特有的内容。下面仅就计量单位、计价结算的货币、贸易术语作进一步说明：

计量单位：在实际业务中货物采用计量单位主要由商品性质以及该商品在国际贸易中所形成的计量单位使用习惯所决定。如果以重量单位作为计量单位，则合同中需要进一步规定按净重、毛重或以毛作净等计量方法。

计价结算货币：买卖双方出于自身利益，在选择计价和结算货币时是针锋相对的。在出口合同中，卖方力争用比较坚挺的货币作为计价和结算的货币，亦即以硬币（Hard Currency）来计价和支付。买方则相反，签订进口合同时，愿意采用软币（Soft Currency）来计价和结算。当计价和结算货币的币值发生变化时，其结果会直接影响买卖双方的经济利益。

贸易术语：在我们实际业务中贸易术语是货物买卖合同的价格条款中特有的内容，经常使用的贸易术语有六种：FOB、CFR、CIF 、FCA、CPT、CIP。在具体交易中，术语的选择不仅关系到买卖双方的责任义务划分，而且也关系到构成价格的因素。至于有关注意事项，我们将在后面进一步详述。

二、什么是合理的价格水平？

对外价格的价位确定，也就是合理的价格水平的确定，这是业务准备中最重要的问题。

作为简易成交价格，可以用生产成本+管理成本作为最低限价；生产成本+管理成本+低于同业利润追求为中间价；以生产成本+管理成本+高于等于同业利润为最高限价。

对外报价和谈判价格的确定，参考定价因素有：

市场竞争状态、讨价还价的次数、客户的交易关系、所持交易政策四大因素。

若市场竞争激烈，则价位应居于中间。如成交方案的上限价为居中价格，那么该价应为对外报出的价格；若中间价为市场中间价，那么，该价提高 5% 左右后对外报价；若成交方案的最低价为市场中间价，那么，该价在提高 5% 左右后为对外报价。市场竞争不激烈，则以最高限价为基数提高 5%～10%作为对外报价。

讨价还价次数多，报出价离成交价远一点，即提高一点以作讨价还价用；反之，报出价离成交价近一点。

客户的交易关系，越熟越好，报出价离成交价越近，相反，则远一点，以便讨价还价。我们所说远与近的概念是：以双方已有的成交价，加上现实的外部条件变化引起的客观增减之和为基数，离其近者，该报价称之为近，反之为远。如何用数来量化我们所说得远与近，那么相差可在 5%～10%，甚至更多。

所持交易政策会对报价有影响，当持积极推进政策时，一般按超出最高限价如 5%左右，或者低于最高限价，高于中间成交价的水平报价。当持消极交易政策时，一般按照市场竞争情况报价，或相同或相似即可。

合理价格水平的确定，除上述影响因素外，还会有国际大环境的影响，还有我们自身的销售意图的影响，所以上面所述只是局限在战术上或说是在操作技巧层面上。从战略上看，任何有影响的因素都应引起我们高度关注。

三、确定价格条款时应注意哪些问题？

确定价格条款时，我们必须注意下列主要问题：

（一）在调查研究的基础上，根据我国进出口商品作价原则和每笔交易的经营意图，合理确定适当的价格，防止盲目定价。

（二）根据市场上船、货供求状况，运价动态和自身运输能力等因素，酌情选用适当的贸易术语。

（三）根据金融货币市场情况，争取选择于己有利的计价货币，必要时，也可酌情增加保值条款，以免承担汇率变动的风险。

（四）根据成交品种、数量和交货期等因素，灵活运用各种不同的定价办法，以免承担价格变动的风险。

（五）参照国际货物贸易的习惯做法，注意佣金和折扣的合理运用，以便有效地利用中间代理商和扩大交易。

（六）若合同中对交货品质、数量规定了机动幅度，即有品质增减价条款、数量增减价条款（或称溢短装条款），则应一并写明其机动部分的作价方法。

（七）若交易双方商定商品的包装材料和包装费另行计价，则其计价办法也应一并在合同中具体写明。

（八）价格条款与其他相关条款有着内在的联系，故价格条款的内容与其他条款的规定应当彼此衔接，不应互相矛盾，以利于合同的履行。

第八节　进出口业务程序

在国际贸易中，买卖双方经过交易磋商，签订进出口合同，进出口合同成为约束双方权利和义务的依据。买卖合同一经有效成立，有关当事人必须履行合同规定的义务。所以，履行合同是买卖双方当事人共同的责任。

◎ 出口程序

根据《联合国国际货物销售合同公约》的规定，出口方应承担的基本义务是：按照合同《公约》的规定交付货物，移交一切与货物有关的单据并转移货物所有权。出口方应享受的基本权利为按合同的约定收取货款。由于采用的价格术语和支付方式不同，出口方履行合同的程序也有所不同。我们常采用 CIF、CFR 条件成交并凭信用证支付方式付款。其程序为：备货与申领出口许可证、催证、审证、改证、租船订舱、报验、投保、报关、装运、制单、交单、结汇、核销和退税。

一、出口业务程序流程图

出口业务程序流程如图 2-1 所示。

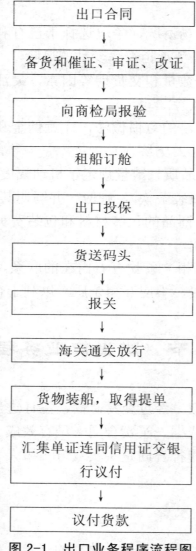

图 2-1　出口业务程序流程图

二、出口业务操作程序包括哪些内容?

(一)备货

是指卖方按照合同和信用证的规定，按时、按质、按量地准备好应交的货物。备货工作的主要内容包括：及时向生产、加工或供货单位下达任务、安排生产、加工、收购和催交，核实货物的品质、规格、数量、包装和刷唛情况，并对货物进行验收和清点。

在备货工作中，我们应注意以下几个问题：

1. 备货时间应结合信用证规定和租船的安排，保证船货衔接。

2. 货物的数量应满足合同和信用证的要求，并适当留有余地，以供装运时可能发生的调换、补充仓容、弥补货损之用，有时还要考虑合同中溢短装条款发生溢装的需要。

3. 货物的品质、规格应与合同和信用证规定一致，并符合同类商品的一般用途。如果合同和信用证未作规定，则应与有关法律和惯例相符。

4. 货物的包装与标志必须符合合同和信用证规定的要求。如发现有包装不良导致货物破损的情况，应及时进行修整或换装，以免在装运时取不到清洁提单，造成收汇损失。

5. 为了避免因买方资信不佳，迟开或不开信用证的欺诈行为造成货物积压，我们应及时催促进口方申请开立信用证，待收到信用证并经审查可以接受时，再行备货。

（二）申领出口许可证

国家为了合理配置资源，规范出口经营秩序，营造公平的贸易环境，履行我国承诺的国际公约和条约，维护国家经济利益和安全等特定的目的，对部分商品的出口实行许可证管理制度。

有关许可证的内容和办理流程详见第三章第六节"许可证"具体论述。

（三）催证、审证、改证

有关信用证的内涵、信用证的种类、为什么要审证、如何审核信用证、修改信用证应注意的事项等详细内容请详见第三章第三节的详细论述，这里只就出口操作上何时催证，做补充说明：

在正常情况下，买方信用证最少应在货物装运前15天或30天开到卖方手中，但在实际业务中，进口方由于种种原因往往不能按时开立信用证。为使合同履行顺利，在以下几种情况下，应及时催开信用证：

1. 合同规定装船期较长，同时规定买方应在出口方装运前一定期限内开证，卖方应在通知对方预计装运期时，同时催请对方按约定时间开证。

2. 如果根据出口方备货和船舶情况，有可能提前装运时，也可与对方商量，要求其提前开证。

3. 买方未在销售合同规定的期限内开立信用证，卖方有权利向买方要求损害赔偿，在此之前，仍可催促买方开证。

4. 开证期限未到，但发现客户资信不佳，或市场情况有变，也可催促对方开证。

催促对方开证的信函内容简单：例如："Sales contract No.1234 goods are ready. Please open the relevant L/C asap."（即"第 1234 号合同项下货物已备妥，请尽快将有关信用证开出"。）

（四）出口托运

如果是以 CFR、CIF、CPT、CIP 等价格术语成交，当货物备妥，有关信用证审核或修改无误后，卖方即应向对外运输机构办理托运手续。所谓托运，是指出口企业委托对外运输机构向实际履行运输的企业即轮船公司、铁路局、航空公司或其代理办理海、陆、空等出口货物的运输业务。由于我国出口贸易大多采用海洋运输方式。海运货物托运是一个比较复杂的过程，其流程可分为托运阶段、货物进港阶段、装船阶段和结汇提货阶段。

有关运输方面的详细介绍请见第三章的第十一节内容。

（五）商品检验

商品检验（Commodity Inspection）是指在国际货物买卖中，对于卖方交付的货物的质量、数量和包装进行检验，以确定合同标的是否符合买卖合同的规定。

国家质检总局是主管全国出入境卫生检疫、动植物检疫、商品检验、鉴定、认证和监督管理的行政执法机构。出口企业在办理出口托运前，需向出口地的出入境检验检疫局进行出口报验，在取得当地出入境检验检疫局颁发的检验检疫证书后，海关才准予放行。凡经检验不合格的货物，一律不得出口。

出口商品的检验程序通常包括：

1. 检验检疫机构受理报检。企业填写《中华人民共和国出入境检验检疫出境货物报验单》，随附外贸合同、信用证、厂检结果单正本等，检验检疫局对所呈报的单据审查符合要求后，受理该批商品的报验。

2. 抽样。根据不同的货物形态，采取随机取样方式抽取样品。企业应提供存货地点情况，并配合商检人员做好抽样工作。

3. 检验。检验部门可以使用从感官到化学分析、仪器分析等各种技术手段，对出口商品进行检验，检验的形式有商检自验、共同检验、驻厂检验和产地检验。

4. 签发证书。检验检疫局对检验合格的商品签发检验证书，并在"出境货物通关单"上加盖检验检疫专用章。出口企业在取得检验检疫局签发的检验证书和出境货物通关单后，在规定的有效期内装运出口。

（六）通关

海关是国家设在口岸的进出关境的监督管理机关。按照《中华人民共和国海关法》规定：凡是进出国境的货物，必须经由设有海关的港口、车站、国际航空站进出，并由货物所有人向海关申报，经海关查验放行后，货物方可提取或装运出口。所谓通关，是指进出境的的运输工具的负责人、货物的收发货人及其代理人、物品的所有人向海关申请办理进出口货物的进出口手续，海关对其呈交的单证和申请进出口的货物依法进行审核、查验、征缴税费、批准进口或出口的全过程。有关通关的基本程序见第三章第九节。

（七）出口保险

为了防止出口货物在运输途中发生损失，或者在货物发生损失后能得到补偿，需要对货物进行保险。凡是按 CIF 或 CIP 价格术语成交的出口合同，卖方在发票制妥后（海运在船只配妥后）、货物出运前及时向保险公司办理投保手续，填制投保申请单。保险公司接受投保后，即签发保险单或保险凭证。

世界上目前办理保险业务分为四大类：财产险、责任险、保证险和人身险。而我们实际进出口业务中广泛涉及的是财产保险中的货物运输险，特别是海洋货物运输险。

有关保险的险种、投保要求、投保程序及计算等，将在第三章的第十节中重点说明。

（八）制单结汇

货物装运出口后，出口企业应立即按信用证的规定，正确缮制各种单证（有的单证和凭证在货物装运前就应准备好），并在信用证规定的交单日期或以内，将各种单据和必要的凭证送交指定的银行办理付款、承兑或议付手续，并向银行进行结汇。

制单结汇的基本步骤及方式：

制单结汇一般包括制作单据、交单、结汇。制作单据要求"正确"、"完整"、"及时"、"简明"、"整洁"。

正确是指要做到单据与信用证条款的规定一致，单据与单据一致，正确的单据，才能保证安全、及时收汇。

完整是指要按信用证规定提供各种单据，不能短缺。单据的种类、份数和单据本身必要的项目内容，如产地证明书的原产国别、签章、其他单据上的货物名称、数量等内容，也必须完整无缺。

及时是指应及时制作单据，并在信用证的有效期或 UCP600 规定的交单期内，及时将单据交议付银行，以便银行早日寄出单据，及时收汇。

简明是指单据内容，应按信用证要求和 UCP600 及国际惯例填写，力求简明，切勿加列不必要的内容。

　　整洁是指单据要整洁，如果一份单据因错涂改多于三处应重新制作。提单、汇票及其一些单据的主要项目如金额、件数、重量等一般不宜更改。对某些地方更改要加校对章并签字或简签加以证实。

　　结汇单据一般包括汇票、发票、装箱单、提单、保险单、产地证以及信用证要求的其他结汇单据。

　　有关汇票、发票等单据的具体制作办法详见第三章第四节出口单据制作的论述。

　　单据制作完毕，信用证受益人（或称出口人）在信用证规定的交单期内向指定银行提交符合信用证条款规定的单据。这些单据经银行按照信用证审核确认无误后，即向信用证的开证行或被指定的其他付款银行寄单索偿，同时按照与出口人约定的方法进行结汇。银行在收到外汇后按当日人民币市场汇价买入价购入，结算成人民币支付给出口人。

◎ 进口程序

　　与外商签订进口合同后，我们要严格按照合同条款，积极履行自己应承担的义务，支付货款和受领货物。同时，在友好协商的态度下，催促对方按合同的约定交付货物及与货物有关的单据和所有权，防止毁约、延期等情况的发生。

　　进口业务程序包括按照合同规定办理进口申报、对外付款保证手续、催装、审单、付款和接货等一系列事宜。

一、进口业务程序流程图：

　　进口业务程序如图 2-2 所示。

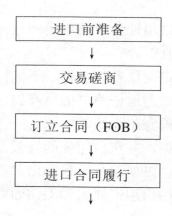

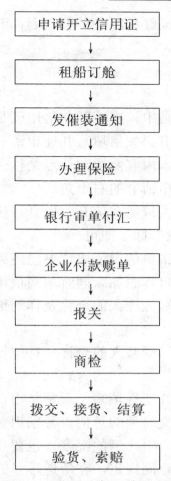

图 2-2　进口业务程序流程图

二、进口业务操作程序包括哪些内容?

进口业务的价格以 FOB、CIF、CFR 为主;进口业务的付款方式一般也采用信用证。进口业务操作程序简述如下:

(一)进口许可证的申领

凡中华人民共和国商务部外贸司下发的《2009 年进口许可证管理货物目录》和《2009 年自动进口许可管理货物目录》所涉及的目录中的商品,均需在进口前,按有关规定申办许可证。

办理程序是:第一次申报的企业要到商务部 EDI 中心在网上办理电子钥匙;同时通过网上填写申请表,提交审批;市商务委在网上进行初审、复审;申请通过后,企业即可打印申请表,加盖企业公章,携购货合同复印件,到发证部门领取许可证。

办理地址：天津市河东区红星路 79 号，天津市行政许可服务中心一楼 13 号窗口

咨询电话：24538827

（二）申请开立信用证

在信用证方式的进口贸易中，申请开立信用证是进口方的基本义务，也是履行进口合同的重要操作环节。如何填写开证申请书是这一操作环节中最为重要的环节。那么申请书的基本内容及填制要点是什么呢？主要有以下几点：

申请开证日期：填写在申请书的右上角。

信用证开立方式：申请人只需在信开、电开、快递三种方式中选择其中的一种方式前面的方框中打"x"标示即可。

信用证种类：不可撤销跟单信用证申请书已经列明，不必重新填写。如果增加保兑或转让等内容，须自行添加。同时填写信用证的有效期及到期时点。

申请人名称和地址：填写开证人的全称及详细地址，并注明联系电话、电子邮箱号码等。

受益人名称和地址：填写受益人的全称和详细地址，并注明联系电话、电子信箱等。

通知行名称和地址：由开证行填写，通常是出口方的开户银行。

信用证金额：填写合同交易额的总值，分别用数字小写和英文大写两种形式表示金额和货币。如果有一定比例的幅度，也要在信用证中明确表示。

分批装运与转运：根据合同规定，在所选项目方框中打"x"标示。

装运条款：根据合同规定填写装运地（港）、目的地（港）、转运地（港）及最迟装运日期。

贸易条款：信用证申请书由 FOB、CFR、CIF 及"其他条件"四个备选项目组成，根据合同成交的价格术语在该项前面的方框中打"x"标示。如果是其他条件价格术语，则应在该项目后面填写。

付款方式：信用证上有四种选择，即：即期支付、承兑支付、议付、延期支付，根据合同规定，在该方框前打"x"标示。

汇票要求：汇票金额根据合同的规定填写信用证项下应支付发票金额的百分之几——若所有货款都用信用证支付，则填写汇票金额应是发票金额的100%；如果货款由信用证和托收两种方式各支付 50%，则填写汇票金额应是总金额的 50%；支付期限填写即期还是远期，如果是远期汇票，则应写明到期天数；付款人应该填写开证人或其指定的付款行。

信用证项下的单据条款：信用证开证申请中已经列明 12 种单据供选择，第 1～11 栏是常见的单据，第 12 栏是"其他单据"栏，未包括在上述 11 种中

的单据，应填列在该处。

货物描述及包装：包括货物名称、规格、数量、包装、单价条款、唛头等。所有内容必须与合同一致。包装条款如果有特殊要求，应明确加以表示。

特殊条款：信用证申请书已经列明 7 种条款，第 1~6 条是具体的条款要求，符合条件的可在相关条款的前方括号内打"x"标示。对未包括在上述 6 条中的条款，可填写在第七条条款处。

末段信息：申请人的开户银行、账户号码、经手人、联系电话、申请人签字等内容。

申请书背面列明申请人对开证行的声明，明确双方的权利和义务，由开证申请人签字盖章。

（三）租船订舱

在国际贸易中，按照 FOB、FCA、FAS、EXW 等价格术语成交的进口合同，一般由进口商负责安排货物运输。其程序如下：卖方在交货期前的一定时间内将预计装运日期通知我方；我方在接到通知后，及时向外运公司办理租船订舱手续，填写"进口订舱委托书"，在委托书中具体列明托运要求，内容包括货名、重量、尺码、合同号、包装种类、装卸港口、交货期、发货人名称、地址、电话和传真等项目及其他特殊要求事项等。手续办妥后，及时通知卖方船名及船期，方便对方按期交货装船。卖方装船后，会向我方发出装船通知，此时我方应及时投保，并做好报关准备。

（四）投保

按 FOB 或 CFR 贸易术语成交的进口合同，由买方办理保险。海运进口货物的保险由我方进出口企业委托外运公司办理，并由外运公司同中国人民保险公司签订预约保险合同，合同中对各种货物应投保的险别都作了具体的规定。

我国进口合同大多用 CFR 或 FOB 术语，为简便起见，在预约保险合同中议定了平均运费率和平均保险费率，所以进口货物保险金额按下列两个公式计算：

保险金额 = FOB 价 ×（1 - 平均运费率）/（1 - 平均保险率）

保险金额 = CFR 价/（1 - 平均保险费率）

（五）审单付汇

在信用证项下，当银行收到国外受益人寄来的汇票和全套单据后，交给进口企业，由进口企业依据银行开出的信用证副本来审查汇票和全套装运单据，经审查无误后，通知银行对外付款。如经审查，发现有不符的问题，应在三个工作日之内将全套单据和汇票退回银行，并以书面形式说明拒付的理由。银行审查认为拒付理由不足，可直接向外国受益人付款。如果拒付理由成立，银行将全套单据和汇票寄回国外银行，要求更正不符点或拒付。

如果采用托收方式，银行在收到全套单据和汇票后，开立"进口付汇通知书"，交进口企业，在规定的期限内通知银行付款或承兑。

如果采用汇款方式，进口企业接到出口商转来的单据后，按发票金额和合同规定的汇款方式，通过银行或采用其他方式对国外卖方付款。

（六）报检报关

凡列入"商检机构实施检验的商品种类表"的进口商品和对外贸易合同规定由商检机构出证的进口商品到货后，收货单位或者外运公司应立即向到达口岸或者到达站的检疫检验机构报检。

进口货物到货后，由外贸经营单位或外运公司根据进口单据通过天津电子口岸（网址：**www.tjeport.gov.cn**）上的货物通关协作系统进行报检报关。

（七）验收和拨交

进口货物到港后，由港方负责卸货。在卸货时港方应该对货物验收，如发现短缺，及时填写"短缺报告"交船方签字，并根据短缺情况向船方提出保留索赔权的书面声明。卸货发现残损，应将货物存放在海关指定仓库，待保险公司会同检疫检验机构检验后做出处理。法定检验检疫的进口货物必须向当地商品检验检疫局报验，未经检验的货物不准投产、销售或使用。

进口货物到达目的港后，进口企业应及时填写"入境货物报验单"，随附进口合同、商业发票、装箱单、运输单据及有关单证向当地出入境货物检验检疫局申请检验。进口企业在规定的时间向商品检验检疫局缴纳检验检疫费，在检验检疫证书上签名，并注明时间及领取的份数。

货物经商检、报关后，由外贸经营单位委托对外运输公司提取货物并拨交给订货单位。对外运输公司以"进口货物代运发货通知书"通知订货单位在目的地办理收货手续。同时，通知外贸经营单位代运手续已办理完毕。如订货单位不在港口，所有关税及运往内地运费及其他费用由对外运输公司向外贸经营单位收取，再由外贸经营单位向订货单位索取。

（八）索赔

在国际贸易中，最常见的提起索赔的一方往往是进口方，发生进口索赔，即：进口商品到货后，进口商如发现商品质量、数量、包装等有不符合合同的情况，及时委请检疫检验部门对进口货物进行检验、鉴定、出具商检证书，并在弄清事实、分清责任归属的基础上向责任方提出索赔。

在国际贸易中，索赔会涉及三种类型，即贸易索赔、运输索赔和保险索赔。索赔期限规定如下：

1. 向卖方索赔，应在合同规定的商品检验期限内提出或在合同规定的索赔有效期限内提出保留索赔权。如果买卖合同中没有规定索赔期限，根据《联合国国际货物销售合同公约》规定，买方行使索赔权的有效期限是自买方实际收到货物之日起不超过两年。

2. 向承运人索赔，期限为货物到达目的港交货后一年之内。

3. 向保险公司提出海洋货损索赔，期限为被保险货物在卸货港全部卸离海轮后两年内。

第三章

对外贸易实务操作

国际贸易是我国国民经济的重要组成部分，随着我国对外贸易健康而稳定的发展，特别是中国正式成为世贸组织的成员后，市场进一步开放，越来越多的中小企业注重国际市场的开发，因此对国际贸易人才的需求量也越来越大。这些人员不仅需要具备坚实的国际贸易理论基础，更需要具备较强的进出口业务的实际操作能力。不论对外业务大小，所要处理的各项具体事务，都是一项时间性强、工作量大的工作，既要同国外进出口商打交道，又要同国内生产商、海关、商检、保险公司、运输公司、银行及有关行政管理部门发生方方面面的联系。面对诸多业务操作上的问题，有些企业往往束手无策，不知从何处入手，甚至出现某些不应有的失误。基于此，我们拟从操作的角度，分别从业务洽谈、合同、信用证和托收、出口单据的制作、产地证、许可证、领事认证、检验检疫、报关、保险、运输、核销、退税、融资、仲裁、贸易壁垒及应对措施、加工贸易等的实际操作中应知应会及应掌握技能技巧出发，提供一些简明的指导。

第一节 业务谈判

在国际贸易中，对外谈判亦称交易洽商，这是一项很复杂的工作，交易双方分属不同的国家和地区，有着不同的文化背景、社会制度、价值观念、信仰、民族习惯、政治制度、法律体系、经济体制和贸易习惯，除此还有语言和文字沟通方面的困难。在实际交易过程中，由于交易双方的立场及其追求的具体目标各不相同，所以在业务谈判中充满尖锐复杂的利益冲突和反复的讨价还价。因此说，交易洽商是开展商务活动的一个重要阶段。我们要根据购销意图，针对交易对手的具体情况，采取各种行之有效的策略，正确处理和解决彼此间的冲突和矛盾，谋求一致，达成意向，双方都能接受的公平合理的协议。由于交易双方达成的协议不仅直接关系着双方当事人的利害得失，而且具有法律上的约束力，不得轻易改变，故彼此应持慎重的态度。下面就洽商交易的步骤中的"发盘"和"接受"、谈判方案及谈判中注意的问题进行简单的介绍。

一、什么是"发盘"？"发盘"的条件是什么？

"发盘"（Offer），也称"报盘"、"报价"，是说交易的一方（发盘人）向另一方（受盘人）提出一定的交易条件，并愿意按照这些条件与对方达成交易、订立合同的一种肯定的表示。

发盘既是商业行为，又是法律行为，在法律上称为要约。一项发盘发出后，对发盘人便产生法律上的约束力，如果对方完全同意发盘内容，并在有效期内答复，则双方合同关系成立，交易亦达成。

发盘大多数由卖方提出，称为"卖方发盘"。但在少数情况下，也可能是由买方提出，称为"买方发盘"或"递盘"。

构成一项法律上有效的发盘应具备如下的条件：

1. 表明订约的意旨。一项发盘必须表明订约意旨。按照现行法律和《联合国国际货物销售合同公约》规定，一方当事人是否向对方表明在发盘被接受时承受约束的意旨，是判别一项发盘的基本标准。表明承受约束的意旨，可以是明示的，也可以是暗示的。在实际业务中，如果存在疑问，受盘人应及时要求对方予以澄清。

2. 向一个或一个以上特定的人提出。所谓"特定的人"是指发盘中指明个人姓名或企业名称的受盘人。

3. 内容要十分确定。一项订约建议只列明货物、数量和价格三项条件即可被认为其内容"十分确定"，从而构成一项有效的发盘。所缺少的其他内容，如货物包装、交货、支付条件，可在合同成立后，按双方之间已确立的习惯做法予以补充。

（但是我国外贸企业在实际工作中，在对外发盘时应明示或暗示至少六项主要交易条件：货物名称、数量、包装、价格、交货和支付条件。）

4. 传达到受盘人。这是各国法律普遍的要求。发盘不论是口头的还是书面的，只有被传达到受盘人时才生效。如发盘人用信件或电报发盘，如果该信件或电报因邮局误递或在传递过程中遗失，以至受盘人没有收到，则该发盘无效。

二、"发盘"的有效期和生效时间如何确定？

在实际业务中，所有的发盘都应有有效期（Time of Validity）及可供受盘人对发盘作出接受的时间或期限。超过有效期，发盘人则不再受约束。所谓"合理时间"在国际上没有统一的规定，所以在我国，如涉及交易的金额较大，就必须明确有效期。

发盘的生效时间的规定：根据《联合国国际货物销售合同公约》第 15 条规定，发盘送达受盘人时生效。

有效期限规定方法：

规定最迟接受的期限。如："限 5 月 6 日复"，"限 5 月 6 日复到此地"等。

规定一段接受的期限。如："发盘有效期为 5 天，或发盘 8 天内复"。

三、"发盘"如何撤回？如何撤销？

根据《联合国国际货物销售公约》的规定，任何一项发盘（包括注明不可撤销的发盘），只要在其尚未生效以前，都是可以修改或撤回的。在实际业务中，如果发盘后，发现内容有误或因其他原因想改变主意，可以用更迅速的通讯方法，将发盘的撤回或更改通知赶在受盘人收到该发盘前或同时到达，则发盘即可撤回或修改。

有的时候，发盘已经生效，还会出现发盘需要撤销的情况，怎么处理呢？我们应按照《联合国国际货物销售公约》中第十六条的规定，在发盘已经送达受盘人，即发盘已经生效，但受盘人尚未表示接受之前的这一段时间内，只要发盘人及时将撤销通知送达受盘人，仍可将其发盘撤销。如一旦受盘人发出接受通知，则发盘人无权撤销该发盘。

下面两种情况的发盘是不可撤销的：在发盘人规定了有效期，或以其他方式表示该发盘是不可撤销的；受盘人有理由信赖该发盘是不可撤销的，并对该发盘的信赖采取了行动。

四、什么是"接受"？"接受"的条件是什么？

"接受"（Acceptance）是指受盘人接到对方发盘或还盘后，在其有效期内无条件接受对方提出的条件，愿意与对方达成交易，并及时用声明或行为表示出来。接受同发盘一样，既属于商业行为，也属于法律行为，法律上称之为承诺。接受产生的重要法律后果是达成交易，成立合同。

"接受"的条件是什么?

1. 接受必须是受盘人做出的。所以受盘人必须是合法的人。在通常情况下，一项发盘都明确规定了受盘人，即特定的个人或团体，只有这个特定的人表示接受才可以，任何第三者表示接受均无法律效力，因此，发盘人也不受约束。

2. 接受必须是无条件同意发盘的全部内容。原则上，当接受中含有对发盘内容的增加、限制或修改，接受不能成立，应拒绝或还盘。在我们实际业务中，有时受盘人在答复发盘时虽然使用了"接受"这个词，但却附加了某种条件，或在复述发盘内容时对其中的某些条件作了修改，成为有条件接受。而这种有条件接受不是真正有效的接受，而是还盘的一种形式，实际上是对发盘的拒绝。《联合国国际货物销售公约》规定，对发盘表示接受但载有添加或不同条件的答复，如果所载的添加或不同条件在实质上并不更改该发盘的条件，除发盘人在不过分延迟的期间以口头或书面反对其间的差异外，仍构成接受。

3. 接受必须在一项发盘的有效期限之内表示。如果一项发盘规定了有效期限，受盘人只有在此期限内表示接受才有效。如果一项发盘未规定具体的有效期限，应在合理时间内表示接受才有效。

4. 接受应由受盘人采用声明或作出其他行为的方式表示，并且这种表示传达给发盘人才有效。在我们实际业务中，接受一般都使用函电、口头等形式表示。

五、"接受"生效时间如何确定? 什么是"逾期接受"?

接受是一种法律行为。这种法律行为生效时间如何确定，各国法律有不同的规定。《联合国国际货物销售公约》第18条规定，接受通知送达发盘人时生效。

"逾期接受"是接受通知未在发盘规定的有效期内送达发盘人，或者发盘没有规定时限，且在合理时间内未曾送达发盘人，则该项接受称作"逾期接受"。虽然各国对"逾期接受"都认为接受无效，只能视为一个新的发盘。但《联合国国际货物销售公约》第21条规定，只要发盘人毫不延迟地用口头或书面通知受盘人，认为该项逾期的接受可以有效，愿意承受逾期接受的约束，合同仍可于接受通知送达发盘人时成立。如果发盘人对逾期的接受表示拒绝或不立即向受盘人发出上述通知，则该项逾期的接受无效，合同不能成立。逾期接受是否有效，关键要看发盘人的表态。

六、"接受"如何撤回或修改？

接受的撤回或修改，按照《联合国国际货物销售公约》的规定是"送达生效"。所以，要想撤回或修改接受，撤回或修改的通知必须在送达发盘人之前或与原接受通知同时送达发盘人，则接受可以撤回或修改。如果接受已经送达发盘人，接受已经生效，合同已成立，就不能撤回或修改其内容，因为这样做无异于撤销或修改合同。

七、谈判方案如何制定？

商业谈判中，尤其是国际商务洽谈最为复杂，这是由于国际商务洽谈交易环境与对象不同于国内商务洽谈，除了当事人之间本已存在商业习惯、法律制度和文化背景的差异外，还存在商业利益上矛盾和冲突。这就要求买卖双方通过洽商，寻求符合双方利益，彼此都能接受的交易条件，达到最好的效果，把买卖谈成，实现双赢。

为此，在我们进行商务谈判前，要针对客户情况、商品的供需及市场情况、商品的成本核算、连同我们自己销售意图等作出谈判方案，把需要谈判的问题，分清主次，合理安排谈判的先后顺序，明确对每一个主要问题应当掌握的分寸和尺度，以及谈判中出现某些变化时应该采取什么措施等等，做一个书面方案（或称"备忘录"）。做谈判方案的目的是使每一个谈判人员做到心中有数，对可能发生的任何变故有所准备。谈判的原则是双赢，我们的谈判方案就是为了完成我们要推销的商品意图，需要达到的最高和最低目标，所采取的策略、步骤和做法。对外应是保密的。

大宗商品的谈判方案一般都比较具体详细，尤其在制定某些大宗交易和重点商品的谈判方案时，要考虑周全，防止细微之处出现漏洞，给对方钻营的机会。而对于中小企业所经营的中、小商品的进出口，则只需要拟订简单的价格方案即可。（价格合理制定可参阅第二章第七节内容）。

八、业务谈判中应注意哪些问题？

1. 业务谈判首先要运用正确的洽谈方式

一般我们采取实质利益洽商的方式，尽量避免采用立场争辩式的洽谈方式，因为后者谈判很难出成果。采用实质利益洽谈方式时，虽然有时也存在各自利益上的矛盾和冲突，但实质上还可能存在共同利益或彼此兼容的利益，任何一方当事人在考虑自身利益的同时，也要考虑对方的利益，尽量寻找符合双方利益的方案，以期达成双方都能接受的协议。

2. 在洽商交易过程中要以诚相待和互相沟通

在实际洽谈过程中，既要想方设法弄清对方的实际需要，也要酌情声明自身的利益所在，彼此以诚相待，平和沟通。事实证明，中小企业虽然势力小，商品单一，面对世界市场的激烈竞争，却依然能取得交易成功，生意不断，是和"和气生财"不无关系的。当然，商品虽小，但质量与服务很好，照样能在大市场中取得一席之地。

3. 灵活运用商务洽谈的各种技巧

在实际交易洽商过程中，为便于化解彼此间的矛盾和利益冲突，我们参与谈判的业务人员应该根据我们自己的销售意图，并结合矛盾的焦点，酌情采取机动灵活的策略与技巧，权衡利益的轻重，善于用妥协来处理利益交换，用对方无所谓的条件来换取对自身比较重要的条件。要善于灵活运用各种洽谈技巧来缓和矛盾，化解冲突，达成共识，以期取得双方都满意的结果。

第二节　合同

在现代国际经济活动中，任何一项经济活动，都属于一种法律行为并且是一种合同行为。因此，合同应该是一种法律文本，也应受到法律的保护，同时，也对买卖双方有严格的约束力。在实际业务中，我们不论是作为卖方（出口商），还是买方（进口商）都应该在法律上、技术上有效而正确地与各有关当事人签订买卖合同（包括出口销售合同和进口购买合同），以及与该买卖合同相关的运输、保险、结算、融资等合同。我们的业务活动基本上可以说是执行合同的一个过程。

一、什么是合同，包括哪些内容？

上面已经说到"合同是一种法律文本"，就是买卖双方当事人就各项交易条件通过"要约"（就是我们实际业务中所说的"发盘"）与"承诺"（即我们实际业务上所说的"接受"）两个法律行为产生的最终结果，产生了包括各种交易条件、买卖双方的权利义务的文本文件。

合同包括的内容有：当事人的名称、商品品质、数量、包装、价格、运输、保险、支付、检验、索赔、不可抗力和仲裁等交易条件都应在合同中列明或具体规定。由于这些交易条件的内涵及其在法律上的地位和作用互不相同，故了解各种合同的条款的基本内容及其规定是十分必要的。（"合同"样本见附录1）

二、签署品名、品质、包装和数量条款时应注意什么问题？

合同主要条款包括如下内容：

（一）品名条款

在实际业务中，合同对品名条款无统一的格式，通常都是在"商品名称"或"品名"的标题下列明买卖双方成交的商品的名称即可。有些商品具有不同的品种、商标、等级、型号，为明确起见，在品名条款中还需将该商品的具体品种、商标、等级和型号的描述也包括进去，以便做进一步的限定。有时甚至将品质规格也包括进去。品名条款是合同中不可缺少的一部分，是买卖双方交接货物的依据，很是重要。所以，我们要格外注意下列事项：

1. 根据需要与可能约定成交商品的名称

凡品名条款中规定的商品，应当是买方确实需要和卖方能供应的商品。盲目成交，会给履约带来困难，甚至引起贸易纠纷。尤其是我们在不了解全面情况，更不了解我们的原料能否符合客户要求、生产工艺能否满足对方要求时盲目允诺，大包大揽，是十分危险的。

2. 合理描述成交的商品

对某些成交的商品的描述，既不能漏掉必要的描述，也不应列入不切实际的或不必要的描述，以免给履约造成困难或引起争议。

3. 正确使用成交商品的名称

（1）一般使用国际上通用的名称。如果使用地区性名称，买卖双方应事先就其含意达成共识，以便履行合约。

（2）在一个合同中，或同一个公司的几个合同中，同一种商品不要使用不同的名称，防止履约时出现不同的解释。

（3）对于某些商品的名称及其译名，应力求准确易懂并符合国际上习惯的称呼。

（4）凡商品名称带有外国的国名或地名，应尽可能使用自定的名称，可在自定名称后面加括号说明。

（5）若某些商品有几个不同的称呼，约定品名时，应根据是否有利于减低关税，方便进出口和节省运输费用等诸因素来选用合适的名称。如果商品名称选用不当，可能导致该商品被禁止进出口或者被收取较高的关税和运输费用。

4. 品名条款的内容应当清楚、明确、具体在品名条款中，应写明成交的商品的名称，尽量避免空泛、笼统的表述。若成交的商品品种和规格繁多，可在商品名称栏内标明商品类别总称，同时应将具体商品名称详细列明，以便日后开立信用证和缮制单据时使用。

（二）品质条款

在国际货物贸易中，由于品种很多，品质千差万别，表示品质的方法又多种多样，故品质条款的内容极其复杂，应视成交商品的特性，买卖双方的交易习惯和具体要求而定。

1. 品质条款的一般内容

（1）凡是可以用科学的指标来说明其质量的商品则应列明商品规格、等级等指标内容。

（2）有些商品习惯于凭标准买卖，则在品质条款中应列明采用的是什么标准。

（3）对某些品质变化较大的农产品，则在品质条款中列明"良好平均品质"字样。

（4）对性能和结构复杂的机、电、仪等技术密集型产品，很难通过几个简单的指标来表示其品质的全貌，所以，在品质条款中，注明卖方应提供说明书，并附图样、照片、设计图纸、分析表及各类数据等内容，还要增加品质保证条款和技术服务条款。

（5）对难以用科学的指标说明其质量的商品，如：手工艺品等，则在品质条款中列明凭卖方样品或买方样品或凭对等样品交货字样。

（6）对某些国际知名商品，则在品质条款中只注明成交商品的商标或品牌即可。

（7）对某些商品具有独特的风格和地方特色，也可只用原产地名称来表示其品质。

2. 品质机动幅度的约定

对质量指标容易出现差错的某些制成品可以在条款中采取下列灵活变通的规定方法：

（1）约定一定幅度的品质公差

品质公差是指工业制成品的质量指标出现国际上公认的误差，即使合同没有规定，只要交货品质在公差范围之内，就不能算作违规。实际业务中，最好还是在合同中约定一定幅度的品质公差。对某些难以用数字或科学方法表示的，则采用"合理差异"这种比较笼统的规定办法，但要慎重，防止因对"合理差异"理解的不同而引起的争议。

（2）约定交货品质的机动幅度

允许卖方交付商品的质量指标在一定的幅度内有灵活性。方法有两种：一种是约定一定的差异范围；另一种是约定一定的上下限。卖方交货只要在约定的差异范围内和未超过约定的极限，就算合格，买方无权拒收货物。

（3）约定交货品质与样品大体相同或相似

买卖双方在商定品质条款时，加列"交货品质与样品大体相同或相似"的条文。

为了体现按质论价，在采用交货品质允许有一定的机动幅度的情况下，对某些货物根据实际交货品质调整价格，要在合同中增加或删减价格条款。质量好的可以调高价格，品质低于合同规定的可以扣价，以示公平交易。

3. 在实际约定品质条款时应该注意哪些事项

（1）要正确运用各种表示品质的方法。表示品质的方法有很多，主要要根据商品的特性来定。凡是适用于文字、图样、相片、数据等办法来表示商品质量的，要尽量采取这类表示商品质量的方法，不要轻易采用看货成交或凭样成交，因为看货或凭样成交有一定的局限性，实际中我们采用看货或凭样成交多用于寄售业务、展卖或拍卖业务。另外，一种商品的质量一般不宜同时采用两种或两种以上的品质表示方法，尤其是同时采用凭规格和凭样品成交，极易造成履约困难。

（2）要防止商定品质条件过高或偏低的现象。在实际洽谈业务时，涉及到品质条件，要实事求是，要根据需要和可能来确定品质条件，既要考虑客户的实际需要，还应考虑供货的可能。不应为了追求高价而盲目提高品质，以免浪费原材料或给生产部门带来困难，甚至影响交货。出口商品要适销对路，不能盲目追求高质量，因为质量高的商品对某些市场未必适销。

（3）要合理选择影响品质的质量指标。合同中对影响品质的重要指标一定要具体列明，不得遗漏，对次要的质量指标，则可少列，可有可无的，更不宜列进。

（4）注意进口国的法令法规。世界各国对进口商品的质量都有具体的法令法规，凡质量不合格的商品，一律不准进口，有的还要就地销毁，并由货主承担由此而引起的各种费用。实际业务中，对定牌生产的出口商品上印刷了外商提供的品牌，我们一定要注意该品牌是否合法，以免触犯进口国的商标法而引起法律纠纷。

（5）注意各项指标的内在联系和相互关系。品质条款中的各项质量指标之间有其内在的联系且相互影响，如果某项指标规定不当，势必影响其他指标，从而导致不应有的损失。

（6）力求品质条款明确具体。为了便于买卖双方按约定的品质条款交接货物和明确彼此的责任，合同中的品质条款，应当明确具体，避免笼统、含糊不清的规定办法，品质条款中不应有"大约"、"左右"等等的规定办法。

（三）包装条款

合同中包装条款的内容。一般包括包装方式、包装材料、包装规格、包装标志和包装费用。

1. 包装方式。由于不同商品有不同的包装方式，包装也多种多样，所以，不管是运输包装还是销售包装，都必须要规定明确。如果是运输包装，无论采用集合运输包装还是单件运输包装、集装箱装还是固定在托盘上、集装袋还是集装包，都应事先明确。若用单件包装，也要将包装方式具体写明。至于销售包装，也应根据商品特性、销售习惯和市场需要具体商定。

2. 包装材料。对于采用何种材料制成的包装，应同时写明。

3. 包装规格。在实际业务中，我们都是根据商品的形状、特点和适合运输与销售的要求来确定包装的规格、尺寸大小，并在合同的包装条款中注明，以便买卖双方在交接货物时有所遵循。

4. 包装标志。为了保证货物安全、迅速、准确地运交收货人，卖方应按合同约定在运输包装上写、压、刷唛头及其他有关标志，销售包装也应有装潢画面和文字说明等标志。买卖双方要就上述事宜事先约定好，并在合同中列明。

5. 包装费用。一般情况下，包装连同商品一起出售，包装费通常包括在货价中，不另计收。但也有不计在货价中，而规定买方另付。还有买方要求用其自己的包装或包装物料，这时应列明买方提供的包装或包装物料的时间，以及由于包装或包装物料未能及时提供而影响货物发运时所应承担的责任。

约定包装条款的注意事项：

1. 要考虑成交商品的特点。商品种类繁多，其特性和形状各异，因而对包装的要求各不相同。所以，在商定包装条款时一定要根据商品的特点来确定采用的包装方式及应用包装材料、包装规格和包装标志。

2. 要考虑运输方式的要求。不同的运输方式对包装的要求各不相同，加上长途运输，对包装的要求较高，所以，我们在商谈包装条款时应考虑成交商品所采用的运输方式来确定适用何种运输包装。

3. 要考虑有关国家的法律规定。不同的国家对商品的包装和标签的管理也不同，所制定的管理条例也错综复杂，由于各国经济、文化背景、消费水平和消费习惯互有差异，客户对包装上的文字、图案标记、包装规格，甚至颜色都有种种不同的要求，必须严格遵守其规定。否则，不准进口或禁止在市场上销售。我们在可能的情况下尽可能考虑其要求，以利于合同的顺利履行。还要在不影响包装质量的前提下，注意节省各种费用。

4. 要正确运用中性包装和定牌生产。这两种做法有利于打破某些国家的关税和非关税壁垒，发展转口贸易和扩大出口。

5. 不要轻易地接受按某国家式样包装的条件。一旦接受，既增加了履约的难度，又容易引起争议。

6. 合同中包装条款要明确具体。为便于履行合同，包装条款应明确具体。如麻袋包装，应注明是单层还是双层；是新的还是旧的。另如一项商品有两种或两种以上的包装方法，应明确由何方选择，便于履行合同。规定包装条款时，不要采用"海运包装"或"习惯包装"的术语，这类术语含义模糊，易出异义。

（四）数量条款

数量条款是国际货物买卖合同中一项不可缺少的交易条件。《联合国国际货物销售合同公约》规定，按约定数量交货的一项基本义务是，卖方必须按约定数量交货，否则，买方有权要求赔偿损失，甚至拒收货物。它不仅约定了交易双方成交商品的数量，而且还涉及与之有关的权利和义务。它既是买卖双方交接货物的基本依据，也是涉及处理与交接数量有关的索赔和理赔的依据。

1. 正确掌握成交数量

在实践中，洽商数量条款时，应注意掌握进出口商品成交的数量，防止心中无数，盲目成交。

（1）在洽商出口数量时，要了解国外市场的需求量和各地对该市场的供应量，利用市场的供求变化规律来确定成交量，对主销市场和常年稳定供货的地区和客户，应保持一定的成交量，防止国外竞争者乘虚而入，失掉市场份额和客户。

（2）在接单时，应考虑国内生产能力和货源供应情况，防止给生产带来困难和给履约带来困难。

（3）对外成交时，要考虑国际市场的价格动态。价格看跌、货源又充足，应多成交、快抛售；价格看涨，不以大量成交，应争取有利的时机抛售。

（4）签订数量条款时，要看国外客户的资信状况和经营能力。对资信好、经营能力强的客户，成交量可放开一些，反之，则适度而已。

（5）洽商进口数量时，应考虑国内的实际需求。

（6）考虑国内的支付能力，以免浪费外汇和出现不合理的贸易逆差。

（7）考虑国际市场行情的变化，对我有利时，适当扩大成交数量，反之，适当控制成交。

2. 签订合同中的数量条款应当明确具体

对成交商品的具体数量、使用何种计量单位和计量方法以及对数量的机动幅度大小和由谁来掌握机动幅度、溢短装部分如何作价，应具体订明。

3. 合理规定数量的机动幅度

其中数量的机动幅度的大小要适当；机动幅度的选择权的规定要合理；溢短装数量的计价方法要公平合理。

有关其他条款，如价格、运输、保险、支付、检验、索赔、不可抗力和仲裁等内容已在本书的第二章和第三章的部分章节中另行讲述。

三、什么是国际贸易术语？通常使用的有哪些？这些术语的责任、风险和费用是如何划分的？

在国际货物买卖中，交易双方通过磋商，确定各自应承担的义务。卖方的基本义务是提交合格的货物和单据；买方的对等义务则是接受货物和支付货款。在货物交接的过程中，有关风险、责任和费用的划分问题，也是交易双方在谈判和签约时需要明确的重要内容，因为这涉及到双方当事人的权利和义务，也关系到商品价格。

国际贸易术语是用来表明商品的价格的构成、说明货物在交接过程中有关风险及责任和费用划分问题的专门用语。

国际贸易术语在国际贸易中的作用很大。采用国际贸易术语达成的交易，可明确买卖双方在交接货物时应承担的风险、责任和费用，这就简化了交易手续，缩短了谈判的时间，从而节省了费用。由于使用了国际贸易术语，而术语中所包含的从属费用，如运、保费、装卸费、关税、增值税和其他费用，有利于双方进行比价和成本核算。采用国际贸易术语成交还可避免由于签约时对某些问题规定的不明确，致使履约时产生争议。在这种情况下，我们可以援引贸易术语一般解释来处理，有利于贸易争端的解决。

通常使用的国际贸易术语：

国际贸易术语共有 13 种。

按照《2000 年国际贸易术语解释通则》，将这 13 种术语分为 E，F，C，D 四个组。E 组，只包括一种贸易术语：EXW；F 组有 FCA，FAS 和 FOB 三种术语；C 组包括 CFR，CIF，CPT，CIP 四种；D 组有 DAF，DES，DEQ，DDU 和 DDP 五种术语。我们通常使用的国际贸易术语集中在 F 和 C 组里。下面我们重点将 F 和 C 组中术语较全面地予以介绍（见表 3-1、表 3-2）。

表 3-1　《2000 年国际贸易术语解释通则》13 种贸易术语的分组

E 组（启运）	EXW（Ex Works）	工厂交货
F 组 （主要运费未付）	FCA（Free Carrier）	货交承运人
	FAS（Free Alongside Ship）	装运港船边交货
	FOB（Free on Board）	装运港船上交货
C 组 （主要运费已付）	CFR（Cost and Freight）	成本加运费
	CIF（Cost, Insurance and freight）	成本加保险费、运费
	CPT（Carriage Paid to…）	运费付至
	CIP（Carriage and Insurance Paid to）	运费、保险费付至
D 组 （到达）	DAF（Delivered at Frontier）	边境交货
	DES（Delivered Ex Ship）	目的港船上交货
	DEQ（Delivered Ex Quay）	目的港码头交货
	DDU（Delivered Duty Unpaid）	未完税交货
	DDP（Delivered Duty Paid）	完税交货

表 3-2　13 种国际贸易术语的交货地点、风险转移界限、进出口报关责任、
费用承担、使用的运输方式的区别

	交货地点	风险转移界限	出口报关责任 费用由谁负担	进口报关责任 费由谁负担	适用的运输方式
EXW	商品产地、所在地	货交买方处置时起	买方	买方	任何运输方式
FCA	出口国内地、港口	货交承运人处置时起	卖方	买方	任何运输方式
FAS	装运港口	货交船边后	卖方	买方	水上运输
FOB	装运港口	货物越过装运港船舷	卖方	买方	水上运输
CFR	装运港口	货物越过装运港船舷	卖方	买方	水上运输
CIF	装运港口	货物越过装运港船舷	卖方	买方	水上运输
CPT	出口国内地、港口	货交承运人处置时起	卖方	买方	任何运输方式

	交货地点	风险转移界限	出口报关责任费用由谁负担	进口报关责任费由谁负担	适用的运输方式
CIP	出口国内地、港口	货交承运人处置时起	卖方	买方	任何运输方式
DAF	两国边境指定地点	货交买方处置时起	卖方	买方	任何运输方式
DES	目的港口	目的港船上货物交给买方处置时起	卖方	买方	水上运输
DEQ	目的港口	在目的港码头将货交买方处置时起	卖方	买方	水上运输
DDU	进口国内	在指定目的地将货交买方处置时起	卖方	买方	任何运输方式
DDP	进口国内	在指定目的地将货交买方处置时起	卖方	卖方	任何运输方式

注：水上运输方式是指海洋运输、江河运输在内的各种水上运输。

F 组的三种术语如下：

FCA 货交承运人

适用于以任何运输方式，包括公路、铁路、江河、海洋、航空运输以及多式联运。

卖方

责任：

1. 卖方必须提供符合合同规定的货物；

2. 卖方必须自行出具发票和办理品质证书、数量证书、产地证书等；并取得许可证或其他官方许可证书、办理出口海关手续；

3. 卖方必须在指定的交货地，在约定的交货日期或期限内将货交给指定的承运人或其指定的人；

4. 卖方必须给予买方说明货物已经按照规定交付给承运人的充分通知和通常交货的单据；

风险：

卖方必须承担直至将货物完成交货时，货物灭失或损失的一切风险；风险转移后，与运输、保险相关的责任和费用也相应转移给买方。

费用：

1. 卖方必须支付直至已经完成交货时为止与货物有关的一切费用；

2. 卖方必须支付海关手续费、因交货所需的查对费用、包装费；

买方

责任：

1. 买方必须按照合同规定的时间和方式支付合同的货款；

2. 买方必须自行办理进口海关手续；

3. 买方自行自己签订运输合同；

4. 买方必须在卖方完成将货物交给承运人时受领货物；

5. 买方必须接受卖方按规定提供的交货凭证；

风险：

买方必须在卖方按照规定完成将货物交给承运人时起的货物灭失或损失的一切风险；

费用：

1. 买方必须支付自货物已按规定交给承运人或其他人时起的与货物有关一切费用；

2. 买方必须支付任何装运前检验的费用（法检商品除外）；

FAS 起运港船边交货

适用于以海运或江河运输方式签订的买卖合同。

卖方

责任：

1. 卖方必须提供符合买卖合同规定的货物、商业发票以及合同规定的品质证书、数量证书、产地证、出口许可证或其他官方许可并办理货物出口的海关手续等；

2. 卖方必须在买方指定的装运港，在买方指定的装货地点、在约定的日期或期限内将货物交至买方指定的船边；

3. 卖方必须给与买方说明货物已经交到指定船边的充分通知。

风险：

卖方要承担货物交至船边为止前的货物灭失和损失的一切风险。

费用：

卖方要承担货物按规定交至船边为止前与货物有关的一切费用（包括海关手续费、除运输单据外的其他单据费用以及因交货所需进行的查对费用）。

买方

责任：

1. 买方必须按照合同规定的时间和方式支付合同货款；

2. 买方必须自付费订立运输合同和保险合同；

3. 买方必须在卖方按照规定的交货时受领货物，接受卖方按规定提供的交货凭证；

4. 买方必须提前给予卖方有关船名、装货地点、交货时间的充分通知。

风险：

买方必须承担卖方已按照合同规定将货物交至船边起的货物灭失或损失的一切风险。

费用：

买方要承担货物按规定交至船边起与货物有关的一切费用（包括进口手续费、关税、装运前的检验费用）。

FAS 术语在北美国家的交易中使用时应在 FAS 后面加上"Vessel"，以明确表示"船边交货"；该术语使用并不普遍。

FOB 起运港船上交货

适用于以海洋运输或江河运输方式签订的买卖合同。在实际业务中，如果双方无意以船舷为界划分风险，或者采用滚装船或集装箱运输，以船舷为界已无实际意义，则应采用 FCA 术语。

卖方

责任：

1. 卖方必须提供符合买卖合同规定的、包装好的货物、商业发票，以及合同规定的品质证书、数量证书、产地证书等；

2. 卖方必须在合同约定的日期或期限内，在指定的装运港，按照该港的习惯方式将货交至买方指定的船上；卖方必须申请办理出口许可证或其他官方许可，办理出口海关手续；

3. 卖方必须向买方提供货物已在装运港，按照该港惯常办法已经交货的通常单据，运输单局除外；

风险：

卖方必须承担货物在指定的装运港越过船舷为止之前的一切风险；

费用：

卖方必须支付直至货物在指定的装运港越过船舷为止之前的与货物有关的一切费用；

买方

责任：

1. 买方必须按照合同规定的时间和方式支付合同货款；办理进口许可证或

其他官方许可，办理进口海关手续和从他国过境的海关手续；

2. 买方要自行签订从装运港到目的港运输合同和保险合同；

3. 买方必须提前通知卖方有关船名、装船点和要求交货时间；

4. 买方必须接受卖方按照规定所提供的交货凭证，包括运输单据；

风险：

买方必须承担货物在指定的装运港越过船舷时起货物灭失或损失的一切风险；

费用：

买方必须支付货物在指定装运港越过船舷为止起与货物有关的一切费用；

FOB 术语是我国对外贸易业务中经常使用的一种术语。使用 FOB 船上交货术语时，应该注意如下几个方面问题：

1. "船舷为界"的确切含义是什么？

以装运港船舷作为划分买卖双方所承担风险的界限是 FOB、CIF、CFR 同其他贸易术语的重要区别之一。"船舷为界"表明货物在装船之前的风险，包括在装船时货物跌落码头或海中所造成的损失，均由卖方承担。货物上船之后，包括在运输过程中所发生的损失或灭失，则由买方承担。"船舷为界"是一种历史遗留的规则，由于其界限分明，易于理解和接受，故沿用至今。严格地讲，以船舷为界只说明风险划分的界限，而如果把它作为划分买卖双方承担的责任和费用的界限就不十分确切了。因为装船是一个连续过程，它包括货物从岸上起吊、越过船舷、装入船舱。如果卖方承担了装船的责任，他必须完成上述作业，而不可能在船舷办理交接。关于费用负担问题，按照《INCOTERMS》中有关 FOB 术语的规定，卖方"支付有关货物的一切费用，直至货物在指定装运港已越过船舷时为止"，这实际上是指，一般情况下，卖方要承担装船和主要费用，而不包括货物上船后的整理费用，即理舱费和平舱费。但是，如双方有相反的规定除外。因为在实际业务中，有关装船费用的负担问题，并非都按这统一的模式规定，而是出于不同的考虑，可有不同规定方法。所以，关于责任和费用的规定并非强制性的，交易双方可根据实际需要协商确定。

2. 船货衔接要注意的问题

按 FOB 术语成交的合同属于装运合同，这类合同中卖方的一项基本义务是按照规定的时间和地点完成装运。然而由于 FOB 条件下是由买方负责安排运输工具，即租船订舱，所以，这就存在一个船货衔接的问题，处理不当，自然会影响到合同的顺利执行。根据有关法律和惯例，如果买方未能按时派船，这包括未经对方同意提前将船派到和延迟派到装运港，卖方有权拒绝交货，而且由此产生的各种损失，如空舱费（DEADFREIGHT）、滞期费（DEMURRAGE）

及卖方增加的仓储费等，均由买方负担。如果买方指派的船只按时到达装运港，而卖方却未能备妥货物，那么，由此产生的上述费用由卖方承担。有时双方按FOB 价格成交，但买方又委托卖方办理租船订舱，卖方也可酌情接受。但这属于代办性质，其风险和费用仍由买方承担，就是说运费和手续费由买方支付，如果卖方租不到船，他不承担后果，买方无权撤销合同或索赔。总之，按 FOB术语成交，对于装运期和装运港要慎重规定，订约之后，有关备货和派船事宜，也要加强联系，密切配合，保证船货衔接。

3. 装船费用如何负担问题

按照 FOB 的字面意思（船上交货）来看，卖方要负责支付货物装上船之前的一切费用。但各个国家和地区在使用时对于"装船"的概念没有统一明确的解释，在装船作业过程中涉及到的各项费用，如将货物运至船边的费用，吊装上船的费用，理舱、平舱的费用等究竟由谁负担，各国的惯例或习惯做法也不完全一致。如果采用班轮运输，船方管装管卸，装卸费打入班轮运费之中，自然由负责租船订舱的买方承担。而如果采用承租船运输，船方一般不负担装卸费用，这就必须明确装船过程中的各项费用应该由谁负担。

为了说明装船费用的负担问题，双方往往在 FOB 后面加列附加条件，形成了 FOB 变形：

（1）FOB Liner Terms （班轮条件）。这一变形是指装船费用按照班轮的做法来办，即卖方不负担装船的有关费用。

（2）FOB Under Tackle （钓钩下交货）。指卖方将货交到买方指定船只的钓钩所及之处，即吊装入舱以及其他各项费用概由买方负担。

（3）FOB Stowed （理舱费在内）。指卖方负责将货物装入船舱并承担包括理舱费在内的装船费用。理舱费是指货物入舱后进行安置和整理的费用。

（4）FOB Trimmed （平舱费在内）。指卖方负责将货物装入船舱并承担包括平舱费在内的装船费用。平舱费是指对装入船舱的散装货物进行平整所需的费用。

在许多标准的合同中，为表明卖方承担包括理舱费和平舱费在内的各项费用，常采用 FOBST，它代表 FOB Stowed and Trimmed.

（5）FOB 的上述变形只是为了表明装船费用由谁负担问题而产生的，它们并不改变 FOB 的交货地点以及风险划分的界限。

C 组国际贸易术语如下：

CFR 成本加运费

适用于以海运或江河运输方式签订的买卖合同。

卖方

责任：

1. 卖方必须提供符合合同规定的货物、提供商业发票或证明货物符合合同规定的品质证书、数量证书、产地证书等等；

2. 卖方必须自行取得出口许可证或其他官方许可，办理货物出口所需的海关手续；

3. 卖方必须自行与承运人订立运输合同；

4. 卖方必须在约定的装运港和约定的装运日期或期限内，将货物交至船上；

5. 卖方在完成交货后，必须给买方一个装运通知；

风险：

卖方必须承担直到货物在装运港越过船舷为止的货物灭失或损失的一切风险；

费用：

卖方必须承担直至在装运港将货物装至船上为止前的有关货物的一切费用；

买方

责任：

1. 买方必须按照合同规定的时间和方式支付合同的价款；

2. 买方必须自行办理货物运输保险；

3. 买方必须自行办理进口海关手续并在指定的目的港从承运人手上受领货物；

4. 买方必须接受卖方提供的运输单据；

风险：

买方必须承担货物在装运港越过船舷之后灭失或损失的一切风险；

费用：

买方必须负担货物在装运港装至船上时起的一切费用；

采用 CFR 术语成交应该注意：

在货物装船后，卖方一定要及时向买方发出装船通知，以便买方及时办理投保手续。如果卖方未向买方发出装船通知，使买方不能办理货物保险，那么，卖方就不能以风险在船舷转移为由免除责任。

关于装卸费的负担问题。按 CFR 术语成交，要注意货到目的港后费用由谁负担的问题。若使用班轮运输，运费中因包含装卸费在内，一般不会引起争议；但在承租船运输情况下，船方通常不负担装卸费，这时应在合同中列明卸货费由谁负担，以避免争议。为解决这个问题，便产生了 CFR 的变形：

CFR liner Terms（班轮条件）。由卖方负担卸货费。

CFR Landed（卸至码头）。由卖方负担卸货费，包括可能涉及的驳船费。

CFR ex Tackle（吊钩下交接）。卖方负责将货物从船舱吊起，一直卸到吊钩所及之处的费用。船舶不能靠岸时，驳船费由买方负担。

CFR ex Ship's Hold（舱底交接）。买方自行负担启舱，并负担由舱底卸至码头的费用。

CIF 成本加运保费

适用于海运或江河运输方式签订的买卖合同。

卖方

责任：

1. 卖方必须提供符合合同规定的货物、提供商业发票和证明货物符合合同规定的品质证书、数量证书、产地证书等等；

2. 卖方自行取得许可证或官方许可并办理海关手续；

3. 卖方必须自行签订运输合同并将货物运至合同约定的目的港、卖方自行签订货物运输保险并向买方提供保险凭证；

4. 卖方必须在约定的装运港和约定的装运日期或期限内，将货物交至船上。

风险：

卖方必须承担直至货物在装运港越过船舷为止的灭失或损失的一切风险。

费用：

卖方必须承担在规定的期限内在装运港将货物装至船上为止前的一切费用。

买方

责任：

1. 买方必须按照合同规定的时间和方式支付合同价款；

2. 买方必须在买方按照合同在装运港将货物装至船上时受领货物并在目的港从承运人手上接受货物；

3. 买方必须接受卖方按规定提供的运输单据；

风险：

买方必须承担货物在装运港越过船舷之后灭失或损失的一切风险。

费用：

买方必须承担货物在装运港装至船上时起的一切费用。

CIF 和 CFR 这两个贸易术语的买卖双方在交货方面的责任划分十分相似，按照这两种术语签订的合同交货地点均在装运港，并且以装运港的船舷作为划分风险的界限。两者的主要区别在于 CIF 术语的卖方有责任与保险人（保险公司）签订保险合同，支付保险费，货价中含有保险费；而 CFR 术语中卖方无责任与保险人签订合同，这项义务由买方自理，故货价中也不应含有保险费。

值得注意的是，按照 CIF 成交，同样也会遇到卸货费的负担问题，也出现 CIF 变形，与 CFR 几乎一样。卸货费负担与 CFR 一样 。

CIF 的交货是一种典型的象征性交货，卖方只要按期在约定的地点完成装运，并按合同规定提交包括物权凭证在内的单证，就算完成了交货义务，无须保证到货。当然，卖方交单义务的履行前提是得到买方付款。卖方履行交货义务时，如果提交的货物不符合要求，即使买方已经付款，仍然可以根据合同规定向卖方提出索赔。

CPT 运费付至……地

适用于以任何运输方式，尤其是多式联运。

卖方

责任：

1. 卖方必须提供符合合同规定的货物、必须提供商业发票或证明货物符合合同规定的品质证书、数量证书、产地证书等等；

2. 卖方自行办理出口许可证或其他官方许可以及出口海关手续；

3. 卖方自行签订运输合同，并将货物交给订立运输合同的承运人，运至指定的目的地；

4. 卖方必须在完成交货后给买方一个充分的完成交货的通知，并向买方提供按照合同所涉及的通常运输单据，如可转让提单、不可转让海运单、内河运输单据、空运或铁路运单、公路运货单、多式联运单据；

5. 卖方必须提供符合运输要求的有运输标记的包装。

风险：

卖方必须承担将货物交给承运人之前为止的货物灭失或损失的一切风险。

费用：

卖方必须承担在将货物交给承运人之前为止的与货物有关的一切费用。

买方

责任：

1. 买方必须按照合同规定的时间和方式支付合同的价款；

2. 买方自行办理进口许可证或其他官方许可并办理进口海关手续；

3. 买方自行办理运输保险；

4. 买方必须在卖方已按规定完成了向承运人交货时受领货物并在目的地从承运人处收取货物；

5. 买方必须接受卖方按照合同规定提供的运输单据。

风险：

买方必须承担在卖方已按照规定完成了向承运人交货时起的货物灭失或损失的一切风险。

费用：

买方必须承担货物已交给承运人时起的一切费用和货物在运输途中直到约定目的地为止的一切费用；

CPT 和 CFR 这两个术语都是卖方承担风险，风险在交货地点随着交货义务的完成而转移，卖方要负责安排自交货地至目的地的运输事项，并承担其费用。另外，按这两种术语签订的合同都属于装运合同，卖方只需要保证按时交货而无需保证按时到货。

CPT 和 CFR 的主要区别在于适用的运输方式不同，交货地点和风险划分界限也不相同。

CFR 适用于水上运输方式，交货地点在装运港，风险划分以船舷为界。

CPT 适用于各种运输方式，交货地点因运输方式的不同而由双方约定，风险划分以交货承运人为界。除此之外，卖方承担的责任、费用以及需要提交的单据等也有区别。

CIP 运费和保费付至……地

适用于任何运输，也适用于多式联运。

卖方

责任：

1. 卖方必须提供符合合同规定的货物、商业发票以及证明货物符合合同规定的品质证书、数量证书、产地证书等，并向买方提供货物已按规定交货的通知和运输单据；

2. 申请并取得出口许可证或其他官方许可，办理出口海关手续，订立运输合同，将货物运至指定的目的地，并在约定的日期或期限内将货物交给承运人；

3. 签订运输保险，向买方提供保险单或其他保险凭证。

风险：

卖方必须承担将货物交给承运人为止前的货物灭失和损失的一切风险。

费用：

卖方必须承担再将货物交给承运人之前的与货物有关的一切费用和支付运输合同中约定的运费，包括运输合同规定由卖方支付的装货和目的地卸货费、保险费、海关手续费及关税等。

买方

责任：

1. 买方必须按照合同规定的时间和方式支付合同的价款；

2. 买方办理进口许可证或其他官方许可，办理海关手续；

3. 买方必须在卖方已按照规定完成了向承运人交货时受领货物，接受卖方按照规定提供的运输单据，并在指定的目的地，从承运人处收取货物。

风险：

买方必须承担在卖方已按规定完成了向承运人交货时起的货物灭失和损失的一切风险。

费用：

买方必须承担货物已交承运人时起的一切费用和货物在运输途中，直到约定目的地为止的一切费用，其中运输合同规定卸货费由卖方支付的除外。

CIP 与 CIF 相似之处是在它们价格结构中都包括通常的运费和约定的保险费，这两种术语成交的合同均属于装运合同。二者的区别在于交货地点、风险划分界限以及卖方承担责任和费用有差别。产生这些差别的主要原因是二者适用的运输方式不同。CIF 适用于水上运输，交货地点在装运港，风险划分以装运船舷为界，卖方负责租船，支付从装运港到目的港的运费，并且负责办理水上运输险，支付保险费。而 CIP 属于适用于各种运输方式，交货地点要根据运输方式的不同由双方约定，风险是在承运人控制货物时转移。卖方要负责办理从交货地点到指定目的地的全程运输，而不仅仅是水上运输。卖方办理的保险，也不仅仅是水上运输险，而是包括各种运输险。

第三节　汇付、信用证、托收、银行保函

在国际结算中，汇付方式是近年来在国际贸易中使用越来越多的支付方式之一，汇付方式采用的是顺汇方法。信用证业务是一种单据买卖，采用信用证支付方式，银行处理的只是单据，它不问货物、服务或其他行为，只强调从表面上确定是否与信用证相符，来决定是否承担付款的责任。信用证支付的原则是单证严格相符，只要与信用证规定相符，"单证一致、单单一致"，银行保证付款。卖方交货后不必担心进口商到时不付款，是由银行承担付款责任。由于是银行信用，为出口商收取货款提供了安全保障。而托收方式则与信用证不同，它是商业信用，出口商能否收回货款，完全取决于进口商的信誉好坏，托收是出口商出具汇票，委托银行向进口商收取货款的一种支付方式，托收凭的是汇票，采用的是逆汇方法。下面就这几种支付方式予以介绍。

一、汇付的种类有哪些？汇款方式如何应用？

汇付又称汇款。近年来，汇付这种支付方式广为使用，操作方便。汇款人在委托汇出银行办理汇款时，要出具汇款申请书。此项申请书是汇出行和汇款人之间的一种契约。汇出行一经接受申请，就有义务按照申请书的指示，通知汇入行。汇出行和汇入行之间，事先订有代理合同，在代理合同规定的范围内，汇入行对汇出行承担解付汇款的义务。

（一）汇付的种类

汇付方式可分为信汇（M/T）、电汇（T/T）和票汇（D/D）三种。

1. 信汇（Mail Transfer）是汇出行应汇款人的申请，将信汇委托书寄给汇入行，授权解付一定金额给收款人的一种汇款方式。信汇方式费用低廉，但收款人收到汇款的时间较迟。

2. 电汇（Telegraphic Transfer）是汇出行应汇款人的申请，拍发加押电报或电传给在另一个国家的分行或代理行（即汇入行）、指示解付一定金额给收款人的一种汇款方式。电汇可以使收款人迅速收到汇款，但费用较高。

3. 票汇（Remittance by Banker's Demand Draft）是汇出行应汇款人的申请，代汇款人开立以其分行或代理行为解付行的银行及其汇票（Banker's Demand Draft），支付一定金额给收款人的一种汇款方式。

票汇与电、信汇的不同在于汇票的汇入行无须通知收款人取款，而由收款人持票登门取款，这种汇票除有限制转让和流通的规定外，经收款人背书，可以转让流通，而电、信汇的收款人则不能将收款权转让。

（二）汇款方式在国际贸易中的应用

汇款方式通常用于预付货款（Payment、in Advance）、随定单付款（Cash with Order）和赊销（Open Account）等业务，采用预付货款和订货付现，对卖方来说，就是先收款，后交货，资金不受积压，对卖方最为有利；反之，采用赊销贸易时，对卖方来说，就是先交货，后收款，卖方不仅要占压资金而且还要承担买方不付款的风险。此外，汇付方式还用于支付订金、分期付款、待付货款尾数以及佣金等费用的支付。目前，部分企业的使用随定单付款，如国外客户来单的同时汇来30%货款，其余70%在卖方出口装货时或交货后再付。

二、什么是信用证？在出口业务中常用的有哪几种信用证？

（一）信用证是指银行（开证行）依照客户（申请人）的要求和指示或自己主动，在符合信用证条款的条件下，凭规定的单据向第三者（受益人）或其指定方进行付款，或承兑和支付受益人开立的汇票；或者授权另一银行进行该项付款，或承兑和支付汇票；或者授权另一银行议付。

（二）信用证的种类根据其性质、期限和流通方式等特点，分为下几种：

1. 按照是否随附单据分为跟单信用证和光票信用证。跟单信用证是开证行凭跟单汇票或单纯凭单据付款的信用证。跟单是指代表货物所有权或证明货物已装运的运输单据、商业发票、保险单、商检证书、海关发票、产地证、装箱单等。这种信用证是在业务中经常遇到和使用的。光票信用证是开证行仅凭受益人开具的汇票或简单的收据而无需附带单据付款的信用证，我们不经常使用。

2. 按照开证后能否撤销分为不可撤销信用证和可撤销信用证。不可撤销信用证是信用证开出后，在有效期内，非经信用证各有关当事人（即开证行、保兑行和受益人）的同意，不得修改或撤销的信用证。在现实中，国际贸易结算的信用证绝大多数为不可撤销信用证。

可撤销信用证是指信用证开出后，不必事先通知或征得受益人同意就有权随时撤销或修改的信用证。这种信用证使受益人的权益毫无保障，所以卖方一般都拒绝接受这种信用证。

3. 按信用证使用方法分为付款信用证、承兑信用证和议付信用证。付款信用证包括即期和延期信用证。这种信用证一般不要求受益人开具汇票，仅凭受益人的单据付款；承兑信用证使银行承兑受益人向其开具的远期汇票，并在汇票到期日履行付款义务；议付信用证是指允许受益人向指定的银行交单议付的信用证。这种信用证又分为公开议付信用证、限制议付信用证和指定议付信用证。前者任何银行均可办理，后面两种则由指定银行议付。

4. 按有无第三者提供信用分为保兑信用证和非保兑信用证。前者是指开证行开出的信用证由另一个银行保证对符合信用证条款规定的单据履行付款义务。不可撤销保兑信用证既有开证行不可撤销的付款保证，而且还有保兑行的兑付保证，这种双重保证的信用证对出口商安全收汇有保证。不保兑信用证是指未经另一家银行加具保兑的信用证。

5. 按信用证能否转让分为可转让信用证和不可转让信用证。根据《跟单信用证统一惯例 UCP600》的规定，唯有开证行在信用证明确注明"可转让"，信用证方可转让。可转让信用证只能转让一次。可转让信用证只能按原证规定转让，信用证在转让后，第一受益人有权以自身的发票（汇票）替代第二受益人的发票（汇票），其金额不得超过信用证规定的原金额。信用证转让并不等于买卖合同的转让，如果第二受益人不能按时交货或单据有问题，第一受益人（即原出口人）仍要负责买卖合同上的卖方责任。信用证中未注明"可转让"者，就是不可转让信用证。

6. 按其他特定用法分类的几种信用证有：循环信用证、预支信用证、背对背信用证、对开信用证。其中循环信用证又分为按时间循环信用证和按金额循环信用证。对开信用证多用于来料加工、补偿贸易和易货贸易。

三、为什么要对信用证进行审核？如何审核信用证？

（一）虽然信用证是独立于合同的文件，但内容是以进、出口双方签订的买卖合同为依据的，信用证所列条款应该和合同的规定相符。但有时进口方为了自身的利益在申请开证时，可能增加或更改合同规定的内容，或是加入一些限制性条款，所以，卖方在收到买方开立的信用证后，应对照销售合同并依据《跟单信用证统一惯例 UCP600》逐项逐句进行审核。不清楚的地方可资询银行；发现有与合同条款不符的内容，或有不合理的限制性条件，应立即请开证人修改。

信用证是国际贸易中使用非常普遍的付款方式，属于银行信用。只要满足信用证规定，受益人收款安全又快捷。信用证付款方式强调的是"单单相符，单证相符"的严格符合原则，如果受益人提供的单证有错误或疏漏，就会遭到开证行拒付。为避免"单证不符"，减少不必要的损失和风险，应对信用证进行全面的审核。

（二）如何审核信用证？

1. 审核来证是否有使信用证付款保证失效或使该项付款保证存在缺陷的因素。

（1）信用证是可撤销信用证，对受益人来讲是没有付款保证的，因为此证可以在不通知受益人或不经受益人同意情况下随时撤销或变更；根据 UCP600 信用证没有可撤销和不可撤销之分，即都是不可撤销的。

（2）应保兑的信用证未按要求由有关银行进行保兑。

（3）信用证没有生效。

（4）有条件生效的信用证，如"待获得进口许可证后才能生效"。

（5）信用证密押不符。

（6）信用证简电或预先通知。

（7）开证申请人直接寄送的信用证。信用证应该由银行（通知行）转交。

（8）开证申请人提供的开立信用证申请书，因为开证申请书不具有信用证法律效力。

（9）审核信用证受益人和开证申请人名称和地址与外贸合同和其他文件上名称和地址内容相一致。

（10）审核信用证的金额、币别是否符合同规定。单价和总值是否准确。大小写并用，内容是否一致，如信用证规定的支付金额允许有一定的浮动，使用了"大约"一词，其意思是允许金额有 10%的伸缩。

2. 审核信用证数量条款时应注意：

（1）如果信用证规定了溢短装条款，只要金额和数量的增减幅度在比例内，就算符合信用证要求。

（2）即使信用证没有规定货物数量有增减幅度，只要信用证未规定货物数量不得增减，受益人支取的金额不超过信用证金额，货物数量不是以包装单位或个别件数来计算的，货物数量可以有 5%的增减幅度。

（3）审核信用证中出运条款时注意，除非信用证另有规定，货物一般情况下是允许分批的。如信用证中规定了每一批货物出运的确切时间，则必须按此照办，如不能办到，必须修改。

（4）审核信用证是否是国外到期，如果是，应要求国外客户修改，若来不及，则必须提前一个邮程，以最保险的和最快的方式寄送。

（5）审核信用证是否是"双到期"，如遇到此种情况，必须将装期提前 10-15 天，以便有合理的时间制单结汇。否则，超过信用证规定的装船期运输单据将构成不符点，银行有权不付款。

（6）审核信用证关于交单期的规定，凡信用证有规定的，应按信用证规定交单期向银行交单；信用证上没有规定的，向银行交单日期不得迟于提单日期后 21 天。

（7）审核信用证的价格条款是否与合同规定一致，因为不同价格条款涉及到具体费用如何分担的问题，十分重要，要严格审核。

（8）审核信用证有关费用的规定，如银行费用，如果事先未商定，一般由双方共同负担。

四、如何防范信用证中的"软条款"？

所谓"软条款/陷阱条款"，是指诈骗分子要求开证行，开出操作主动权完全在开证方手中，能制约受益人，且随时可解除付款责任条款的信用证，其实质就是变相的可撤销信用证，以便行骗我方出口企业和银行。

特征：

1. 来证的金额较大，在 50 万美元以上。

2. 来证中含有制约受益人权利的"软条款" / "陷阱条款"，如规定申请人或其指定代表签发检验证书，或由申请人指定运输船名、装运日期、航行航线或声称"本证暂未生效"等。

3. 来证中货物一般为大宗建筑材料和包装材料，"花岗石、鹅卵石、铸铁盖、木箱和纤维袋"等。

4. 不法分子要求出口企业按合同金额或开证金额的 5%～15%预付履约金、佣金或质保金给买方指代表或中介人。

5. 买方获得履约金、佣金或质保金后，即借故刁难，拒绝签发检验证书，或不通知装船，使出口企业无法取得全套单据议付，白白遭受损失。

五、什么是假客检证书？如何防范？

所谓"假客检证书"，是指诈骗分子以申请人代表名义在受益人出货地，签发的检验证书，但其签名与开证行留底印鉴式样不符。致使受益人单据遭到拒付，而货物却被骗走。

特征：

1. 来证中含有检验证书须由申请人代表签署的"软条款"。

2. 来证规定申请人代表签名必须与在开证行的留底印鉴式样相符。

3. 来证要求一份正本提单交给申请人代表。

4. 申请人将大额支票给受益人作抵押或担保。

5. 申请人通过指定代表操纵整个交易过程。

为避免或减少上类诈骗案的发生，具体可实施如下防范对策：

1. 出口方银行（指通知行）必须认真负责地核验信用证的真实性，并掌握开证行的资信情况。对于信开信用证，应仔细核对印鉴是否相符，大额来证还应要求开证行加押证实；对于电开信用证及其修改书，应及时查核密押相符与否，以防假冒和伪造。同时，还应对开证行的名称、地址和银行印鉴进行比较分析，发现疑点，立即向开证行或代理行查询，以确保来证的真实性、合法性和可靠性。

2. 必须慎重选择贸易伙伴。在寻找贸易伙伴和贸易机会时。应尽可能通过正式途径（如参加广交会和实地考察）来接触和了解客户，不要与资信不明或资信不好的客户做生意。在签订合同前，应设法委托有关咨询机构对客户进行资信调查，以便心中有数，做出正确的选择，以免错选贸易伙伴，自食苦果。

3. 银行和出口企业均需对信用证进行认真审核。银行审证侧重来证的有效性和风险性。一经发现来证含有主动权不在自己手中的"软条款"/"陷阱条款"及其他不利条款，必须坚决和迅速地与客商联系修改，或采取相应的防范措施，以防患于未然。

4. 在与外商签约时，应平等、合理、谨慎地确立合同条款。以国家和集体利益为重，彻底杜绝一切有损国家和集体利益的不平等、不合理条款，如"预付履约金、质保金，佣金和中介费条款"等，以免误中对方圈套，破财耗神，造成不应有的经济损失。

六、修改信用证时应注意哪些问题？

信用证修改时应注意：

（一）凡是需要修改的的内容，要一次性向客户提出，避免多次修改信用证情况。

（二）对于不可撤销信用证中任何条款的修改，都必须取得受益人的同意后才能生效。

（三）收到信用证修改后，应及时检查修改内容是否符合要求并表示接受或者重新提出修改。

（四）对于修改的内容要么全部接受，要么全部拒绝；部分接受修改中的内容是无效的。

（五）信用证修改必须通过原信用证通知行寄送才是真实的、有效的；通过客户直接寄送的修改申请书或修改书复印件不是有效的修改。

（六）要明确修改费用由谁承担。一般按照责任归属来确定修改费用该由谁承担。

七、什么是托收？签订托收支付方式的合同内容是什么？

（一）托收（collection）是指债权人（出口商）出具汇票委托银行向债务人（进口商）收取货款的一种支付方式。

（二）采用托收支付方式时，合同必须约定交单条件、支付时间、利息条款和交付单据的种类等内容。

1. 交单条件：

（1）付款交单（D/P），银行以买方付款作为交单条件。买方只有付清货款，才能取得代表货物的装运单据。自 1995 年以后，按照《跟单托收统一规则》，国际商会第 522 号出版物的规定，"附有商业单据必须在付款时交出托收指示，不应包含远期付款的汇票。"由此可见，远期付款交单的方式已不存在，如果是付款交单的托收方式，只能是即期的。

（2）承兑交单（D/A），在承兑交单条件下，出口人开具的是远期跟单汇票，代收行在买方于汇票上签注"承兑"字样并退回银行后，即将装运单据交给买方处置。买方在汇票到期日向银行付款。

2. 付款时间：在约定通过托收支付方式时，如果是即期付款交单，一般都规定买方必须在银行第一次提示跟单汇票或装运单据时付款。如果是远期付款交单，则必须明确付款期限及起算日期或到期日。目前国际上对远期汇票的期限有 30 天、45 天、60 天、90 天、180 天。起算的日期的确定有："见票后……天"、"出票后……天"和"提单日期后……天"。

3. 利息条款：托收，尤其是远期托收，意味着进口人套用了出口人的资金。为了弥补晚收货款的利息损失，出口人在订约时一般可采取两种补救办法：一种是将可能遭受的利息损失，按照经营意图，加在货价中，即所谓"内包法"；另一种是在合同中加列利息条款，即在规定付款期限的同时明确列入买方应按年利…%支付利息。在采用"内包法"时，为了防止买方有意拖延付款，也可规定，如买方未按期付款，则自到期日起，按年…%收取利息。

4. 单据条款：跟单托收方式下卖方交付符合合同规定的单据是买方承兑或付款的前提条件。因此，买卖双方在订合同时必须就卖方应该交付的单据，包括种类和份数作出明确的规定。在按 CIF 条件订约时，卖方一般必须交付的单据至少包括：发票、提单、保险单等；买方有时还要求交付检验证及其他单证。

八、托收可能遇到的风险有哪些？如何防范？

（一）可能遇到的风险：

1. 进口商倒闭或无偿付能力。出口商在发货后，由于市场价格下跌或借口规格不符，要求降价或拒付货款。

2. 货到目的地，但进口商没有领到进口许可证、进口商没能申请到外汇；进口商以当地海关法规变化或出现没有预测的风险为借口，拒付货款。

3. 由于出口商不了解有些国家和地区关于进口货物必须由进口地投保，依法在进口地办理保险业务的规定，导致不准进口的；更有甚者，一些不法的进口商人利用出口商对进口地政策的特殊性不了解和对商业习惯不熟悉，进行蓄意的欺诈导致的风险。

4. 在采用凭信托收据（Trust Reiceipt）借单后，凭单提货，但不按时付款，致使出口商处于"钱货两空"的危险境地；（注：信托收据是进口人借单是提供一种书面信用担保文件，用来表示愿意以代收行的受托人身份代为提货、报关、存仓、保险、出售并承认货物所有权仍属银行。货物售出后所得的货款，应于汇票到期日交银行。这是代收行自己向进口人提供的信用便利，而与出口人无关。因此，如代收行借出单据后，汇票到期不能收到货款，则代收行应对委托人负全部责任。但如系出口人指示代收行借单，就由出口人主动授权银行凭信托收据借单给进口人，即所谓付款交单凭信托收据借单〈D/P·T/R〉，那么进口人在承兑汇票后可以凭信托收据进行借单提货。日后，如果进口人在汇票到期时，则与银行无关，应由出口人自己承担风险。这种做法的性质与承兑交单差不多，因此，必须从严掌握）。

5. 某些国外代收行不严格按照托收委托行事，未向出口商支付托收款项，就私自将商业单据放给进口商。

（二）如何防范：

1. 验明正身。出口商应在做业务之前对进口商的资信、市场行情，进行必要的了解，可以要求进口商出具相关的证明文件；采用托收方式时，应尽力以 CIF 条款签约。

2. 转移风险。在以 FOB 和 CFR 术语签订合同且进口商所在国法令规定必须由卖方办理投保时，投保卖方利益险。当被保险的货物发生保险单所列的保险责任范围内的损失，买方不付款时，由保险公司负责赔付，并由保险公司负责向买方追偿；还可叙做保付代理业务。所谓"保付代理"（Factoring）就是代理经营，即把贸易的债权出售给金融机构，通过约定的程序来处理贸易债务。这种"转移出口融资风险业务"是通过出口商所在地的保付商和进口商的保付商联合办理。

3. 注意 D/P 与 D/A 的区别，D/A 的风险更大。

按照《跟单托收统一规则》，国际商会第 522 号出版物的规定，"附有商业单据必须在付款时交出托收指示，不应包含远期付款的汇票。"由此可见，远期付款交单的方式已不存在，如果是付款交单的托收方式，只能是即期的。因此。D/P 托收方式只能是即期的，进口商必须见票即应付款，并在付款后取得单据。而采用 D/A（承兑交单）方式付款是出口商的交单是以进口商在汇票上承兑为条件，进口商在汇票到期时方履行付款义务。D/A 只是适用于远期汇票的托收。由于承兑交单是进口商只要在汇票上承兑之后，即可取得货运单据，凭以提取货物，也就是说，出口商已交出了物权凭证，其收款的保障依赖进口商的信用，一旦进口商到期不付款，出口商便会遭到钱货两空的损失。因此，出口商要慎重采用 D/A 的托收方式。

4. 在条件允许情况下，也可办理出口短期信用保险。

九、银行保函的种类有哪些? 内容是什么?

在国际贸易中,当不便使用信用证付款方式时,如一方当事人担心对方不履行约定的义务,则要求对方通过银行开出银行保证书(也称为银行保函)。由于银行信用可靠,银行保证书被许多国家采用。为了防止银行介入到商业纠纷,目前银行为适应业务上的需要,有些国家开始用开立备用信用证的办法,而备用信用证也是银行信用,是银行出具的担保文件。备用信用证逐渐成为市场上流行的另一种重要的银行担保凭证。

(一)银行保函的类别有哪些?

1. 按保函的用途分类:

(1)进口保函。是指银行应进口商的申请开给出口商(受益人)的保证文件,保证在出口商按买卖合同交货后进口商一定如期付款,否则,由担保银行负责偿付一定金额的款项。

(2)出口保函。是指银行应出口商的申请开给进口商的保证文件,其中明确规定,如果出口商未能如约交货,银行负责赔偿进口商一定的金额,有的保函还具体规定,如出口商未按合同交付货物,担保银行在收到进口商通知后一定期限内无条件将进口商已经支付给出口商的定金或预付款退还给进口商,并加付从支付定金或预付款之日起至实际退款日期止的利息。这种保函实际上相当于还款保函。

2. 按保函的索偿条件分类:

(1)有条件索偿的保函。是指担保银行向受益人付款是有条件的,即只有在符合保函规定时担保银行才能付款。采用此种保函,应先由委托人履行合同义务或向受益人付款,只有当委托人不履行合同义务或不付款时,受益人才可凭保函向担保银行索偿。这种保函受益人一般不愿接受,因为担保银行的付款责任是第二性的。一旦有事,担保银行首先需要进行调查核实委托人是否违约,这就影响了受益人及时索回款项。

(2)见索即付保函。又称无条件保函,"是指任何保证、担保或其他付款承诺,这些保证、担保或付款承诺是由银行、保险公司或其他组织或个人出具的,以书面形式表示在交来符合保函条款的索偿书或保函中规定的其他文件时,承担付款责任的承诺文件。"可见,见索即付保函的担保人承担的是第一性的、直接付款的责任。

(二)银行保函的基本内容是什么?

银行保函的形式并无统一格式,其内容因交易的不同而互有差异。其基本内容如下:

1. 基本项目。这些项目包括：保函的编号、开立日期、各当事人的名称、地址和所在国家或地区、标的物名称、合同编号和日期。

2. 责任条款。担保银行在保函中承诺的责任条款，是最主要的内容。

3. 保证金额。保证金额是出具保函的银行所承担责任的最高金额。

4. 有效期。是最迟的索偿期限，或称到期日。

5. 索偿方式。是指受益人在任何情况下方可向保证人提出索赔。在银行保函中，通常按不同情况规定不同的的具体索偿条件。

第四节　出口单据的制作

货物出运后，出口企业应立即按照信用证规定，正确缮制各类出口单据（有些单证和凭证在货物装运前就应准备好），并在信用证规定的交单日期或以前，将单据和必要的凭证送交指定的银行办理要求付款、承兑和议付手续，并向银行结汇。单据制作的正确与否直接关系到我们能否安全收汇、及时收回货款。现就出口发票、出口包装单、跟单汇票的制作及注意事项做如下介绍。

◎ 出口发票

一、如何缮制出口发票？

（一）出口发票的名称、地址。在信用证支付方式下，该名称、地址必须与信用证所规定的受益人名称和地址一致。受益人名称、地址如有变动，单据也要相应更改。按 UCP600 的规定，除可转让信用证之外，发票必须由信用证指定的受益人出具。（"发票"样本见附录 2）

（二）发票名称。不同的发票名称表示不同的发票种类，缮制时应严格按照信用证的规定制作。

（三）发票号码、签发日期。签发日期一般不能迟于提单签发日期，更不能迟于信用证规定的交单日或信用证有效期。除信用证另有规定，发票日期可早于信用证开证日期。

（四）发票抬头人。在托收支付方式下，发票抬头应按合同中的买方或指定的直接买主的名称填写。在信用证支付方式下，应严格按信用证规定填写。除少数信用证另有规定外，一般应填写来证的开证人（Opener），或申请人（Applicant），或付款人（Accountee），公司名称和地址必须详细填写。填写时，应注意名称不能换行，地址应合理分行。

（五）运输工具。按船公司或运输代理的配载内容列明运输工具与航次。

（六）启运地与目的地。按合同和信用证的规定填写，注意应与贸易术语后的启运地（港）和目的地（港）一致。如货物需要转运，转运地点也应明确地表示出来，如 via HONGKONG。

（七）合同号码。在托收支付方式下，应填写合同号码；在信用证支付方式下，发票应与信用证所列内容一致。

（八）信用证号码。在信用证支付方式下，应填写信用证号码，尤其在不使用汇票的即期信用证方式下，更有必要。

（九）唛头。凡是信用证上规定唛头的，必须逐字逐行按规定缮制，并与其他单据的唛头相一致。信用证上没有规定唛头的，则按合同条款中指明的唛头或买方已提供的唛头缮制；如果都没有规定的，则由卖方自行设计，并注意单单相符。

（十）数量与货物描述。应全面描述有关商品的名称、规格、数量、重量和包装，一般先填写商品名称和总数量，然后再根据信用证或合同的规定填写详细规格、单位及合同号码等，最后填写包装方式和件数，以及毛重、净重和尺码等。填写的内容必须与信用证所列各项要求完全相同。UCP600 规定："商业发票中对货物的描述必须符合信用证中的描述。而在其他单据中，货物描述可使用统称，但不得与信用证中货物的描述有抵触。"

二、缮制出口发票应注意哪些问题？

（一）发票品名不能超出信用证的内容。

（二）如果证中列明的货物种类很多，并冠有统称，制单时在具体品名上应按来证规定先打统称。

（三）如果来证规定多种货名，制单时应根据实际发货情况标注，不能盲目照抄。

（四）如来证未规定详细的品质和规格，可不填写或尽量少做说明；必要时可按合同加注一些说明，但不能与来证的内容有抵触，以防国外银行故意挑剔而遭到拖延付款或拒付货款。

（五）如果信用证中品名有误，且是实质性的问题，应要求对方改证；如果是次要问题，在填写发票时应将错就错，并在错误的名称后，另注正确的品名，并加括号。

（六）如果规格、品种较多，可采用列表的形式，将同类项集中并列填写，注明每一种类别的货量，最后注明总量。

（七）如果来证中对货物的描述用法文或德文等多种语言，制单时应照打，必要时后面加括号用英文注释。

（八）凡经包装装运的货物如没有包装单，则发票上最好有包装件数条款。该内容应按实际装运情况填写，并注明包装件数的合计数。

（九）如有两种以上包装单位，发票应全部给予标注，并以"PACKAGE"为单位注明合计数；

（十）如以托盘装运，发票应标注包装数量及托盘数量，两者缺一不可；如果交易货物为散装货，可注明"IN BULK"字样，不注亦可。

（十一）价格。这是发票的主要内容，包括贸易术语、计价货币、计价单位、单价、总额。应按合同和信用证的规定准确计算，正确填写。实际业务中，一般来证总金额是含佣价或含折扣的总额，在制作发票时应在总值中扣除。

（十二）加注声明文句。原则上，只要不伤害卖方利益，一般照办。加注内容一般打在发票商品栏以下的空白处。

（十三）签发人的签字或盖章。根据《跟单信用证统一惯例 UCP600》的规定，除非信用证另有规定，"无须签署"。但信用证中要求手签时，必须手签。

◎　出口包装单

包装单据是指一切记载或描述商品包装情况的单据，是商业发票的附属单据。也是结汇单据之一。包装单据的种类很多，由于进口商对包装情况、重量、体积等关注程度不同，要求出口商提供的包装单据可能也不同。通常包装单据有如下几种：装箱单、包装说明、详细装箱单、包装提要、重量单、重量证书、磅码单、尺码单、花色搭配单。实际业务中，我们要根据国外来证的规定及商品特性来制作包装单。

一、如何缮制出口包装单？

（一）装箱单名称。应严格按照信用证的规定。

（二）编号（No.）。与发票号码一致。

（三）合同号（Contract No.）。缮打此批货物的合同号。

（四）箱号（Case No.）。又称包装件号码。在单位包装货量或品种不固定的情况下，须注明每个包装件内的包装情况，因此包装件应编号。

（五）合同项目号（Item No.of Contract）。根据合同和发票严格填写。当一份合同中有几种货物时，此栏尤为重要。

（六）品名与规格（Name of Commodities & Specifications）。应与发票一致。货名如有总称，应先注明总称，然后与箱号、合同项目号相对应，逐项列明每一包装件的详细货名、规格及品种。

（七）包装数量与单位（Qty. / Unit）。每一箱号内每种货物的包装件数和单位。

（八）毛重（Gross Weight）。应注明每个包装件的毛重和包装件内的不同规格、品种的货物、各自的毛重，并在合计处注明该批货物的总毛重。

（九）尺寸（Measurement）。注明每个包装件的外尺寸。

（十）唛头（Marks & Nos.）。按照发票注明的实际唛头，或注明"as per invoice No.xxx"。

（十一）出票人签章。应与发票相同，如信用证规定包装单为"in plain"或"in whitye paper"等，则在包装单内不应出现买卖双方的名称，不能签章。

二、缮制出口包装单应注意哪些问题？

（一）包装单据要和信用证规定的名称一致，因为包装单据的内容既包括包装的商品内容，也包括包装的种类和件数，每件毛、净重和毛、净重总量，每件尺码和总尺码，所以无论信用证要求的包装单据是何名称，都应与其规定名称保持一致。

（二）毛、净重应列明每件的毛、净重及总的毛、净重数字，并必须与发票和运输单据、产地证，出口许可证、商检证的数字相符。

（三）如果信用证规定要列明内包装情况（Inner Packing），必须在单据中按要求充分地表示出来。

（四）包装单一般不显示收货人、货物的单价、总价，因为进口商把商品转售给第三者时一般应同时交付货物和包装单据，进口商不愿意将其购买成本泄露给第三者。另外，对货物的描述一般都使用统称概述。

（五）包装单编号、运输标志应和商业发票一致，注明合同和信用证号码。

（六）制单日期应与发票日期相同或略迟于发票日期，但不应早于发票日期。

◎ 跟单汇票

一、什么是跟单汇票?

商业汇票的出票人是工商企业或个人，付款人可以是工商企业或个人，也可以是银行。银行汇票多为光票。商业汇票大都附有货运单据即跟单汇票。

二、如何缮制跟单汇票?

（一）汇票应表明"汇票"的字样，即注明"Bill of Exchange"、"Exchange"或"Draft"。（"汇票"样本见附录 3）

（二）出票日期和地点。出票日期一般为议付日期，不能早于其他所有单据，更不能迟于信用证的有效期及最迟的交单期，否则视为不符。如果信用证未规定一个在装运后必须交单的特定期限，则银行将不接受迟于装运日期后 21 天提交的单据。出口人必须在信用证规定的特定交单期内议付，但同时必须在信用证的有效期内；有效期日若逢银行休假日，则顺延至下一个营业日。一般商业汇票多以该信用证的实际议付日期作为汇票的出票日期，托收支付方式则以寄单日期作为出票日期。目前，企业多委托议付行在议付时或托收行在寄单时，由其代填汇票的出票日期。在信用证支付方式项下，商业汇票的出具地点就是议付地点，托收方式以托收行接受托收手续的地点作为汇票出具地点。

（三）汇票是无条件的书面支付命令，即不能带任何限制性的支付条件。汇票必须用祈使的命令的语气，不能用商量或请求的语气书写。

（四）汇票中付款期限。应按信用证的规定填写。即期汇票，则填见票即付（at sight）。在汇票的此栏中加打"*"，或"……"，如 At ....Sight 或 At****Sight ；如果是远期汇票，则按信用证的规定填写，通常有 4 种规定方式：

1. 见票后若干天付款（At **** days after sight ）如"At 90 days After sight"；

2. 提单签发日后若干天付款（At **** days after date of B/L），如"At 60 days after date of B/L"；

3. 出票后若干天付款（At **** days after date of draft），如"At 60 days after date of draft"；

4. 指定日期付款（At a fixed date in future ），如"At July 1,2004 fixed"。

对于托收支付方式，此处应注明："D/P at sight"或"D/P XXX Days"或D/A XXX days"。

（五）汇票上收款人通常称为"抬头"，与提单抬头的出具方法完全一致，也包括记名抬头、指示性抬头、来人抬头三种基本形式。

1. 记名抬头，又称限制性抬头，即汇票的受款人限制仅付给某人。不能背书转让，只能由指定公司收取票款。

2. 指示性抬头，即收款人为某人的指示人。持票人背书后才能转让。在信用证支付方式下的汇票多以议付行的指示人为汇票收款人，如果议付行是中国银行，就填"Pay to the Bank of China"。

3. 来人抬头，（Pay to bearer）无需背书，仅凭交付即可转让。我国对外贸易中一般以银行指示为抬头，收款人为出口地议付行。在汇票上总行名称即可，不必再填分行名称，如"Pay to the order of Bank of China"．若L／C无特别规定，则为凭议付行指示。

（六）汇票中的金额有两栏，大写金额和小写金额。在填写汇票金额和币种时应注意：

1. 汇票金额不得超过信用证规定的总金额或其允许的金额增减幅度。托收项下汇票金额和发票金额一般也应一致。

2. 如果信用证金额前有"大约"（about 或 approximate）字样，则金额伸缩幅度为10%。

3. 如果属于托收项下，合同规定托收费用或远期付款的利息由买方承担，又允许在托收时与货款同时收取时，则汇票金额应以发票的金额加上利息或托收费作为汇票金额。

4. 汇票金额的大、小写金额必须一致。

5. 汇票上的货币名称与金额原则上应与发票一致。

6. 汇票金额不得涂改，不得加盖校对章。

（七）出票条款（Drawn under）表明汇票根据某号信用证开出的，包括开证行名称、信用证号码、开证日期3项。采用托收方式时，则应注明有关销售合同号码。

（八）汇票上的利息条款有明确的起讫日期，是开证行向进口方计收利息的依据，与出口方无关。出票时，必须按照信用证的规定将利息条款在汇票上列明，但是，如果信用证未规定利息条款，则汇票上无须加注利息条款。

（九）汇票上的号码不是汇票的必要项目，而且在全套结算单据中商业发票是中心单据，所以，目前一般汇票的编号多以商业发票号码为汇票的号码。

（十）付款人也称受票人，指接受支付命令的付款人。按信用证规定填具。

通常信用证项下汇票以开证行或其指定银行为付款人，托收项下汇票以开证人（一般为买方）为付款人。如信用证规定"draft drawn on us 或 Issuing Bank"，即付款人填开证行。如果信用证指定有偿付行，则应按信用证规定缮制两套汇票，一套汇票的付款人为开证行，连同整套货运单据寄交开证行审核；另一套汇票的付款人则为开证行指定的偿付行，光票寄偿付行索汇。

（十一）款已付讫（Value Received）。此栏应注明商品的总称和件数，注上发票号码，如"500 DOZENS OF 100% COTTON MEN'S SHIRT AS PER INVOICE NO.ZC155"。

（十二）出票人（Drawer）签字或盖章。一般是信用证的受益人，即出口人。在可转让信用证情况下，其汇票的出票人可能是信用证的第二受益人。在托收方式下，一般为买卖合同的出口人。在我国出口业务中，习惯做法是在汇票的右下角盖法人章（出口企业英文条章及法人代表的手签印章）。

第五节　产地证

一、什么是产地证？

产地证书是证明商品的原产地，即货物的生产或制造地的一种证明。它是进口国对进口货物确定关税待遇、进行贸易统计、实行数量限制和控制、从特定国家进口的主要依据。

二、产地证书的种类有哪些？

（一）普惠制原产地证书

普惠制原产地证书是根据普惠制给惠国的原产地规则和要求，由普惠制受惠国授权机构出具有法律效力的证明文件。它是使受惠国的出口产品在给惠国享受减免关税待遇的凭证。

（二）一般原产地证书（CO）

一般原产地证书是各国根据各自的原产地规则和有关要求签发的原产地证书，是进口海关对进口货物实施征税、进行贸易统计、实施数量限制等管理的重要证明文件。我国出具的一般原产地证书是证明我国出口货物符合中华人民共和国出口货物原产地规则、货物为中华人民共和国原产地身份的一种证明文件。

（三）区域性经济集团国家原产地证书

区域性经济集团国家原产地证书是订有区域性贸易协定的经济集团内的国家享受互惠的、减免关税的凭证。如《（中国—东盟自由贸易区）优惠原产地证明书》（Form E）、《（亚太贸易协定）优惠原产地证明书》、《（中国与巴基斯坦自由贸易区）原产地证明书》、《（中国—智利自由贸易协定）优惠原产地证明书》（Form F）、《（中国—新西兰自由贸易区优惠原产地证明书》、《（中国—新加坡自由贸易区）优惠原产地证明书》等。区域优惠原产地证书是具有法律效力的在协定成员国之间就特定产品享受互惠减免关税待遇的官方凭证。

（四）专用原产地证书是针对某一特殊行业的特定产品出具的原产地证书，这些产品应符合特定的原产地规则。如纺织品产地证、蘑菇罐头产地证、烟草真实性证书等。

三、什么是原产地规则？

原产地规则是一国政府为确定货物原产地所实施的法律、法规及一般执行的行政决定。原产地规则内容一般包括原产地标准和书面证明。

四、申办产地证需要提交什么材料？

申请单位申领产地证须提交的材料：

（一）《普惠制原产地证明书申请表》一份。

（二）《普惠制原产地证明书（Form A）》一套（英文缮制）。

（三）正式出口商业发票正本一份，如发票内容不全，另附包装单（盖章、不得涂改）。

（四）含有进口成分的产品，必须提交《含有进口成分产品成本明细单》。

（五）出口日本的来料加工产品或进口产品须提交（从日本进口原料证明书）。

（六）出证机构需要的其他证明。

五、产地证申办程序是什么？需要多长时间？

（一）出口企业应先在所在地出入境检验检疫局原产地处注册，再在做进出口业务时办理原产地签证。

申领产地证必须先注册，然后缴纳注册费，领取产地证注册登记证和证书号。同时与软件公司联系，安装企业端软件，通过网上申报产地证；生产企业注册前需联系签证机构下厂调查；自注册日期满一年需办理年审。

（二）企业向贸促会申请一般原产地证需备案，经审核合格的企业，取得贸促会备案号；申请单位登陆 http:// www.co.ccpit.org 在线注册，得到账号和密码后即可使用该系统录入数据。企业应在货物出运前三天向贸促会提出签发一般原产地证明书申请。企业在申请端录入（原产地）数据，使用预审功能对相关信息进行校验，联网发送，查询贸促会审核后的反馈信息。贸促会收到企业电子信息后即网上审核单证，单证合格，企业打印原产地证加盖公司印章，并持与该原产地证相对应的商业发票一份和申领员证，可以当天到贸促会盖章签发。

六、企业在何处申领产地证？

目前，企业办理原产地证有两个受理单位，一是天津出入境检验检疫局，二是天津贸促会（只受理一般原产地证）。

（一）天津出入境检验检疫局签发的原产地证。

天津出入境检验检疫局签发下列原产地证明书：

1．《〈中国—东盟自由贸易区〉优惠原产地证明书》（FORM E）

自 2004 年 1 月 1 日起，凡出口到东盟的农产品（HS 第一章到第八章）凭借检验检疫机构签发的《中国—东盟自由贸易区》（FORM E）优惠原产地证书可以享受关税优惠待遇。

2．《〈亚太贸易协定〉优惠原产地证明书》

《亚太贸易协定》是亚太地区唯一连接东亚和南亚的区域贸易安排，其前身是签订于 1975 年的《曼谷协定》。可以签发《亚太贸易协定》优惠原产地证书的国家有：韩国、斯里兰卡、印度等 3 个国家，给予关税优惠的商品其关税优惠幅度从 0% 到 30% 不等。

3．《〈中国与巴基斯坦自由贸易区〉优惠原产地证明书》

2006 年 1 月 1 日起中巴双方先期实施降税的 3000 多个税目产品，分别实施零关税和优惠关税。原产于中国的 486 个 8 位零关税税目产品的关税将在 2 年内分 3 次逐步下降，2008 年 1 月 1 日全部降为零，原产于中国的 486 个 8 位零关税税目产品实施优惠关税，平均优惠幅度为 22%。给予关税优惠的商品其关税优惠幅度从 1% 到 10% 不等。

4．《〈中国—智利自由贸易协定〉优惠原产地证明书》（FORM F）

2005 年 11 月 18 日，中智两国在韩国釜山签署了《中华人民共和国政府和智利共和国政府自由贸易协定》。这是中国与拉美国家的第一个自由贸易安排。两国从 2006 年 10 月全面启动货物贸易的关税减让进程。

5.《中国—新西兰自由贸易区优惠原产地证明书》

《中华人民共和国政府和新西兰政府自由贸易协定》（以下简称《协定》）于 2008 年 10 月 1 日起开始实施。为使我国出口到新西兰的产品能够享受《协定》项下关税优惠待遇，自 2008 年 10 月 1 日起，各地出入境检验检疫机构开始签发《中国—新西兰自由贸易区优惠原产地证明书》。

6.《中国—新加坡自由贸易区优惠原产地证明书》

《中华人民共和国政府和新加坡共和国政府自由贸易协定》于 2008 年 10 月 23 日正式签署，并于 2009 年 1 月 1 日开始实施。《协定》涵盖了货物贸易、服务贸易、人员流动、海关程序等诸多领域，是一份内容全面的自由贸易协定。对于出口到新加坡的中国产品，各出口企业可凭出入境检验检疫局签发的中国-新加坡自由贸易区优惠原产地证明书享受新加坡给予的关税优惠待遇。新方承诺将在 2009 年 1 月 1 日取消全部自华进口产品关税，产品特定原产地规则暂时参照《中国—东盟自由贸易协定》产品特定原产地标准清单执行。

天津市出入境检验检疫局

地址：天津市红星路 79 号

天津市行政许可服务中心第 9 号窗口

电话：24538037

网址：**www.eciq.cn**

（二）天津贸促会签发的原产地证。

天津贸促会签发一般原产地证书。

中国国际贸易促进委员会天津市分会法律事务部（贸易服务中心）

地址：天津市和平区曲阜道 85 号一楼、二楼

电话：022-23317860　23110372　23307911　23398318

网址：**www.ccpit.tj.org**　　**www.tedaonline.com**

七、各类原产地证书的内容和填制要求是什么？

（一）普遍优惠制产地证（"FORM A"样本见附录 4）

普遍优惠制简称普惠制，是发达国家给予发展中国家出口制成品和半制成品（包括某些初级产品）普遍的、非歧视性的、非互惠的的一种关税优惠制度。

目前普惠制的给惠国有法国、联合王国、爱尔兰、德国、丹麦、意大利、

比利时、荷兰、卢森堡、希腊、西班牙、葡萄牙、奥地利、瑞典、芬兰、波兰、匈牙利、捷克、斯洛伐克、斯洛文尼亚、爱沙尼亚、立陶宛、拉脱维亚、马耳他和塞浦路斯、挪威、瑞士、日本、加拿大、美国、澳大利亚、新西兰、俄罗斯、白俄罗斯、乌克兰、哈萨克斯坦、土耳其和保加利亚。在这些给惠国中，除美国和保加利亚不给中国普惠制待遇外，其他国家都给予中国普惠制优惠关税待遇。

普惠制原产地规则包括三个部分：原产地标准、直运规则和书面证明。

1. 原产地标准：原产地标准把原产品分为两大类：完全原产产品和含有进口成分的原产产品。完全原产产品是指全部使用本国产的原材料或零部件，完全由受惠国生产、制造的产品；含有进口成分的原产产品是指全部或部分使用进口（包括原产地不明）原料或零部件生产、制造的产品，这些原料或零部件在受惠国经过充分加工和制造，其性质和特征达到了"实质性改造"。如何判定进口成分是否达到"实质性改造"，通常用两个标准来衡量。

一是加工标准。即根据制成品中的进口成分 HS 品目号（系海关税目号）在生产加工过程中是否发生变化来判定是否经过实质性改造的标准。即在一般条件下，如果进口成分与制成品品目号不同，即发生了变化，则经过了实质性改造；如果相同，则未经过实质性改造。在此基础上，一些给惠国还规定了某些附加条件，在这些附加条件满足后，方可认为经过了实质性改造。有关具体条件可参照有关给惠国制定的《加工清单》。采用加工标准的给惠国有 19 个：欧盟 15 国、瑞士、挪威、土耳其和日本。

二是分比标准。是根据进口成分（或本国成分）占制成品价值的百分比率来判定其是否经过实质性改造的标准。应用时，应参照各国制定的标准。采用百分比标准的国家有 13 个：加拿大、澳大利亚、新西兰、俄罗斯、乌克兰、白俄罗斯、哈萨克斯坦、捷克、斯洛伐克、波兰、匈牙利、保加利亚、美国。

2. 直运规则：是指受惠国原产品必须从该受惠国直接运往给惠国，其目的是保证运至给惠国的产品就是出口受惠国发运的原产品，避免在途经第三国时可能进行的再加工和被换包。

3. 书面证明：凡受惠国要求享受普惠制待遇的出口商品，均须持有能证明其符合有关给惠国原产地标准的普惠制原产地证书和能证明其符合有关给惠国直运规则的证明文件。

普惠制原产地证的内容有 12 栏，各栏填写要求严格，具体填写方法介绍如下：

1. 出口商的名称、地址、国别（Exporter's business name、address、country）。此栏必须填写出口商详细地址、包括街道名、门牌号等。不能填写中间商。

2. 收货人名称、地址、国别 （Consignee's name、address、country）必须填写给惠国最终收货人，即信用证上规定的提单通知人或特别声明的收货人的名称、地址、国家（地区）。如果最终收货人不明确，可填写发票抬头人，不能填中间人的名称。但在特殊情况下，欧洲国家要求此栏留空或填"to whom it may concern"，也可接受。

3. 运输方式与路线（Means of transport and route）。此栏填写装运港的具体港口名称及运输方式。如需转运还应填写转运地。

4. 官方使用栏 （For official use）。此栏由签证机构填写。

5. 商品顺序号（Item number）。此栏根据不同类别的商品依次列出序列号。在运输条件和收货人相同的情况下，如果同批出口货物有不同品种，则可按不同品种、发票号分列"1"、"2"、"3"……。对于单项商品，此栏可填"1"或留空。

6. 唛头和包装编号（Marks and Number of Package）。此栏填写应与发票一致。如果货物无唛头，应填写"N/M"；如果唛头内容过多，此栏不够，可向7、8、9、10栏延伸；如还不够，可以另加附页，打上原证件号，并由出入境检验检疫局授权签证人手签，加盖公章。

7. 包装的数量及种类：货物描述（Number and kind package：description of goods）。商品名称应具体填写，其详细程度应能在 H.S.的四位数字及税目中准确归类。商品的商标、牌名、货号，因与关税无关，可不填具。商品名称填写完毕后，应加上"****"作为结束号，以防他人填写伪造内容。有时 L/C 中有一些特殊规定，如要求填写合同、信用证号码等，均可在该栏体现。包装件数应在阿拉伯数字后面用括号加注大写英文数字。

8. 原产地标准（Origin criterion）是国外海关审证的核心内容。为了确保GSP 仅给予发展中国家生产、收获或制造，并从发展中国家出运的产品，各给惠国都制定了详细的原产地标准。原产于第三国的产品如果仅在受惠国进行轻微加工或仅经受惠国转运，一般是没有资格享受普惠制待遇的。下面是给予中国最惠国待遇的国家对此栏填写规定说明：

（1）"P"：产品无进口成分，完全系出口国自产。

（2）"W"：货物运往欧盟成员国、挪威、瑞士和日本等国，货物含有进口成分，但符合加工标准。在"W"后标注产品的 H.S.税则号，如："W" 96.01。

欧盟等国以加工标准作为确定产品是否经过实质性改造的标准，即如果进口成分与其制造成品的 H.S.品名号不同，则认为经过了实质性改造，该出口产品可享受 GSP 待遇。

（3）"Y"：货物运往保加利亚、捷克斯洛伐克、匈牙利、独联体等，在出口国增值的产品，填"Y"并在其后加注进口原料和部件的价值在该产品离岸价中所占的百分比。这些国家规定进口成分价值不得超过产品离岸价格的50%。

（4）"F"：货物运往加拿大，含有进口成分，进口成分占产品出厂价的40%以下。

（5）"G"：货物运往加拿大，含有进口成分，实施全球性原产地累计条款。

（6）"PK"：货物在一个受惠国生产而在另一个或多个受惠国制作或加工，并出口至独联体或东欧国家，实施全球性或区域性原产地累计条款，即将全球所有的受惠国或某一个经济区域的若干个受惠国间的原料和劳动价值进行累加，作为判断该出口国加工产品的增值标准。对于我国，从其他受惠国进口原料、零部件，加工成成品出口至给惠国，仍可享受关税减免的待遇。

（7）出口到澳大利亚、新西兰的产品，此栏可留空。

9. 毛重或其他数量（Gross weight other quantity）。此栏应以商品的正常计量单位填写：如"只"、"件"、"匹"、"双"、"台"、"打"等。以毛计重的填毛重，只有净重的填净重亦可，但要标上"N.W."。注意，此栏数量为出口货物的数量，不要缮打货物包装的数量。

10. 发票号码和日期。按正式发票填写。为避免对月份、日期的误解，月份必须用英文缩写。

11. 检验检疫机构的签证证明（Certification）。此栏填写签署地点、日期及授权签证人手签、签证机构的印章。注意，此栏签发日期不得早于发票日期和出口商申报日期，且不能迟于提单日期。手签与公章的位置不得重合。

12. 出口商声明（Declaration by the exporter）。此栏填写申报地点、日期、申报人员签字，并加盖出口商中英文对照的印章，正副本上都需要加盖。此栏日期不得早于发票日期（第十栏），不得迟于签证机构签发日期（第十一栏）；各公司应授权指派专人负责在此栏手签，手签姓名应在出入境检验检疫局登记，并保持相对稳定；进口国横线上的国名一定要填正确；进口国一般与最终收货人或目的港的国别一致，如果难于确定，以第三栏目的港国别为准；凡货物运往欧洲 15 国范围内，进口国不明确时，进口国可填"E.U."；在证书正本和所有副本上盖章时应避免覆盖进口国名称和手签人姓名；国名应是正式和全称的。

（二）一般原产地证明书

一般原产地证明书内容共有 12 栏，各栏填写要求严格，具体填写方法如下：

1. Exporter（出口商）

公司名称必须与第十一栏保持一致；公司要有详细地址，如果信用证要求地址简略，也要打上公司所在城市，CHINA.

2. Consignee（收货方）

应填写最终收货物方的名称、详细地址及国家；由于贸易的需要，信用证规定单证收货人一栏留空，在这种情况下，此栏应加注 blank,或打上***。

3. Means of transport and route（运输方式和路线）

FROM XINGANG CHINA TO HONG KONG BY SEA

（海运、陆运应填写装货港、到货港及运输路线，如经转运也应注明转运地，打上 VIA 某地）

4. Country/region of destination　（目的地国家、地区）

HONGKONG

5. For certifying authority use only

（此栏为签证机构签发后发证书，补发证书或加注其他声明时使用，证书申领单位应将此栏留空）

6. Marks and numbers（运输标志）

（应按照出口发票上所列唛头填写完）

7. Number and kind of packages，description of goods

商品名称、包装数量及种类。商品名称要填写具体名称；包装数量及种类要按具体单位填写，并且在阿拉伯数字后注英文表述；如货物系散装，在商品名称后加注"散装"（IN BULK）；有时 L/C 要求加上加注合同号、信用证号码等，可加在此栏；此栏的末行要打上表示结束的符号****。

8. H.S .Code（海关税目号）3204。此栏应与报关单一致，不得留空。

9. Quantity（数量）117 TONS。此栏应填写商品的计量单位。

10. Number and date of invoice（发票号码及日期）970518　MAY8, 2008。

必须按照所申请出口货物的商业发票填写，为避免对月份、日期的误解，月份一律用英文表述，此栏不得留空。

11. Declaration by the exporter（出口方声明）

该栏由申请单位已在贸促会注册的人员签字并贸促会注册的人员签字并加盖有中英文的印章，并填写申请地点和日期，该栏日期不得早于发票日期（第10栏）

Place and date, signature and stamp of authorized signatory

12. Certification　（贸促会签章）

该栏由贸促会签证人员签字并加盖印章，签发日期不得早于发票日期（第10栏）和申请日（第11栏）

Place and date, signature and stamp of certifying authorit

（三）各区域性原产地证书

Form E　填写说明（"FORM E 样本见附录5）

《中国—东盟自由贸易区》优惠原产地证明书背页说明

1. 为享受中国—东盟自由贸易区优惠关税协议下优惠待遇而接受本证书的成员国：

文莱、柬埔寨、中国、印度尼西亚、老挝、马来西亚、缅甸、菲律宾、新加坡、泰国、越南。

2. 条件：出口至上述任一成员国的货物，享受中国—东盟自由贸易区优惠关税协议下优惠待遇的主要条件是：

（1）必须是在目的国可享受关税减让的货物；

（2）必须符合货物由任一中国—东盟自由贸易区成员国直接运至一进口成员国的运输条件，但如果过境运输、转换运输工具或临时储存仅是由于地理原因或仅出于运输需要的考虑，运输途中经过一个或多个非中国—东盟自由贸易区成员国境内的运输亦可接受；

（3）以及必须符合下述的原产地标准。

3. 原产地标准：出口到上述国家可享受优惠待遇的货物必须符合下列要求之一：

（1）符合原产地规则第三条规定，在出口成员国内完全获得的产品.

（2）除上述第1项的规定外，为实施中国—东盟原产地规则第二条款（二）

的规定,使用原产于非中国—东盟自由贸易区成员国或无法确定原产地的材料、零件或产物生产和加工产品时,所用材料、零件或产物的总价值不超过生产或获得产品离岸价格的 60%,且最后生产工序在该出口成员国境内完成。

（3）符合中国—东盟原产地规则第二条规定的原产地要求的产品,且该产品在一成员国用作生产在其他一个或多个成员国可享受优惠待遇的最终产品的投入品,如最终产品中中国—东盟自由贸易区成分总计不少于最终产品的 40%,则该产品应视为原产于对最终产品进行生产或加工的成员国;或符合中国—东盟原产地规则附件二的产品特定原产地标准的产品应视为在一缔约方进行了充分加工的货物。

若货物符合上述标准,出口商必须按照下列表格中规定的格式,在本证书第八栏中标明其货物申报享受优惠待遇所根据的原产地标准（见表 3-3）。

表3-3　中国—东盟自由贸易区优惠原产地证明书第八栏

本表格第 11 栏列明的第一国生产或制造的详情	填入第 8 栏
(a) 出口国完全生产的产品 （见上述第 3 款 1. 项）	"X"
(b) 符合上述第 3 款 2 项的规定,在出口成员国加工但并非完全生产的产品	单一国家成分的百分比,例如 40%
(c) 符合上述第 3 款 3 项的规定,在出口成员国加工但并非完全生产的产品	中国-东盟累计成分的百分比,例如 40%
(d) 符合产品特定原产地标准的产品	"产品特定原产地标准"

4. 每一项商品都必须符合规定:应注意一批货物中的所有货品都必须各自符合规定,尤其是不同规格的类似商品或备件。

5. 货品名称:货品名称必须详细,以使验货的海关官员可以识别。生产商的名称及任何商标也应列明。

6. 协调制度编码应为进口成员国的编码。

7. 第 11 栏"出口商"可包括制造商或生产商。

8. 官方使用:不论是否给予优惠待遇,进口成员国海关必须在第 4 栏作出相应的标注。

*《(亚太贸易协定)优惠原产地证明书(见表3-4)

表3-4 亚太贸易协定原产地证明书

1. Goods consigned from (Exporter's business name, address, country)	Reference No. **CERTIRICATE OF ORIGIN** **Asia-Pacific Trade Agreement** **(Combined Declaration and Certificate)** Issued in The People's Republic of China (Country)
2. Goods consigned to (Consignee's name, address, country)	3. For Official use

4.Means of transport and route					
5.Tariff item number	6. Marks and number of Packages	7.Number and kind of packages/ description of goods	8.Origin criterion (see notes overleaf)	9.Gross weight or other quantity	10.Number and date of invoices:

| 11.Declaration by the exporter
The undersigned hereby declares that the above details and statements are correct, that all the goods were produced in
CHINA
……………………………………………
(Country)
and that they comply with the origin requirements specified for these goods in the Asia–Pacific Trade Agreement for goods exported to

……………………………………………
(Importing Country)

……………………………………………
Place and date, signature of authorized Signatory | 12.Certificate
It is hereby certified on the basis of control carried out, that the declaration by the exporter is correct.

……………………………………………
Place and date, signature and Stamp of Certifying Authority |

填制说明

总原则：

享受关税减让优惠的货物必须符合以下条件：

1. 属于《亚太贸易协定》进口成员国关税减让优惠产品描述范围内；

2. 符合《亚太贸易协定》原产地规则。一批货物中的每项商品本身必须分别符合该规则；

3. 符合《亚太贸易协定》原产地规则规定的发运条件。总体而言，货物须按照第五条的规定从出口国直接发运到目的地国。

栏目填制：

第 1 栏　货物发运自

注明出口人的名称、地址与国别。名称须与发票上的出口人一致。

第 2 栏　货物发运到

注明进口人的名称、地址与国别。名称须与发票上的进口人一致。对于第三方贸易，可以注明"待定"（To Order）。

第 3 栏　供官方使用

此栏仅供签证当局使用。

第 4 栏　运输方式与路线

详细注明出口货物的运输方式和路线。如信用证条款等无此详细要求，打上"空运"或"海运"。如货物途经第三国，可用如下方式表示：

例如："空运""经曼谷从老挝到印度"（By air from Laos to India via Bangkok.）

第 5 栏　税则号

注明货物 4 位数的 HS 编码。

第 6 栏　唛头与包装编号

注明证书所载货物的包装唛头及编号。该信息应与货物包装上的唛头及编号一致。

第 7 栏　包装数量与种类；货物描述

明确注明出口产品的货物描述。货物描述应与发票上对出口产品的描述相一致。确切的描述有助于目的国海关当局对产品的快速清关。

第 8 栏　原产地标准

根据《亚太贸易协定》原产地规则第二条的规定，受惠产品必须是完全原产自出口成员国；若非出口成员国完全原产的产品，必须符合第三条或第四条。

1. 完全原产品：在第 8 栏填写字母 "A"。

2. 含有进口成份的产品：第 8 栏的填写方法如下：

（1）符合第三条规定的原产地标准的产品，第 8 栏填写字母 "B"。字母 "B" 后应填写原产于非成员国或原产地不明的原料、部件或产品的总货值占出口产品离岸价的百分比（例如 "B" 50%）。

（2）符合第四条规定的原产地标准的产品，第 8 栏填写字母 "C"。字母 "C" 后应填写原产于成员国领土内的累计含量的总值与出口产品离岸价的百分比（例如 "C" 60%）。

（3）符合第十条特定原产地标准的产品，第 8 栏填字母 "D"。

第 9 栏　毛重或其他数量

注明证书所载产品的毛重或其他数量（如件数、千克）。

第 10 栏　发票号码与日期

注明发票的号码与日期。发票日期不得迟于证书的签发日期。

第 11 栏　出口人的声明

"出口人" 指发货人，他既可以是贸易商也可以是制造商。注明生产国和进口国的国别、申报地点和申报日期。该栏必须由公司授权签字人签署。

第 12 栏　签证当局的证明

该栏由签证当局签署。

*《(中国—巴基斯坦自由贸易区)优惠原产地证明书》(见表 3-5)

表 3-5 中国—巴基斯坦自由贸易区优惠原产地证明书

1. Exporter's Name and Address, country 2. Consignee's Name and Address, country 3. Producer's Name and Address, country	CERTIFICATE NO. **CERTIFICATE OF ORIGIN** **CHINA-PAKISTAN FTA** **(Combined Declaration and Certificate)** Issued in _____ (Country) See Instructions Overleaf
4. Means of transport and route (as far as known) Departure Date Vessel /Flight/Train/Vehicle No. Port of loading Port of discharge	5. For Official Use Only Preferential Treatment Given Under China-Pakistan FTA ☐ Free Trade Area Preferential Tariff ☐ Preferential Treatment Not Given (Please state reason/s.....…………………………… Signature of Authorized Signatory of the Importing Country

6. Item number	7. Marks and numbers on packages; Number and kind of packages; description of goods; HS code of the importing country	8.Origin Criterion	9. Gross Weight, Quantity and FOB value	10. Number and date of invoices	11.Remarks

12.Declaration by the exporter The undersigned hereby declares that the above details and statement are correct; that all the goods were produced in …………………………………………… (Country) and that they comply with the origin requirements specified for these goods in the China-Pakistan Free Trade Area Preferential Tariff for the goods exported to …………………………………………… (Importing country) …………………………………………… Place and date, signature of authorized signatory	13. Certification It is hereby certified, on the basis of control carried out, that the declaration by the exporter is correct. …………………………………………… Place and date, signature and stamp of Certifying authority

填制说明

第 1 栏：注明出口人的合法的全称、地址（包括国家）。

第 2 栏：注明收货人的合法的全称、地址（包括国家）。

第 3 栏：注明生产商的合法的全称、地址（包括国家）。如果证书上的货物生产商不止一个时，其他的生产商的全称、地址（包括国家）也必须列明。如果出口人或者生产商希望该信息保密时，也可以接受在该栏注明"应要求向海关提供"（Available to Customs upon request）。如果生产商与出口人相同时，该栏只须填写"相同"（SAME）。

第 4 栏：注明运输方式和路线，并详细说明离港日期、运输工具编号、装货港和卸货港。

第 5 栏：由进口成员方海关在该栏简要说明根据协议是否给予优惠待遇。

第 6 栏：注明项目编号。

第 7 栏：该栏的货品名称必须详细，以使验货的海关官员可以识别，并使其能与发票上的货名及 HS 编码的货名对应。包装上的运输唛头及编号、包装件数和种类也应当列明。每一项货物的 HS 编码应当为货物进口国的 6 位 HS 编码。

第 8 栏：从一成员方出口到另一成员方可享受优惠待遇的货物必须符合下列要求之一：（根据特定原产地规则可做调整）

1. 符合原产地规则规定，在出口成员方内完全获得的产品；

2. 为实施中国—巴基斯坦自由贸易区原产地规则的规定，使用非原产于中国、巴基斯坦或者无法确定原产地的原材料生产和加工产品时，所用这种原材料的总价值小于由此生产或者获得的产品的离岸价格的 60%，且最后生产工序在该出口成员方境内完成；

3. 符合中国—巴基斯坦自由贸易区协定第 16 条规定的产品，且该产品在一成员方被用于生产可享受另一成员方优惠待遇的最终产品时，如在最终产品中原产于中国、巴基斯坦成分总计不少于最终产品的 40%，则该产品应当视为原产于对最终产品进行生产或者加工的成员方；或者

4. 符合原产地规则产品特定原产地标准的产品，应当视为在一成员方进行了充分加工的货物

若货物符合上述标准，出口人必须按照下列表格中规定的格式，在本证书第八栏中标明其货物申报享受优惠待遇所根据的原产地标准（见表3-6）。

表 3-6　中国—巴基斯坦自由贸易区优惠原产地证明书第八栏

本表格第 12 栏列明的原产国生产或者制造的详情	填入第 8 栏
出口国完全生产的产品（见上述第 8 款 1 项）	"P"
符合上述第 8 款 2 项的规定，在出口成员方加工但并非完全生产的产品	单一国家成分的百分比，例如 40%
符合上述第 8 款 3 项的规定，在出口成员方加工但并非完全生产的产品	中国—巴基斯坦自由贸易区累计成分的百分比，例如 40%
符合产品特定原产地标准的产品	"PSR"

第 9 栏：该栏应当注明毛重的公斤数。其他的按惯例能准确表明数量的计量单位，如体积、件数也可用于该栏。离岸价格应该是出口人向签证机构申报的发票价格。

第 10 栏：该栏应当注明发票号和发票日期。

第 11 栏：如有要求，该栏可注明订单号、信用证号等。

第 12 栏：该栏必须由出口人填制、签名、签署日期和加盖印章。

第 13 栏：该栏必须由签证机构经授权的签证人员签名、签署日期和加盖签证印章。

*《（中国—智利自由贸易协定）优惠原产地证明书》Form F（见表 3-7）

表 3-7　中国—智利自由贸易协定优惠原产地证明书

1.Exporter's name, address, country:	Certificate No.:
2. Producer's name and address, if known:	**CERTIFICATE OF ORIGIN** **Form F for China-Chile FTA**
3.Consignee's name, address, country:	Issued in ＿＿＿＿＿＿＿ （see Instruction overleaf）

4.Means of transport and route （as far as known）	5. For Official Use Only
Departure Date Vessel /Flight/Train/Vehicle No. Port of loading	☐　Preferential Tariff Treatment Given Under ＿＿＿＿ ☐　Preferential Treatment Not Given 　（Please state reasons） …...………………………………………… Signature of Authorized Signatory of the Importing Country
Port of discharge	6. Remarks

7.Item number （Max 20）	8. Marks and numbers on packages	9. Number and kind of packages; description of goods	10. HS code （Six digit code）	11. Origin criterion	12. Gross weight, quantity （Quantity Unit） or other measures （liters,m^3,etc）	13. Number, date of invoice and invoiced value

14. Declaration by the exporter	15. Certification
The undersigned hereby declares that the above details and statement are correct, that all the goods were produced in ＿＿＿＿＿＿＿＿＿＿＿＿＿＿＿＿ 　　　　（Country） and that they comply with the origin requirements specified in the FTA for the goods exported to ＿＿＿＿＿＿＿＿＿＿＿＿＿＿＿＿ 　　　（Importing country） ＿＿＿＿＿＿＿＿＿＿＿＿＿＿＿＿ Place and date, signature of authorized signatory	It is hereby certified, on the basis of control carried out, that the declaration of the exporter is correct. Place and date*, signature and stamp of certifying authority Certifying authority Tel:　　　　　　　　　　Fax: Address:

填制说明

第 1 栏：注明出口人合法的全称、地址（包括国家）。

第 2 栏：注明生产商合法的全称、地址（包括国家）。如果证书包含一个以上生产商的商品，应该列出其他生产商的名称、地址（包括国家）。如果出口人或生产商希望对该信息予以保密，可以填写"应要求提供给主管政府机构（Available to competent governmental authority upon request）"。如果生产商和出口人相同，应填写"同上（SAME）"。如果不知道生产商，可填写"不知道（UNKNOWN）"。

第 3 栏：注明收货人合法的全称、地址（包括国家）。

第 4 栏：注明运输方式和路线，并详细说明离港日期、运输工具号、装货港和卸货港。

第 5 栏：由进口方的海关当局在该栏简要说明根据协定是否给予优惠待遇。

第 6 栏：如有要求，该栏可注明客户订单编号、信用证编号等。如果发票由非成员方经营者出具，应在此栏填写原产国生产商的名称、地址及国家。

第 7 栏：注明项目编号，但不得超过 20 个。

第 8 栏：注明包装上的运输唛头及编号。

第 9 栏：注明包装数量及种类，并列明每种货物的详细名称，以便查验的海关官员可以识别，并使其能与发票上的货名及 HS 编码上的货名相对应。如果货物无包装，应注明"散装（IN BULK）"。货物描述结束后，应在后面添加"***"或"\"（截止符）。

第 10 栏：对应第九栏中的货物名称注明相应的协调制度编码，以六位编码为准。

第 11 栏：若货物符合原产地规则，出口人必须按照下表中规定的格式，在本证书第十一栏中注明其申报货物享受优惠待遇所依据的原产地标准（见表3-8）。

表 3-8　中国—智利自由贸易协定优惠原产地证明书第十一栏

出口人申报其货物享受优惠待遇所依据的原产地标准	填入第 11 栏
1. 完全原产	"P"
2. 含进口成分，区域价值≥40%	"RVC"
3. 产品特定原产地标准	"PSR"

第 12 栏：该栏应注明毛重的公斤数，其他按惯例能准确表明数量的计量单位，如体积、件数等也可用于该栏。

第 13 栏：应注明发票号、发票日期及发票价值，发票价值填写 FOB 价。

第 14 栏：该栏必须由出口人填写，签名、签署日期和加盖印章。

第 15 栏：该栏必须由签证机构经授权的签证人员签名、签署日期并加盖签证印章，并应填写签证机构的电话号码、传真及地址。

*《中国—新西兰自由贸易区优惠原产地证明书》（见表 3-9）

表 3-9　中国—新西兰自由贸易区原产地证书

1. 出口商的名称、地址、国家： 2. 生产商的名称、地址，在已知情况下： 3. 收货人的名称、地址、国家：	证书号： 中国—新西兰自由贸易协定 原产地证书 签发国_____ （填制方法详见证书背页说明）
4. 运输方式及路线（就所知而言） 离港日期 船只/飞机/火车/货车编号 装货口岸 到货口岸	5. 供官方使用 ☐　可以享受_____自由贸易协定优惠待遇 ☐　不能享受_____自由贸易协定优惠待遇 理由： …………………………………………… 进口国官方机构的授权人签字

7. 项目号（最多 20 项）	8. 唛头及包装号	9. 包装数量及种类；商品名称	10. HS 编码（以六位数编码为准）	11. 原产地标准	12. 毛重、数量（数量单位）或其他计量单位（升、立方米等）	13. 发票号、发票日期及发票价格

6. 备注：

14. 出口商申明 下列签字人证明上述资料及申明正确无误，所有货物产自 （国家） 且符合自由贸易协定原产地规则的相关规定。该货物出口至 （进口国） 申报地点、日期及授权签字人的签字	15. 证明 根据所实施的监管，兹证明上述信息正确无误，且所述货物符合中国—新西兰自由贸易协定原产地要求。 地点、日期、签字及授权机构印章

填制说明

第 1 栏：填写出口商详细的依法登记的名称、地址（包括国家）。

第 2 栏：填写生产商详细的依法登记的名称、地址（包括国家）。如果证书包含一家以上生产商的商品，应列出其他生产商的详细名称、地址（包括国家）。如果出口商或生产商希望对信息予以保密，可以填写"应要求提供给授权机构（Available to the authorized body upon request）"。如果生产商和出口商相同，应填写"同上（SAME）"。如果不知道生产商，可填写"不知道（UNKNOWN）"。

第 3 栏：填写收货人详细的依法登记的名称、地址（包括国家）。

第 4 栏：填写运输方式及路线，详细说明离港日期、运输工具的编号、装货口岸和卸货口岸。

第 5 栏：不论是否给予优惠待遇，进口国海关当局必须在相应栏目标注(√)。

第 6 栏：可以填写顾客订货单号、信用证号等其他信息。

第 7 栏：填写项目号，但不得超过 20 项。

第 8 栏：填写唛头及包装号。

第 9 栏：详细列明包装数量及种类。详列每种货物的货品名称，以便于海关关员查验时加以识别。货品名称应与发票上的描述及货物的协调制度编码相符。如果是散装货，应注明"散装（in bulk）"。当商品描述结束时，加上"***"（三颗星）或"\"（结束斜线符号）。

第 10 栏：对应第 9 栏中的每种货物填写协调制度税则归类编码，以六位数编码为准。

第 11 栏：若货物符合原产地规则，出口商必须按照下表所示方式，在本证书第 11 栏中标明 其货物申明享受优惠待遇所依据的原产地标准（见表 3-10）。

表 3-10　中国—新西兰自由贸易区优惠原产地证明书第 11 栏

出口商申明其货物享受优惠待遇所根据的原产地标准	填入第 11 栏
该货物符合第二十条规定（包括附件五所列规定），在一方境内完全获得或生产；	WO
该货物是在一方或双方境内，完全由其原产地符合第四章第一节规定的材料生产	WP
该货物是在一方或双方境内生产，所使用的非原产材料满足附件五所规定的税则归类改变、区域价值成分、工序要求或其他要求，且该货物符合其所适用的第四章第一节的其他规定。	PSR[1]

第 12 栏：毛重应填写"千克"。可依照惯例，采用其他计量单位（例如体积、件数等）来精确地反映数量。

第 13 栏：应填写发票号、发票日期及发票价格。

第 14 栏：填写签字的地点及日期。对于中国出口的货物，本栏必须由货物出口商填写、签字并填写日期；对于新西兰出口至中国的货物，不必填写此栏。

第 15 栏：本栏必须由授权机构的授权人员填写、签字、填写签证日期并盖公章。

*《中国-新加坡自由贸易区优惠原产地证明书》（见表 3-11）

表 3-11　中国-新加坡自由贸易协定中文原产地证书正本

1.货物启运自　（出口商的名称、地址、国家）	证书号码：
2.　货物运输至　（收货人的名称、地址、国家）	中国—新加坡自由贸易区优惠税率原产地证书 （申请表格和证书合一） 签发国＿＿＿＿＿＿ （填制方法详见证书背面说明）

3. 运输方式及路线（就所知而言） 离港日期 船舶/飞机等的名称 卸货口岸	4.　供官方使用 ☐　可享受中国—新加坡自贸区优惠关税待遇 ☐　不能享受优惠待遇（须说明理由）： .... 进口国官方机构的授权人签名

5. 项目号码	6. 唛头及包装号码	7. 包装数量及种类、商品描述（包括 数量以及进口国的 HS 编码）	8. 原产地标准(详见背页说明)	9. 毛重或其他计量单位及 FOB 价格	10.发票号码及日期

11. 由出口商申报 兹申明上述填报资料及说明正确无误，所有货物产自 　　（XX 国家） 且符合中国-新加坡自贸区原产地规则的相关规定，该货物出口至 　　（XX 进口国） 地点、日期及签名＿＿＿＿＿＿＿	12. 证明 根据实际监管，兹证明出口商的申报正确。 地点、日期、签名及签证机构印章

填制说明

第 1 栏：应填写中国出口商的法人全称、地址（包括国家）。

第 2 栏：应填写新加坡收货人的法人全称、地址（包括国家）。

第 3 栏：应填写运输方式、路线，并详细说明离港日期、运输工具的编号及卸货口岸。

第 4 栏：不论是否给予优惠关税待遇，进口方海关必须在相应栏目标注（√）。

第 5 栏：应填写项目号码。

第 6 栏：应填写唛头及包装号码。

第 7 栏：应详细列明包装数量及种类。详细列明每种货物的商品描述，以便于海关关员查验 时识别。商品描述应与发票所述及《协调制度》的商品描述相符。如果是散装货， 应注明"散装"。在商品描述末尾加上"***"（三颗星）或"\"（斜杠结束号）。

第 7 栏的每种货物应填写《协调制度》六位数编码。

第 8 栏：若货物符合原产地规则，出口商必须按照下列表格中规定的格式，在第八栏中标明

其货物享受优惠关税待遇所依据的原产地标准（见表 3-12）

表 3-12 中国—新加坡自由贸易区优惠原产地证明书第八栏

出口商申明其货物享受优惠关税待遇所依据的原产地标准	填入第八栏
1. 中国-新加坡自贸区原产地规 则规定在出口方完全获得的产品	"p"
2. 区域价值成分≥40%的产品	"RVC"
3. 符合产品特定原产地规则的产品	"PSR"

第 9 栏：毛重应填写"千克"。可依惯例填写其他计量单位，例如体积、数量等，以准确反映其数量。FOB 价格应在此栏中注明。

第 10 栏：应填写发票号码及开发票的日期。

第 11 栏：本栏必须由出口商填写、签名并填写日期。应填写签名的地点及日期。

第 12 栏：本栏必须由签证机构的授权人员填写、签名、填写签证日期并盖章。

第六节 许可证

国家为了合理配置资源，规范出口秩序，营造公平的贸易环境，履行我国承诺的国际公约和条约，维护国家经济利益和安全等特定的目的，会对某些商品的出口实行出口许可证管理制度。出口许可证是国家管理货物出境的法律凭证，海关凭出口许可证接受申报和验放。

一、申领出口许可证的依据是什么？

商务部发布的年度《出口许可证管理商品目录》和《出口许可证分级发证目录》是全国各类进出口公司企业申领出口许可证的参考依据。

详细请查商务部对外贸易司网站：**wms.mofcom.gov.cn**

二、如何填制出口许可证？

出口许可证申请表与出口许可证基本相同。填制方法如下：

（一）申请单位名称及编码（Exporter）。应填写有出口经营权的各类出口企业的全称或有出口经营权的代理公司全称；如果为非外贸单位经批准出口的货物，此栏应填写该单位全称；编码按发证机关编定的计算机代码填写，共 8 位，无计算机代码的填 8 个"0"。

（二）发货单位名称及编码（Consigner）。发货人一般与出口商是一致的，此栏一般填写出口公司的全称及统一的编码，与第一栏内容基本相同。

（三）出口许可证编号（License No.）。编号由发证机关统一排定。

（四）许可证有效期（Validity）。应填写许可证的到期日。

1. 对实行"一批一证"制的许可证，有效期从发证之日算起，最长不超过3 个月。

2. 对不实行"一批一证"制的许可证，有效期从发证之日算起，最长不超过 6 个月。

3. 对超过有效期的许可证，最长可展期 2 个月，但须经发证机关批准并盖章。

4. 出口指标应在有效年度内使用，跨年度指标视同作废。

（五）贸易方式（Terms of Trade）。该栏填写范围包括一般贸易、边境贸易、协定贸易、易货贸易、补偿贸易、进料加工、来料加工、转口贸易、期货贸易、工程承包、外资企业进口、非贸易或租赁出口。出口单位根据实际情况，选填其中一种方式，不得使用非规范术语。

（六）合同号（Contract No.）。合同号是指申领许可证、报关及结汇时所使用的出口合同的编号。号码长度在 20 个（含 20 个）英文字母或阿拉伯数字之内。

（七）报关口岸（Port of shipment）。（在出口许可证中为"出运口岸"）此栏应填写海关验放货物允许出口的边境口岸，即装运港或出境口岸。此栏填写应明确、具体，且最多填写 3 个口岸。

（八）进口国家（地区）（Country of Destination）。（在出口许可证中为"输往国家"）此栏填写货物实际运达或买断的目的国家（地区），即最终的目的地，一般指合同目的地。本栏只填写一个具体国家（地区）的准确全称，不能填写抵达的具体城市或港口全称，更不能填写途径的中间国家、地区、港口及城市名称。

（九）付款方式（Terms of Payment）。此栏可选择以下几种支付方式填充---现金、信用证、免费、记账、本票、汇付、托收等。

（十）运输方式（Terms of Transport）。货物通关外运的方式可填写海上运输、铁路运输、公路运输、航空运输、邮政运输、自带等。

（十一）唛头—包装件数（Marks & numbers-number of packages）。此栏应按照发票内容填写。若为散装货物，此栏可不填写；若无唛头，则填写 N/M。（在出口许可证申请表中无此栏）。

（十二）商品名称及编码（Description of commodity, Commodity No.）。此栏应按照商务部发布的出口许可证管理商品名录的标准名称和统一编码填写。对不属于名录中的出口商品，商品名称填写"其他"，编码填写"9999"。

（十三）规格等级（Specification）。此栏用于对出口商品作具体说明，包括具体品种、规格、等级等，出口货物必须与此栏说明的品种、规格、等级相一致。一份许可证该栏的填写数量最多不能超过 4 个，否则应另行填写出口许可证申请表。

（十四）单位（Unit）。此栏应填写货物的计量单位。通常一次出运的货物作为一批，因此商品计量单位常填写为"批"。

（十五）数量（Quantity）。此栏填写出口许可证允许出口商品的多少，应填写实际出运数量。此栏允许保留一位小数，位数超出一位的，应四舍五入。计量单位为"批"的数量填为"1"。

（十六）单价（Unit Price）。此栏按合同成交的单价填写，是与计量单位相一致的单位价格。计量单位为"批"的，此栏应填写商品价值的总金额，整体上将该商品作为单位商品对待。

（十七）总值（Amount）。此栏为商品数量与单价的乘积，应与发票上列明的总值一致，小数部分应四舍五入取整。

（十八）总值折美元（Amount in USD）。此栏由签证机关根据国家公布的外汇牌价，将商品总值折算为美元的金额填写。

（十九）总计（Total）。将各项目的合计数分别填入对应栏目，以便从总体上把握出口业务状况。

（二十）备注（Supplementary details）。此栏为补充说明栏，填写以上各栏未尽事宜、需特别说明的内容或需强调的内容。

（二十一）发证机关盖章及发证日期（Issuing authorty's stamp &signature, Date）。由发证机关盖章并填写发证日期。

三、操作中应注意的事项是什么？

（一）许可证的内容不得擅自涂改、伪造。

（二）许可证签发后，出口单位需变更许可证内容时，应在原出口许可证和合同有效期内到原发证机关换证。否则，原出口指标视为作废，须重新申领新的许可证。

（三）出口货物报关单经营单位应与出口许可证上的出口商或发货人一致。对还贷或补偿贸易方式下的代理出口企业、代理外资企业出口的外贸企业、国家组织统一联合经营的商品（如玉米、大米、大豆、棉花、原油、成品油、煤炭、钨类、锑类）出口企业，报关单填报的经营单位也可以是许可证备注栏内注明的企业。

（四）出口许可证申请表中的出运数量应与合同、信用证和出口报关单规定的数量保持一致；实际出运数量不得超出出口许可证允许的数量；结汇时的价格不能低于许可证列明的价格。

（五）出口许可证中的贸易方式、出运口岸等项目应与出口报关单一致。

（六）许可证备注栏内不允许手工签注，如有涂改或手写内容，海关均视为无效许可证，并上报海关总署政策法规司和商务部配额许可证事务局。

（七）"非一批一证"的出口许可证可在同一个口岸多次报关，但最多不能超过 12 次。

四、如何办理出口许可证?

中华人民共和国商务部外贸司下发的《出口许可管理货物目录》中所涉及地方发证机构签发的商品。

办理流程:

1. 第一次申报的企业到相关部门办理电子钥匙。

2. 企业上网填写申请表,提交审批。

3. 市商务委在网上进行初审、复审。

4. 申请通过审批后,企业打印申请表、加盖企业公章,并带购货合同复印件,到发证部门领取许可证。

办理地址:天津市行政许可服务中心

河东区红星路 79 号一楼 13 号窗口

咨询电话:24538827

五、如何办理进口许可证?

中华人民共和国商务部外贸司下发的《进口许可管理货物目录》涉及地方发证机构签发的商品。

办理流程:

1. 第一次申报的企业到相关部门办理电子钥匙。

2. 企业上网填写申请表,提交审批。

3. 市商务委在网上进行初审、复审。

4. 申请通过审批后,企业打印申请表,加盖企业公章,并带购货合同复印件,到发证部门领取许可证。

办理地址:天津市行政许可服务中心

河东区红星路 79 号一楼 13 号窗口

咨询电话:24538827

六、机电产品自动进口许可证如何办理?

中华人民共和国商务部外贸司下发的《自动进口许可管理货物目录》中所涉及目录二的商品。

任何进口经营者,只要符合国家关于从事自动许可货物进口经营法律法规的要求,均有资格申请和获得《自动进口许可证》。属于国家指定经营管理的货物，只有指定经营企业有资格申请和获得自动进口许可证；非指定经营企业如需进口属于指定经营的货物，应委托指定经营企业代理进口，并由指定经营企业申请自动进口许可证。对以指定经营管理中有关例外规定的方式进口指定经营管理货物的，进口经营者可直接申请自动进口许可证。属于国营贸易管理的货物，国营贸易企业和非国营贸易企业申领自动进口许可证应符合国家有关国营贸易的管理规定。依据法律法规和国家产业政策，对进口货物用途或用户有特定规定的，申请自动进口许可证应符合有关的规定。

所需材料：

1. 机电产品进口申请表一式两份。

2. 委托其他人办理进口申请的应提供委托书。

3. 机电产品进口申请报告。

4. 进（出）口许可证申请表正本（加盖经营企业公章）。

5. 按有关规定须提供的材料。

6. 营业执照复印件。

7. 特殊产品的进口须提供的相关证明材料。

办理流程：

1. 企业上网填写申请表，提交审批。

2. 主管区县外经贸委在网上进行初审。

3. 市商务委在网上进行最终审批。

4. 申请通过审批后，企业打印申请表并加盖企业公章，到市行政许可服务中心窗口领取许可证，首次申请应在市商务委做网络登记。

办理地点：天津市河东区红星路 79 号天津市行政许可服务中心一楼 12 号窗口。

咨询电话：24538821

七、非机电产品自动进口许可证如何办理?

中华人民共和国商务部外贸司下发的《自动进口许可管理货物目录》中所涉及目录一的商品。

办理流程：

1. 第一次申报的企业到相关部门办理电子钥匙。

2. 企业上网填写申请表，提交审批。

3. 市商务委在网上进行初审，复审。

4. 申请通过审批后，企业打印申请表加盖企业公章和购货合同复印件，到发证部门领取许可证。

办理地址：天津市河东区红星路 79 号天津市行政许可服务中心一楼 13 号窗口。

咨询电话：24538827

八、技术进口合同许可证如何办理？

申请条件：

1. 属于自由进口，即未列入《中国禁止进口限制进口技术目录》的技术。

2. 申请企业已取得对外贸易经营资格。

3. 已由工商行政管理部门核发营业执照，并按要求进行年检。

4. 首次使用技术进出口信息管理系统，需先申领技术进出口电子钥匙 **http://www.gfapki.com.cn/support/index.jsp** 进入客户服务中心—大客户直通车——技术进出口合同。

5. 如已经申领过其他事项电子钥匙，请直接拨打技术服务热线 010 — 67870108，开通系统用户。

办理程序：

1. 登录技术进出口信息管理系统进行网上合同录入并提交，填表方法请详见"填表说明"。企业端地址：**http://gov.ec.com.cn/tech/tecimp/info.htm** 登入商务部技术进出口信息管理系统。

（注：在开发区注册的单位，报送单位选择"天津经济技术开发区"。在新技术产业园区注册的单位，报送单位选择"天津新技术产业园区"，在本市其他区县注册的单位上报"天津市商务委）

2. 提交后请注意查看"预览打印申请表"中的审核说明，按照审核说明要求修改或打印，修改后的表格将合同状态栏选为"申请"再次提交。待准予打印时打印申请表、数据表并加盖公章及负责人签字（或印章），准备报送资料。

3. 将申请材料送至所选报送单位，报送单位为"天津市商务委"的将申请材料送至天津市对外经济贸易服务中心。

4. 企业资料无误后，5 个工作日内领取《技术进口合同登记证书和数据表》。

所需材料：

1. 技术进口合同申请表、数据表。

2. 合同复印件（外文合同需附中文译本，译本可不签字）。

3. 企业法人营业执照副本复印件。

4. 对外贸易经营者备案登记表复印件（进出口资格证书或批准证书复印

件）。

5. 外方法律地位证明文件（境外公司注册证明）。

6. 提成合同，需用 A4 纸对入门费、提成费的构成做详细计算说明，并加盖单位公章。

7. 需要提交的其他材料。

上述报送材料一式一份。

技术进口合同变更所需材料（办理变更需在合同有效期内）

1. 延长合同有效期需提交：技术进口合同登记证书和数据表复印件（数据表复印件要求已付过款项需有银行签注或提供银行付款凭证）、合同复印件、双方延期协议、延期申请等。

2. 追加合同金额需提交：技术进口合同登记证书和数据表复印件（数据表复印件要求已付过款项需有银行签注或提供银行付款凭证）、合同复印件、实际发生金额的明细单、变更申请等。

解释：追加合同金额的两种情况。

1. 合同金额追加，双方协议金额变更需另签署追加金额的协议，作为合同附件。

2. 提成合同金额追加：初始登记金额若当年未使用完，可转入下年度使用，直至金额付清或余额不足支付，再提出申请追加金额。

3. 追加提成费变更申请主要内容：分析付款情况，用登记金额减去总计付款金额，反应余额情况，并写明款项付到何年何月，若没有余额写明登记金额已使用完。另预计未付款月份一年的金额，将未付款项实际发生月份金额与预计月份金额分开，计算出预计申请金额，若登记金额尚有余额，需将余额减去。汇率使用提出申请月份外汇汇率，并注明汇率及日期。

4. 追加入门费（技术指导费、援助费）要根据合同条款中的标准提出申请，申请主要内容同上。

联系方式：

天津市对外经济贸易服务中心，

电话：23025221　23036905　24538821

天津市经济技术开发区贸发局，电话：25202230

天津新技术产业园区管委会，电话：83718239

网络技术支持　电话：010-67870108

九、技术出口合同许可证如何办理?

申请条件:

1. 属于自由出口,即未列入《中国禁止出口限制出口技术目录》的技术。

2. 企业已取得对外贸易经营资格。

3. 已由工商行政管理部门核发营业执照,并按要求进行年检。

4. 首次使用技术进出口信息管理系统,需先申领技术进出口电子钥匙 **http://www.gfapki.com.cn/support/index.jsp** 进入客户服务中心—大客户直通车——技术进出口合同。

5. 如已经申领过其他事项电子钥匙,请直接拨打技术服务热线 010-67870108,开通系统用户。

办理程序:

1. 登录技术进出口信息管理系统进行网上合同录入并提交,填表方法请详见"填表说明"。企业端地址:**http://gov.ec.com.cn/tech/tecimp/info.htm** 登入商务部技术进出口信息管理系统。

(注:在开发区注册的单位,报送单位选择"天津经济技术开发区",在新技术产业园区注册的企业,报送单位选择"天津新技术产业园区"在本市其他区县注册的单位,报送单位均选择"天津市商务委)

2. 提交后请注意查看"预览打印申请表"中的审核说明,按照审核说明要求操作,修改后的表格需将状态栏选为"申请"再次提交。待准予打印时打印申请表、数据表并加盖公章及负责人签字(或印章),准备报送资料。

3. 将申请材料送至所选报送单位,报送单位为"天津市商务委"的将申请材料送至天津市对外经济贸易服务中心。

4. 企业资料无误后,5 个工作日内领取《技术出口合同登记证书和数据表》。

所需材料:

1. 技术出口合同申请表、数据表。

2. 合同复印件(外文合同需附中文译本,译本可不签字)。

3. 企业法人营业执照副本复印件。

4. 对外贸易经营者备案登记表复印件(进出口资格证书或批准证书复印件)。

5. 外方法律地位证明文件(境外公司注册证明)。

6. 需要提交的其他材料。

联系方式:

天津市对外经济贸易服务中心

电话：23025221　23036905　24538821

天津市经济技术开发区贸发局电话：25202230

天津新技术产业园区管委会电话：83718239

网络技术支持电话：010-67870108

十、软件出口合同许可证如何办理?

申请条件：

1. 已由工商行政管理部门核发营业执照，并按要求进行年检。

2. 申请企业已取得对外贸易经营资格。

办理程序：

1. 登录软件出口与服务外包合同登记管理系统。

http://fwwb.fwmys.mofcom.gov.cn/qiye

2. 企业用户在使用系统时必须先注册，通过其所属的地方管理部门的审批后才能进入系统；企业用户可以修改注册信息，修改密码。

（注：在开发区注册的单位，报送单位选择"天津经济技术开发区"。在新技术产业园区注册的单位，报送单位选择"天津新技术产业园区"，在本市其他区县注册的单位上报"天津市商务委)

经济技术开发区、新技术产业园区企业初次注册信息时，企业所属类型选择：市属企业。

本市其他区县注册的企业，初次注册信息时，企业所属类型选择：省属/国属企业。

3. 企业签订合同后，需要在系统中将合同的相关信息录入，其中包括合同基本信息录入和合同执行情况表的录入等。

4. 合同提交后，企业用户可以通过合同状态查询，查看合同的处理情况（审核中、已审核、拒绝）。

5. 企业用户在合同内容发生变更时填写合同变更单，变更的合同也需要地方管理部门的审核。

6. 将申请材料送至所选报送单位，报送单位为"天津市外经贸委"的将申请材料送至天津市对外经济贸易服务中心。

7. 企业资料无误后，5 个工作日内领取《软件出口合同登记证书》。

所需材料：

1. 合同复印件（外文合同需附中文译本，译本可不签字）。

2. 企业法人营业执照副本复印件。

3. 对外贸易经营者备案登记表复印件（进出口资格证书或批准证书复印件）。

4. 执行金额外汇进账单。

软件出口合同变更需提交：软件出口合同登记证书复印件、双方变更协议、变更申请各一份。

联系方式：

天津市对外经济贸易服务中心

电话：23025221　23036905　24538821

天津市经济技术开发区贸发局电话：25202230

天津新技术产业园区管委会电话：83718239

技术支持单位　中和志远公司　电话：010-82865246

提示：因商务部对各类证书的管理办法不定期做出调整，所以上述办理流程为 2008 年参照有效，请企业随时关注商务部的网站（**http://www.mofcom.gov.cn**）和天津市商务委的中国天津商务网（**http://www.tjcoc.gov.cn**）。

十一、易制毒化学品进出口合同许可审批如何办理？在何处办理？易制毒化学品的进出口如何审批？

（一）受理单位：易制毒化学品实行属地化管理原则，各地方省级商务部门负责本地区企业易制毒化学品初审，商务部科技司审核、商务部配额许可证事务局或当地商务厅（局）、商务委发放进出口许可证。其中，盐酸、硫酸、甲苯、丙酮、丁酮等五种易制毒化学品由各地方省级商务主管部门审核，不必转报商务部。

（二）审批范围：《易制毒化学品管理条例》所列化学品包括：第一类共 12 种，分别是：麻黄素类、1 苯基-2 丙酮、胡椒基甲基酮、胡椒酸、黄樟素、黄樟油、异黄樟素、N- 一 酰邻氨基苯酸、邻氨基苯甲酸、麦角酸、麦角胺、麦角新碱；第二类共五种：包括苯一酸、醋酸酐、三氯甲烷、乙醚、哌啶；第三类共六种，包括甲苯、丙酮、丁酮、高锰酸钾、硫酸、盐酸。上述第一类、第二类化学品盐类物质也纳入管理范围。

向缅甸、老挝出口增加 16 种：氯化铵、硫酸铜、氯化钯、醋酸钠、乙醇、氢氧化钠、碳酸钠（纯碱）、碳酸氢钠（小苏打）、活性炭、乙酸、乙酸乙酯、三氯乙醛、碘、氢碘酸、红磷、异丙醇。

麻黄素类产品进出口选核定经营企业经营外，依法享有外贸权的对外贸易经营者均可申请其他易制毒化学品进出口。

（三）申请所需资料

1. 加盖进出口企业公章的《易制毒化学品进（出）口申请表》。

2. 营业执照副本复印件。

3. 出口企业资格证书或《对外贸易经营者备案登记表》正本复印件。

4. 制毒化学品生产、经营、购买许可证或者备案证明。

5. 出口合同、协议副本复印件。

6. 本人身份证明。

7. 出口核查产品还需提供进口国政府主管部门进口许可证明文件或进口商合法使用证明文件。

（四）申请程序

1. 出口经营者向所在地省级商务主管部门提出申请，通过商务部"敏感物项核技术进出口管制政务平台"（网址：**www..mofcom.gov.cn**，进入该主页后点击科技司即可提交电子数据，电子数据经审核无误提交纸面材料。

2. 地方省级商务主管部门初审合格后将电子数据上报商务部科技司，电子数据经审核无误提交纸面材料。

3. 商务部科技司收到合格材料后进行许可，通过的由地方省级商务主管部门发放《易制毒化学品进（出）口批复单》。企业可通过申请网络查知办理进程。

4. 企业凭《批复单》到发证机构领取进出口许可证。

（五）国际核查

国家对部分易制毒化学品的进口、出口实行国际核查管理制度。《国际核查易制毒化学品管理目录》由商务部会同公安部调整、确定、公布。商务部与公安部共同负责全国易制度化学品进口、出口国际核查管理工作。

商务部将审查合格的材料转送公安部进行国际核查，公安部向进口国政府主管部门发出核查通知，并要求一定时间内予以答复，公安部将答复结果通知商务部。进口国家或地区政府主管部门逾期未能答复的，公安部可根据国际惯例、具体产品与进口国别地区等情况分析提出是否许可出口的建议并书面通知商务部。商务部据情进行许可或不许可的批复。对于国外政府主管部门向我提出的国际核查要求，公安部将有关核查要求转达给商务部进行确认，商务部核实有关情况反馈公安部。

（六）联系方法

商务部科技司网址：**http://kjs.mofcom.gov.cn**

联系电话：010-65197371，65197323，65197376

传真：65197826

商务部配额许可证事务局联系电话：010-84095551 转 7512、7513（出口一处）7525、7523（进口一处）

天津市商务委联系电话：23025221　23036905　24538821

十二、废物进口许可办理程序是什么？在何处办理？

（一）废物是指在生产建设、日常生活和其他活动中产生的污染环境的固态、半固态废弃的物质，这些物质均在《中华人民共和国固体废物污染环境防治法》管理范围之内。

（二）废物分两类进行管理：一类是禁止进口的废物；一类是可作为原料但必须严格限制进口的废物。前一类废物任何单位和个人都不准进口和其他经营活动。对可作为原料但必须严格限制进口的废物，国家制定了《限制进口类可用作原料的废物目录》和《自动进口许可类可用作原料的废物目录》，在上述目录内的废物，由国家环保总局统一审批，申领《进口废物批准证书》。

（三）具体审批单位

对进口《自动进口类可用作原料的废物目录》中的废物，由国家环保总局废物登记管理中心受理并报国家环保总局污染控制司进行审批；

对进口《限制进口类可用作原料的废物目录》中的废物要经过地级市环保局初审、省级环保局审核，报国家环保总局废物登记管理中心受理，再由国家环保总局污染控制司进行审批。

（四）审批范围

对《限制进口类可用作原料的废物目录》和《自动进口许可类可用作原料的废物目录》中所列的废物进口，国家每年要调整，进口企业可在每年除登陆国家环保总局进口登记管理中心网站 **www.wirmc.sepa.gov.cn**，从"国家法规和规范性文件"专栏查询新的目录。

（五）申请条件

1. 申请单位必须是依法成立的企业法人，并具有利用进口废物的能力和相应的污染防治设备。外贸公司可以代理废物利用单位进口。

2. 进口废五金电器、废电线电缆和废电机加工利用单位必须是国家环保总局批准的定点加工单位。

（六）需提交的材料和办理程序

1. 进口《自动进口许可类可用作原料的废物目录》中的废物

（1）填写《自动许可类进口可用作原料的固体废物申请书》（可以从废物进口登记管理中心网站"管理动态"专栏下载），并加盖申领单位印章。

（2）废物利用单位营业执照复印件。

（3）废物利用单位组织机构代码证书复印件。

（4）废物进口单位组织机构代码证书复印件。

（5）废物进口单位的自理报关单位注册登记证明书复印件。

（6）境外供货商注册证书复印件。

（7）由申请单位自行委托经国家环保总局认定的、具有进口废物环境风险评价资质的单位对其进行评价并出具的《进口废物环境风险评价报告书/表》。

2. 进口《限制进口类可用作原料的废物目录》中废物

（1）填写《限制进口类可用作原料的废物进口申请书》（可从废物进口登记管理中心网站"管理动态"专栏下载），并加盖申领单位印章。

（2）进口废物环境风险评价报告。

（3）废物利用单位营业执照复印件。

（4）废物利用组织机构代码证书复印件。

（5）废物进口单位组织机构代码证书复印件。

（6）废物进口单位的自理报关单位注册登记证明书复印件。

（7）外供货商注册书复印件。

（8）申请单位自行委托国家环保总局认定的具有进口废物环境风险评价资质的单位对其进行评价并出具的《进口废物环境风险评价报告书/表》，进口废钢铁的钢铁冶炼企业须提交企业所在地地级市环保局出具的污染物达标排放证明。

（9）其他需提交的材料。

可用作原料的固体废物申请书只能填写一个报关口岸。申请书必须是打印的，填写内容应真实准确，手写、涂改均无效。

3. 由国家环保总局废物进口登记管理中心直接受理并审批的进口废物，可直接邮寄或以其他方式上报废物进口登记管理中心；进口限制类废物的申请须经利用单位所在地地市级环保局初审和省级环保局审查同意后，由省级环保局列出清单，统一邮寄或以其他方式送达废物进口登记中心。特殊情况下，由废物利用单位自行送达材料的，申请材料由省级环保局加盖公章密封，废物进口登记中心凭废物利用单位所在地省级环保局的介绍信受理。

（七）审批时限

地市级环保局初审约 4 个工作日，省级环保局审核约 7 个工作日，凡符合要求的申请，废物进口登记中心在污染控制司审批后签发《进口废物批准证书》。

联系方式：

国家环保总局废物进口登记管理中心地址：北京市朝阳区育慧南路 1 号 A

栋 1006

　　电话：010 – 86436376，86437722，转 2316、5006

　　传真：010 – 86436376，84653059

十三、其他商品许可证如何办理？在何处办理？

其他商品许可证包括敏感物项和技术出口的许可证的审批、特殊商品（消耗臭氧层物质及其他商品）进出口许可的审批、国家濒管办对野生动植物进出口许可证如何办理、麻醉药品进出口许可证如何办理、有毒化学品的出口许可如何办理、农药进出口登记证明如何办理、饲料鸡饲料添加剂制品的进口审批如何办理、动物用药品及疫苗的进口审批如何办理等，可咨询天津市外经贸服务中心。

咨询电话：23025221　23036905　24538821

第七节　领事认证

领事认证是指：外国驻华使（领）馆对我国出口企业所提交的商业单据和文件加以认证，确认和证明单据文件上的最后一个签字、印章属实。

一、代办领事认证的范围是什么？

1. 用于通关结汇的各类商业单证，如原产地证、商业发票、装箱单、提单、商检证、屠宰证、船证明、保险单等。

2. 用于涉外商贸活动的各类证明文件，如合同、报关单、授权书、代理协议、营业执照、资信证明、投标文件等。

3. 其他与涉外商贸活动相关须办理领事认证的文件。

二、申办领事认证的程序是什么？

1. 填写委托书或填写代办领事认证申办表。

2. 提交驻华使领馆认证所需要的文件复印件或其他材料。

3. 予交代办费以及领事认证所需的各种费用。

三、在何处办理?

天津贸促会

地址：天津市和平区曲阜道 85 号国贸大楼　300042

联系方式：022-23301343

传真：022-23301344

网站：**http://www.ccpit-tj.org/cn/**

第八节　商品检验、检疫

　　商品检验是在国际货物买卖中，对于卖方交付的货物的质量、数量和包装进行检验，已确定合同标的是否符合买卖合同的规定；有时还对装运技术条件和货物在装卸运输过程中发生的残损、短缺进行检验和鉴定，以明确事故的起因和责任的归属；货物的检验还包括根据一国的法律或行政法规对某些进出口货物或有关的事项进行质量、数量、包装、卫生、安全等方面的强制性检验或检疫。

　　所谓法检商品是我国现行的法律、行政法规或国际条约、协议规定，有一部分进出口商品及其运输工具必须经过检验检疫机构的检验。未经检验合格的，不能出口或不能在国内销售、使用。这类商品及其运输工具的报验称为法定检验报验。

◎ 出境货物报验报检

一、对出境货物报检时间和地点有何要求?

　　1. 属于法检范围内的出口商品，发货人应当于接到合同或信用证后备货出口前，在检验检疫机构规定的地点和期限向检验检疫机构报验。非法检商品，如果合同约定由检验检疫机构检验的，也应按照上述要求办理。

　　2. 属于在产地检验后，需要在口岸换证出口的商品，发货人应在检验检疫机构所规定期限内向口岸检验检疫机构报请查验换证。

　　3. 盛装危险货物出口的包装容器及属于法定检验范围内的出口商品包装容器，包括生产企业应在将包装容器交付有关商品生产企业使用之前向检验检疫机构申报性能检验；在装货出口前，出口经营单位应向检验检疫机构申报使用鉴定。

4. 对装运出口易腐烂变质的食品，冷冻品的船舱、集装箱等运载工具，承运人、装箱单位或代理人必须在装运前向检验检疫机构申请清洁、卫生、冷藏、密固等适载检验。

5. 经检验检疫机构检验合格的出口商品或其运载工具，逾期报运出口的，发货人或承运人必须向检验检疫机构报验。

时间：

出境货物最迟应在出口报关或装运前 7 天报检；

需隔离检疫的出境动物在出境前 60 天预报，隔离前 7 天检验；

地点：

法检商品，除活动物由口岸检验检疫机构实施检验检疫外，原则上在产地进行检验检疫；

二、出境货物报检应提交哪些单据？

1. 出口货物报验单并签名盖章。

2. 合同、信用证正本复印件或副本，合同如有补充协议的提供补充协议书。凡属于鲜活法检范围内的商品，在申请品质、规格、数量、重量、安全、卫生检验时，必须提交检验检疫机构签发的出口商品包装性能检验合格单证，检验检疫机构凭此受理上述各项报验手续。

3. 凭样品成交的商品，须提供经国外买方确认、双方签封或合同、信用证已明确须经检验检疫机构签封的样品。对于临时看样成交的商品，申请人还必须将样品的编号送交检验检疫机构一份。对于服装、纺织品、皮鞋、工艺品等商品，在报验时，还应提交文字表达不了的样卡、色卡或实物样品。

4. 属于必须向检验检疫机构办理卫生注册和出口商品质量许可证的商品，报验时必须提供检验检疫机构签发的卫生注册证书或出口质量许可证编号和厂检合格单。冷冻、水产、畜产品和罐头食品等须在办理卫生检验时，必须交付检疫机构签发的卫生注册证书和厂检合格单。

5. 经发运地检验检疫机构检验合格的商品，须在口岸申请换证的，必须交付发运地检验检疫机构签发的《出口商品检验换证凭单》正本。

6. 经生产经营部门检验的，应提交其检验结果单。

7. 第一次检验不合格的，经返工整理后申请重新检验的，应交付原来的检验检疫机构签发的不合格通知单和返工整理记录。

8. 申请重量、数量鉴定的，应交付重量明细单、装箱单等资料。

9. 申请积载鉴定、监视装载的，应提供配载图、配载计划等资料。

10. 申请出口商品包装使用鉴定的，应交付检验检疫机构签发的包装性能检验合格单。

11. 申请委托检验时，报验人应填写"委托检验申请单"并提交检验样品、检验标准和方法。国外委托人在办理检验手续时，还应提交有关函电、资料。

三、在何处办理出境货物报验手续?

出境货物报验可通过"中国检验检疫电子业务平台"进行注册登记备案后，进行申报办理。

网址如下：

http://www.eciq.cn； http://www.ciq.net.cn

受理单位：天津市出入境检验检疫局

地址：天津经济技术开发区第二大街兆发新村 8 号

联系电话：022-66298955

市内办公处：天津市河西区友谊路 33 号

联系电话：022-28377090

领证地址：天津市行政许可服务中心

天津市河东区红星路 79 号 一楼 9 号窗口

电话：022-24538037

◎ 入境货物报验报检

一、对入境货物报检的时间和地点有何要求?

时间

1. 一般货物应在入境前或入境时向报关地检验检疫机构办理报检。

2. 特殊物品，如微生物、人体组织、生物制品、血液及其制品或种畜、禽及其精液、胚胎、受精卵应在入境前 30 天报检。

3. 其他动物，应在入境前 15 天办理报检。

4. 植物、种子、种苗及其他繁殖材料的，应在入境前 7 天办理报检。

5. 入境货物索赔需要出证，应在索赔有效期前 20 天内在入境口岸或货物到达的检验检疫机构办理。

地点：

1. 一般货物在报关地检验检疫机构报检。

2. 各类许可证、审批单中规定了检验检疫地点的，按规定地点办理报检。

3. 大宗的散装货、易腐变质货、废旧物品，或在卸货时发现包装破损或重量、数量发生短缺的，在入境口岸办理报检。

4. 需安装调试进行检验的成套设备、机电仪产品，应在收货人所在地进行报检。

二、入境货物报检应提交哪些单据?

（一）《入境货物报检单》、外贸合同、发票、提（运）单、装箱单。

（二）动植物及其产品，除提供原产地证外，还必须提供输出国官方检疫证书，需要办理入境审批手续的，还需要提供入境动物及其产品的检疫许可证。

（三）食品报检，须提供《进出口食品标签审核证书》或《标签审核受理证明》。

（四）化妆品入境，应提供《进出口化妆品标签审核证书》或《标签审核受理证明》;

（五）凡实施安全质量许可、卫生注册、强制性产品认证、民用商品认证或其他需经审批、审核的进口货物，应提供有关审批文件。

（六）废物入境，应提供环保部门签发的《进口废物批准证书》、废物利用风险报告和检验、检疫机构签发的装运前检验合格证书。

（七）旧的机电产品报检，应提供商务部机电司或地方机电办签发的自动进口许可证。

（八）商品检验报检，应提供国外品质证书或质量保证书、产品说明书及有关的标准和技术资料;凭样成交的，要提交成交样品;以品级或公量计价结算的，申请重量鉴定，要提供重量明细单、理货清单等;申请残损鉴定应提供理货残损单、铁路商务记录、空运事故记录、海事报告等证明货损情况的证单;货物经收、用货部门验收或其他部门检测的，应随附验收报告或检测结果及重量明细单。

（九）自 2006 年 1 月 1 日起，自美国、日本、欧盟和韩国的入境货物报检时，木质包装全应加施国际植物保护公约确定的专用标识。

（十）特殊物品入境，应提供有关的批件或规定的文件、因科研特殊需要。输入禁止入境的货物,应提供国家质量监督检验检疫总局签发的特许审批证明。

三、在何处办理入境货物报验手续?

入境货物报验可通过"中国检验检疫电子业务平台"进行注册登记备案后,进行申报办理。

网址如下:

http://www.eciq.cn; http://www.ciq.net.cn

受理单位:天津市出入境检验检疫局

地址:天津市经济技术开发区第二大街兆发新村 8 号

电话:022-66298955

市内办公处:天津市河西区友谊路 33 号(原商检局)

电话:022-28377090

第九节 报关

海关是国家设在口岸的进出关境的监督管理机关。按照《中华人民共和国海关法》规定:凡是进出关境的货物,必须由设有海关的港口、车站、国际航空站进出,并由货物的所有人向海关申报,经过海关查验放行后,货物方可提取或装运出口。

所谓通关,就是进出境的运输工具的负责人、货物的收发货人及其代理人、物品的所有人向海关申办进出口货物的进出口手续,海关对其呈交的单证和申请进出口的货物依法进行审核、查验、征缴税费,批准进口或出口的全过程。下面就进、出口报关的有关事项作一简述。

◎ 出口报关

一、海关对出口报关的期限有何规定?

报关期限是指货物送到口岸后,法律规定收、发货人或其代理人向海关报关的时间限制。对出口货物的申报时间与期限:根据《海关法》第 18 条、第 21 条的规定,出口货物的发货人除海关特准外,应当在装货的 24 小时以前向海关申报。规定出口货物的报关期限主要是为了留给海关一定的时间,办理正常的查验和征税等手续,以维护口岸的正常货运秩序。除发运紧急的鲜活、维修和赶船期货物等特殊情况之外,在装货的 24 小时以内申报的货物一般暂缓受理。

二、出口企业报关须提交什么文件和单证?

出口报关时，企业应提供如下单据:

（一）出口货物报关单。报关单是海关对出口货物进行监管、查验、征税和统计的基本单据。目前使用得出口报关单有四种:普通报关单（白色），"来料加工、补偿贸易专用"报关单（浅绿色）、"进料加工专用"报关单（粉红色）和"出口退税专用"报关单（黄色）。适合于不同贸易方式的需要。

（二）出口许可证。经国家正式批准有外贸经营权的单位，在其经营范围内，出口不实行许可证管理的商品，可免领出口许可证。如出口超出其经营范围的商品，以及国家规定必须申领出口许可证的商品，应向海关交验出口许可证或国家规定的其他批准文件。

（三）装货单或运单。装货单是船公司或其代理签发给托运人的通知船方装货的凭证（非海运方式为运单），海关查验放行后，在装运单或运单上加盖放行章还给报关人凭以装运货物出口。

（四）发票。是海关审定完税价格的重要依据。报关允许使用简式发票。

（五）装箱单。是发票内容的补充，说明货物的具体规格数量。

（六）出口收汇核销单。海关办妥结关手续后，加盖海关章，出口企业凭以向外汇管理局办理核销。

（七）海关认为必要时应交验的贸易合同、产地证和其他有关证明。

三、出口报关单的内容和填写方法是什么?

出口报关单的主要内容和填写方法如下（出口报关单样本见附录6）:

（一）预录入编号

本栏目填报预录入报关单的编号，预录入编号规则由接受申报的海关决定。

（二）海关编号

本栏目填报海关接受申报时给予报关单的编号，一份报关单对应一个海关编号。

报关单海关编号为18位，其中第1—4位为接受申报海关的编号（海关规定的《关区代码表》中相应海关代码），第5—8位为海关接受申报的公历年份，第 9 位为进出口标志（"1"为进口，"0"为出口；集中申报清单"I"为进口，"E"为出口），后 9 位为顺序编号。在海关 H883/EDI 通关系统向 H2000 通关系统过渡期间，后 9 位的编号规则同 H883/EDI 通关系统的要求，即 1－2 位为接受申报海关的编号（海关规定的《关区代码表》中相应海关代码的后 2 位），第 3 位为海关接受申报公历年份 4 位数字的最后 1 位，后 6 位为顺序编号。

（三）出口口岸

本栏目应根据货物实际出境的口岸海关，填报海关规定的《关区代码表》中相应口岸海关的名称及代码。特殊情况填报要求如下：

出口转关运输货物应填报货物出境地海关名称及代码。按转关运输方式监管的跨关区深加工结转货物，出口报关单填报转出地海关名称及代码。

在不同海关特殊监管区域或保税监管场所之间调拨、转让的货物，填报对方特殊监管区域或保税监管场所所在的海关名称及代码。

其他无实际进出境的货物，填报接受申报的海关名称及代码。

（四）备案号

本栏目填报进出口货物收发货人在海关办理加工贸易合同备案或征、减、免税备案审批等手续时，海关核发的《中华人民共和国海关加工贸易手册》、电子账册及其分册（以下统称《加工贸易手册》）、《进出口货物征免税证明》（以下简称《征免税证明》）或其他备案审批文件的编号。

一份报关单只允许填报一个备案号。具体填报要求如下：

1. 加工贸易项下货物，除少量低值辅料按规定不使用《加工贸易手册》及以后续补税监管方式办理内销征税的外，填报《加工贸易手册》编号。

使用异地直接报关分册和异地深加工结转出口分册在异地口岸报关的，本栏目应填报分册号；本地直接报关分册和本地深加工结转分册限制在本地报关，本栏目应填报总册号。

加工贸易成品凭《征免税证明》转为减免税进口货物的，进口报关单填报《征免税证明》编号，出口报关单填报《加工贸易手册》编号。

对加工贸易设备之间的结转，转入和转出企业分别填制进、出口报关单，在报关单"备案号"栏目填报《加工贸易手册》编号。

2. 涉及征、减、免税备案审批的报关单，填报《征免税证明》编号。

3. 涉及优惠贸易协定项下实行原产地证书联网管理（香港 CEPA、澳门 CEPA，下同）的报关单，填报原产地证书代码"Y"和原产地证书编号。

4. 减免税货物退运出口，填报《减免税进口货物同意退运证明》的编号；减免税货物补税进口，填报《减免税货物补税通知书》的编号；减免税货物结转进口（转入），填报《征免税证明》的编号；相应的结转出口（转出），填报

《减免税进口货物结转联系函》的编号。

5. 涉及构成整车特征的汽车零部件的报关单，填报备案的 Q 账册编号。

（五）合同协议号

本栏目填报出口货物合同（包括协议或订单）编号。

（六）出口日期

出口日期指运载出口货物的运输工具办结出境手续的日期，本栏目供海关签发打印报关单证明联用，在申报时免予填报。

无实际进出境的报关单填报海关接受申报的日期。

本栏目为 8 位数字，顺序为年（4 位）、月（2 位）、日（2 位）。

（七）申报日期

申报日期指海关接受出口货物发货人、受委托的报关企业申报数据的日期。以电子数据报关单方式申报的，申报日期为海关计算机系统接受申报数据时记录的日期。以纸质报关单方式申报的，申报日期为海关接受纸质报关单并对报关单进行登记处理的日期。

申报日期为 8 位数字，顺序为年（4 位）、月（2 位）、日（2 位）。本栏目在申报时免予填报。

（八）经营单位

本栏目填报在海关注册登记的对外签订并执行出口贸易合同的中国境内法人、其他组织或个人的名称及海关注册编码。

特殊情况下填制要求如下：

1. 出口货物合同的签订者和执行者非同一企业的，填报执行合同的企业。

2. 外商投资企业委托进出口企业进口投资设备、物品的，填报外商投资企业，并在标记唛码及备注栏注明"委托某进出口企业进口"。

3. 有代理报关资格的报关企业代理其他进出口企业办理进出口报关手续时，填报委托的进出口企业的名称及海关注册编码。

（九）发货单位

1. 发货单位填报出口货物在境内的生产或销售单位的名称，包括：

（1）自行出口货物的单位。

（2）委托进出口企业出口货物的单位。

2. 有海关注册编码或加工企业编码的发货单位，本栏目应填报其中文名称及编码；没有编码的应填报其中文名称。使用《加工贸易手册》管理的货物，报关单的收、发货单位应与《加工贸易手册》的"经营企业"或"加工企业"一致；减免税货物报关单的收、发货单位应与《征免税证明》的"申请单位"一致。

（十）申报单位

自理报关的，本栏目填报出口企业的名称及海关注册编码；委托代理报关的，本栏目填报经海关批准的报关企业名称及海关注册编码。

本栏目还包括报关单左下方用于填报申报单位有关情况的相关栏目，包括报关员、报关单位地址、邮政编码和电话号码等栏目。

（十一）运输方式

运输方式包括实际运输方式和海关规定的特殊运输方式，前者指货物实际进出境的运输方式，按进出境所使用的运输工具分类；后者指货物无实际进出境的运输方式，按货物在境内的流向分类。

本栏目应根据货物实际进出境的运输方式或货物在境内流向的类别，按照海关规定的《运输方式代码表》选择填报相应的运输方式。

1. 特殊情况填报要求如下：

（1）非邮件方式进出境的快递货物，按实际运输方式填报。

（2）出境旅客随身携带的货物，按旅客所乘运输工具填报。

（3）出口转关运输货物，按载运货物驶离出境地的运输工具填报。

（4）不复运出境而留在境内销售的进出境展览品、留赠转卖物品等，填报"其他运输"（代码9）。

2. 无实际出境货物在境内流转时填报要求如下：

（1）境内非保税区运入保税区货物和保税区退区货物，填报"非保税区"（代码0）。

（2）保税区运往境内非保税区货物，填报"保税区"（代码7）。

（3）境内存入出口监管仓库和出口监管仓库退仓货物，填报"监管仓库"（代码1）。

（4）保税仓库转内销货物，填报"保税仓库"（代码8）。

（5）从境内保税物流中心外运入中心或从中心运往境内中心外的货物，填报"物流中心"（代码W）。

（6）从境内保税物流园区外运入园区或从园区运往境内园区外的货物，填报"物流园区"（代码X）。

（7）从境内保税港区外运入港区（不含直通）或从港区运往境内港区外（不含直通）的货物，填报"保税港区"（代码Y），综合保税区比照保税港区填报。

（8）从境内出口加工区、珠澳跨境工业区珠海园区（以下简称珠海园区）外运入加工区、珠海园区或从加工区、珠海园区运往境内区外的货物，区外企业填报"出口加工区"（代码Z），区内企业填报"其他运输"（代码9）。

（9）境内运入深港西部通道港方口岸区的货物，填报"边境特殊海关作业区"（代码 H）。

（10）其他境内流转货物，填报"其他运输"（代码 9），包括特殊监管区域内货物之间的流转、调拨货物，特殊监管区域、保税监管场所之间相互流转货物，特殊监管区域外的加工贸易余料结转、深加工结转、内销等货物。

（十二）运输工具名称

本栏目填报载运货物进出境的运输工具名称或编号。填报内容应与运输部门向海关申报的舱单（载货清单）所列相应内容一致。具体填报要求如下：

1. 直接在出境地或采用"属地申报，口岸验放"通关模式办理报关手续的报关单填报要求如下：

（1）水路运输：填报船舶编号（来往港澳小型船舶为监管簿编号）或者船舶英文名称。

（2）公路运输：填报该跨境运输车辆的国内行驶车牌号，深圳提前报关模式的报关单填报国内行驶车牌号+"/"+"提前报关"。

（3）铁路运输：填报车厢编号或交接单号。

（4）航空运输：填报航班号。

（5）邮件运输：填报邮政包裹单号。

（6）其他运输：填报具体运输方式名称，例如：管道、驮畜等。

2. 转关运输货物的报关单填报要求如下：

（1）水路运输：非中转填报"@"+16 位转关申报单预录入号（或 13 位载货清单号）。如多张报关单需要通过一张转关单转关的，运输工具名称字段填报"@"。

中转货物，境内水路运输填报驳船船名；境内铁路运输填报车名（主管海关 4 位关别代码+"TRAIN"）；境内公路运输填报车名（主管海关 4 位关别代码+"TRUCK"）。

（2）铁路运输：填报"@"+16 位转关申报单预录入号（或 13 位载货清单号），如多张报关单需要通过一张转关单转关的，填报"@"。

（3）航空运输：填报"@"+16 位转关申报单预录入号（或 13 位载货清单号），如多张报关单需要通过一张转关单转关的，填报"@"。

（4）其他运输方式：填报"@"+16 位转关申报单预录入号（或 13 位载货清单号）。

3. 采用"集中申报"通关方式办理报关手续的，报关单本栏目填报"集中申报"。

4. 无实际进出境的报关单，本栏目免予填报。

（十三）航次号

本栏目填报载运货物进出境的运输工具的航次编号。

具体填报要求如下：

1. 直接在出境地或采用"属地申报，口岸验放"通关模式办理报关手续的报关单

（1）水路运输：填报船舶的航次号。

（2）公路运输：填报运输车辆的 8 位进出境日期〔顺序为年（4 位）、月（2 位）、日（2 位），下同〕。

（3）铁路运输：填报列车的进出境日期。

（4）航空运输：免予填报。

（5）邮件运输：填报运输工具的进出境日期。

（6）其他运输方式：免予填报。

2. 转关运输货物的报关单

（1）水路运输：非中转货物免予填报。中转货物：境内水路运输填报驳船航次号；境内铁路、公路运输填报 6 位启运日期〔顺序为年（2 位）、月（2 位）、日（2 位）〕。

（2）铁路拼车拼箱捆绑出口：免予填报。

（3）航空运输：免予填报。

（4）其他运输方式：免予填报。

3. 无实际进出境的报关单，本栏目免予填报。

（十四）提运单号

本栏目填报进出口货物提单或运单的编号。

一份报关单只允许填报一个提单或运单号，一票货物对应多个提单或运单时，应分单填报。

具体填报要求如下：

1. 直接在进出境地或采用"属地申报，口岸验放"通关模式办理报关手续的

（1）水路运输：填报进出口提单号。如有分提单的，填报进出口提单号+"*"+分提单号。

（2）公路运输：免予填报。

（3）铁路运输：填报运单号。

（4）航空运输：填报总运单号+"_"+分运单号，无分运单的填报总运单号。

（5）邮件运输：填报邮运包裹单号。

2. 转关运输货物的报关单

（1）水路运输：中转货物填报提单号；非中转货物免予填报；广东省内汽车运输提前报关的转关货物，填报承运车辆的车牌号。

（2）其他运输方式：免予填报。广东省内汽车运输提前报关的转关货物，填报承运车辆的车牌号。

3. 采用"集中申报"通关方式办理报关手续的，报关单填报归并的集中申报清单的进出口起止日期〔按年（4位）月（2位）日（2位）年（4位）月（2位）日（2位）〕。

4. 无实际进出境的，本栏目免予填报。

（十五）贸易方式（监管方式）

本栏目应根据实际对外贸易情况按海关规定的《监管方式代码表》选择填报相应的监管方式简称及代码。一份报关单只允许填报一种监管方式。

特殊情况下加工贸易货物监管方式填报要求如下：

1. 进口少量低值辅料（即5000美元以下，78种以内的低值辅料）按规定不使用《加工贸易手册》的，填报"低值辅料"。使用《加工贸易手册》的，按《加工贸易手册》上的监管方式填报。

2. 外商投资企业为加工内销产品而进口的料件，属非保税加工的，填报"一般贸易"。

外商投资企业全部使用国内料件加工的出口成品，填报"一般贸易"。

3. 加工贸易料件结转或深加工结转货物，按批准的监管方式填报。

4. 加工贸易料件转内销货物以及按料件办理进口手续的转内销制成品、残次品、半成品，应填制进口报关单，填报"来料料件内销"或"进料料件内销"；加工贸易成品凭《征免税证明》转为减免税进口货物的，应分别填制进、出口报关单，出口报关单本栏目填报"来料成品减免"或"进料成品减免"，进口报关单本栏目按照实际监管方式填报。

5. 加工贸易出口成品因故退运进口及复运出口的，填报"来料成品退换"或"进料成品退换"；加工贸易进口料件因换料退运出口及复运进口的，填报"来料料件退换"或"进料料件退换"；加工贸易过程中产生的剩余料件、边角料退运出口，以及进口料件因品质、规格等原因退运出口且不再更换同类货物进口的，分别填报"来料料件复出"、"来料边角料复出"、"进料料件复出"、"进料边角料复出"。

6. 备料《加工贸易手册》中的料件结转转入加工出口《加工贸易手册》的，填报"来料加工"或"进料加工"。

7. 保税工厂加工贸易进出口货物，根据《加工贸易手册》填报"来料加工"或"进料加工"。

8. 加工贸易边角料内销和副产品内销，应填制进口报关单，填报"来料边角料内销"或"进料边角料内销"。

9. 加工贸易进口料件不再用于加工成品出口，或生产的半成品（折料）、成品因故不再出口，主动放弃交由海关处理时，应填制进口报关单，填报"料件放弃"或"成品放弃"。

（十六）征免性质

本栏目应根据实际情况按海关规定的《征免性质代码表》选择填报相应的征免性质简称及代码，持有海关核发的《征免税证明》的，应按照《征免税证明》中批注的征免性质填报。一份报关单只允许填报一种征免性质。

加工贸易货物报关单应按照海关核发的《加工贸易手册》中批注的征免性质简称及代码填报。特殊情况填报要求如下：

1. 保税工厂经营的加工贸易，根据《加工贸易手册》填报"进料加工"或"来料加工"。

2. 外商投资企业为加工内销产品而进口的料件，属非保税加工的，填报"一般征税"或其他相应征免性质。

3. 加工贸易转内销货物，按实际情况填报（如一般征税、科教用品、其他法定等）。

4. 料件退运出口、成品退运进口货物填报"其他法定"（代码0299）。

5. 加工贸易结转货物，本栏目免予填报。

（十七）结汇方式

出口报关单填报结汇方式，按海关规定的《结汇方式代码表》选择填报相应的结汇方式名称或代码。

（十八）许可证号

本栏目填报以下许可证的编号：出口许可证、两用物项和技术进（出）口许可证、两用物项和技术出口许可证（定向）、纺织品临时出口许可证、出口许可证（加工贸易）、出口许可证（边境小额贸易）。

一份报关单只允许填报一个许可证号。

（十九）启运国（地区）

启运国（地区）填报进口货物启始发出直接运抵我国、或者在运输中转国（地）未发生任何商业性交易的情况下运抵我国的国家（地区）。

不经过第三国（地区）转运的直接运输进出口货物，以进口货物的装货港所在国（地区）为启运国（地区），以出口货物的指运港所在国（地区）为运抵国（地区）。

经过第三国（地区）转运的进出口货物，如在中转国（地区）发生商业性交易，则以中转国（地区）作为启运/运抵国（地区）。

本栏目应按海关规定的《国别（地区）代码表》选择填报相应的启运国（地区）或运抵国（地区）中文名称及代码。

无实际进出境的，填报"中国"（代码142）。

（二十）装货港

装货港填报进口货物在运抵我国关境前的最后一个境外装运港。

本栏目应根据实际情况按海关规定的《港口航线代码表》选择填报相应的港口中文名称及代码。装货港/指运港在《港口航线代码表》中无港口中文名称及代码的，可选择填报相应的国家中文名称或代码。

无实际进出境的，本栏目填报"中国境内"（代码142）。

（二十一）境内货源地

境内货源地填报出口货物在国内的产地或原始发货地。出口货物产地难以确定的，填报最早发运该出口货物的单位所在地。

本栏目按海关规定的《国内地区代码表》选择填报相应的国内地区名称及代码。

（二十二）批准文号

出口报关单中本栏目填报出口收汇核销单编号。

（二十三）成交方式

本栏目应根据进出口货物实际成交价格条款，按海关规定的《成交方式代码表》选择填报相应的成交方式代码。

无实际进出境的报关单，进口填报CIF，出口填报FOB。

（二十四）运费

本栏目填报出口货物运至我国境内输出地点装载后的运输费用。出口货物成交价格不包含前述运输费用的，本栏目免于填报。

运费可按运费单价、总价或运费率三种方式之一填报，注明运费标记（运费标记"1"表示运费率，"2"表示每吨货物的运费单价，"3"表示运费总价），并按海关规定的《货币代码表》选择填报相应的币种代码。

运保费合并计算的，填报在本栏目。

（二十五）保费

本栏目填报出口货物运至我国境内输出地点装载后的保险费用。出口货物成交价格不包含前述保险费用的，本栏目免于填报。

保费可按保险费总价或保险费率两种方式之一填报，注明保险费标记（保险费标记"1"表示保险费率，"3"表示保险费总价），并按海关规定的《货币代码表》选择填报相应的币种代码。

运保费合并计算的，本栏目免予填报。

（二十六）杂费

本栏目填报成交价格以外的、按照《中华人民共和国进出口关税条例》相关规定应计入完税价格或应从完税价格中扣除的费用。可按杂费总价或杂费率两种方式之一填报，注明杂费标记（杂费标记"1"表示杂费率，"3"表示杂费总价），并按海关规定的《货币代码表》选择填报相应的币种代码。

应计入完税价格的杂费填报为正值或正率，应从完税价格中扣除的杂费填报为负值或负率。

（二十七）件数

本栏目填报有外包装的进出口货物的实际件数。特殊情况填报要求如下：

1. 舱单件数为集装箱的，填报集装箱个数。

2. 舱单件数为托盘的，填报托盘数。

本栏目不得填报为零，裸装货物填报为"1"。

（二十八）包装种类

本栏目应根据进出口货物的实际外包装种类，按海关规定的《包装种类代码表》选择填报相应的包装种类代码。

（二十九）毛重（千克）

本栏目填报进出口货物及其包装材料的重量之和，计量单位为千克，不足一千克的填报为"1"。

（三十）净重（千克）

本栏目填报进出口货物的毛重减去外包装材料后的重量，即货物本身的实际重量，计量单位为千克，不足一千克的填报为"1"。

（三十一）集装箱号

本栏目填报装载进出口货物（包括拼箱货物）集装箱的箱体信息。一个集装箱填一条记录，分别填报集装箱号（在集装箱箱体上标示的全球唯一编号）、集装箱的规格和集装箱的自重。非集装箱货物填报为"0"。

（三十二）随附单证

本栏目根据海关规定的《监管证件代码表》选择填报除本规范第十八条规定的许可证件以外的其他进出口许可证件或监管证件代码及编号。

本栏目分为随附单证代码和随附单证编号两栏，其中代码栏应按海关规定的《监管证件代码表》选择填报相应证件代码；编号栏应填报证件编号。

1. 加工贸易内销征税报关单，随附单证代码栏填写"c"，随附单证编号栏填写海关审核通过的内销征税联系单号。

2. 含预归类商品报关单，随附单证代码项下填写"r"，随附单证编号项下填写 XX 关预归类书 XX 号。

3. 优惠贸易协定项下进出口货物

"Y"为原产地证书代码。优惠贸易协定代码选择"01"、"02"、"03"、"04"、"05"、"06"、"07"、"08"、"09"填报：

"01"为"亚太贸易协定"项下的进口货物；

"02"为"中国－东盟自贸区"项下的进口货物；

"03"为"内地与香港紧密经贸关系安排"（香港 CEPA）项下的进口货物；

"04"为"内地与澳门紧密经贸关系安排"（澳门 CEPA）项下的进口货物；

"05"为"对非洲特惠待遇"项下的进口货物；

"06"为"台湾农产品零关税措施"项下的进口货物；

"07"为"中巴自贸区"项下的进口货物；

"08"为"中智自贸区"项下的进口货物；

"09"为"对也门等国特惠待遇"项下的进口货物。

具体填报要求如下：

（1）实行原产地证书联网管理的，随附单证代码栏填写"Y"，随附单证编号栏的"<>"内填写优惠贸易协定代码。例如香港 CEPA 项下进口商品，应填报为："Y"和"<03>"。一票进口货物中如涉及多份原产地证书或含有非原产地证书商品，应分单填报。

（2）未实行原产地证书联网管理的，随附单证代码栏填写"Y"，随附单证编号栏"<>"内填写优惠贸易协定代码+":"+需证商品序号。例如《亚太贸易协定》项下进口报关单中第 1 到第 3 项和第 5 项为优惠贸易协定项下商品，应填报为："<01:1-3,5>"。

优惠贸易协定项下出口货物，本栏目填报原产地证书代码和编号。

（三十三）生产厂家

出口货物本栏目填报其境内生产企业。

（三十四）标记唛码及备注

本栏目填报要求如下：

1. 标记唛码中除图形以外的文字、数字。

2. 受外商投资企业委托代理其进口投资设备、物品的进出口企业名称。

3. 与本报关单有关联关系的，同时在业务管理规范方面又要求填报的备案号，填报在电子数据报关单中"关联备案"栏。

加工贸易结转货物及凭《征免税证明》转内销货物，其对应的备案号应填报在"关联备案"栏。

减免税货物结转进口（转入），报关单"关联备案"栏应填写本次减免税货物结转所申请的《减免税进口货物结转联系函》的编号。

减免税货物结转出口（转出），报关单"关联备案"栏应填写与其相对应的进口（转入）报关单"备案号"栏中《征免税证明》的编号。

4. 与本报关单有关联关系的，同时在业务管理规范方面又要求填报的报关单号，填报在电子数据报关单中"关联报关单"栏。

加工贸易结转类的报关单，应先办理进口报关，并将进口报关单号填入出口报关单的"关联报关单"栏。

办理进口货物直接退运手续的，除另有规定外，应当先填写出口报关单，再填写进口报关单，并将出口报关单号填入进口报关单的"关联报关单"栏。

减免税货物结转出口（转出），应先办理进口报关，并将进口（转入）报关单号填入出口（转出）报关单的"关联报关单"栏。

5. 办理进口货物直接退运手续的，本栏目填报《准予直接退运决定书》或者《责令直接退运通知书》编号。

6. 申报时其他必须说明的事项填报在本栏目。

（三十五）项号

本栏目分两行填报及打印。第一行填报报关单中的商品顺序编号；第二行专用于加工贸易、减免税等已备案、审批的货物，填报和打印该项货物在《加工贸易手册》或《征免税证明》等备案、审批单证中的顺序编号。

优惠贸易协定项下实行原产地证书联网管理的报关单，第一行填报报关单中的商品顺序编号，第二行填报该项商品对应的原产地证书上的商品项号。

加工贸易项下进出口货物的报关单，第一行填报报关单中的商品顺序编号，第二行填报该项商品在《加工贸易手册》中的商品项号，用于核销对应项号下的料件或成品数量。其中第二行特殊情况填报要求如下：

1. 深加工结转货物，分别按照《加工贸易手册》中的进口料件项号和出口成品项号填报。

2. 料件结转货物（包括料件、制成品和半成品折料），出口报关单按照转出《加工贸易手册》中进口料件的项号填报；进口报关单按照转进《加工贸易手册》中进口料件的项号填报。

3. 料件复出货物（包括料件、边角料、来料加工半成品折料），出口报关单按照《加工贸易手册》中进口料件的项号填报；如边角料对应一个以上料件项号时，填报主要料件项号。料件退换货物（包括料件、不包括半成品），进出口报关单按照《加工贸易手册》中进口料件的项号填报。

4. 成品退换货物，退运进境报关单和复运出境报关单按照《加工贸易手册》原出口成品的项号填报。

5. 加工贸易料件转内销货物（以及按料件办理进口手续的转内销制成品、半成品、残次品）应填制进口报关单，填报《加工贸易手册》进口料件的项号；加工贸易边角料、副产品内销，填报《加工贸易手册》中对应的进口料件项号。如边角料或副产品对应一个以上料件项号时，填报主要料件项号。

6. 加工贸易成品凭《征免税证明》转为减免税货物进口的，应先办理进口报关手续。进口报关单填报《征免税证明》中的项号，出口报关单填报《加工贸易手册》原出口成品项号，进、出口报关单货物数量应一致。

7. 加工贸易料件放弃或成品放弃，本栏目应填报《加工贸易手册》中的进口料件或出口成品项号。半成品放弃的应按单耗折回料件，以料件放弃申报，本栏目填报《加工贸易手册》中对应的进口料件项号。

8. 加工贸易副产品退运出口、结转出口或放弃，本栏目应填报《加工贸易手册》中新增的变更副产品的出口项号。

9. 经海关批准实行加工贸易联网监管的企业，按海关联网监管要求，企业需申报报关清单的，应在向海关申报进出口（包括形式进出口）报关单前，向海关申报"清单"。一份报关清单对应一份报关单，报关单上的商品由报关清单归并而得。加工贸易电子账册报关单中项号、品名、规格等栏目的填制规范比照《加工贸易手册》。

（三十六）商品编号

本栏目应填报由《中华人民共和国进出口税则》确定的出口货物的税则号列和《中华人民共和国海关统计商品目录》确定的商品编码，以及符合海关监管要求的附加编号组成的 10 位商品编号。

（三十七）商品名称、规格型号

本栏目分两行填报及打印。第一行填报进出口货物规范的中文商品名称，第二行填报规格型号。

具体填报要求如下：

1. 商品名称及规格型号应据实填报，并与进出口货物收发货人或受委托的报关企业所提交的合同、发票等相关单证相符。

2. 商品名称应当规范，规格型号应当足够详细，以能满足海关归类、审价及许可证件管理要求为准，可参照《中华人民共和国海关进出口商品规范申报目录》中对商品名称、规格型号的要求进行填报。

3. 加工贸易等已备案的货物，填报的内容必须与备案登记中同项号下货物的商品名称一致。

4. 对需要海关签发《货物进口证明书》的车辆，商品名称栏应填报"车辆品牌+排气量（注明 cc）+车型（如越野车、小轿车等）"。进口汽车底盘不填报排气量。车辆品牌应按照《进口机动车辆制造厂名称和车辆品牌中英文对照表》中"签注名称"一栏的要求填报。规格型号栏可填报"汽油型"等。

5. 由同一运输工具同时运抵同一口岸并且属于同一收货人、使用同一提单的多种进口货物，按照商品归类规则应当归入同一商品编号的，应当将有关商品一并归入该商品编号。商品名称填报一并归类后的商品名称；规格型号填报一并归类后商品的规格型号。

6. 加工贸易边角料和副产品内销，边角料复出口，本栏目填报其报验状态的名称和规格型号。

7. 进口货物收货人以一般贸易方式申报进口属于《需要详细列名申报的汽车零部件清单》（海关总署 2006 年第 64 号公告）范围内的汽车生产件的，应按以下要求填报：

（1）商品名称填报进口汽车零部件的详细中文商品名称和品牌，中文商品名称与品牌之间用"/"相隔，必要时加注英文商业名称；进口的成套散件或者毛坯件应在品牌后加注"成套散件"、"毛坯"等字样，并与品牌之间用"/"相隔。

（2）规格型号填报汽车零部件的完整编号。在零部件编号前应当加注"S"字样，并与零部件编号之间用"/"相隔，零部件编号之后应当依次加注该零部件适用的汽车品牌和车型。

汽车零部件属于可以适用于多种汽车车型的通用零部件的，零部件编号后应当加注"TY"字样，并用"/"与零部件编号相隔。

与进口汽车零部件规格型号相关的其他需要申报的要素，或者海关规定的其他需要申报的要素，如"功率"、"排气量"等，应当在车型或"TY"之后填报，并用"/"与之相隔。

汽车零部件报验状态是成套散件的，应当在"标记唛码及备注"栏内填报该成套散件装配后的最终完整品的零部件编号。

8. 进口货物收货人以一般贸易方式申报进口属于《需要详细列名申报的汽车零部件清单》（海关总署 2006 年第 64 号公告）范围内的汽车维修件的，填报规格型号时，应当在零部件编号前加注"W"，并与零部件编号之间用"/"相隔；进口维修件的品牌与该零部件适用的整车厂牌不一致的，应当在零部件编号前加注"WF"，并与零部件编号之间用"/"相隔。其余申报要求同上条执行。

（三十八）数量及单位

本栏目分三行填报及打印。

1. 第一行应为出口货物的法定第一计量单位填报数量及单位，法定计量单位以《中华人民共和国海关统计商品目录》中的计量单位为准。

2. 凡列明有法定第二计量单位的，应在第二行按照法定第二计量单位填报数量及单位。无法定第二计量单位的，本栏目第二行为空。

3. 成交计量单位及数量应填报并打印在第三行。

4. 法定计量单位为"千克"的数量填报，特殊情况下填报要求如下：

（1）装入可重复使用的包装容器的货物，应按货物扣除包装容器后的重量填报，如罐装同位素、罐装氧气及类似品等。

（2）使用不可分割包装材料和包装容器的货物，按货物的净重填报（即包括内层直接包装的净重重量），如采用供零售包装的罐头、化妆品、药品及类似品等。

（3）按照商业惯例以公量重计价的商品，应按公量重填报，如未脱脂羊毛、羊毛条等。

（4）采用以毛重作为净重计价的货物，可按毛重填报，如粮食、饲料等大宗散装货物。

（5）采用零售包装的酒类、饮料，按照液体部分的重量填报。

5. 成套设备、减免税货物如需分批进口，货物实际进口时，应按照实际报验状态确定数量。

6. 根据《商品名称及编码协调制度》归类规则，零部件按整机或成品归类的，法定计量单位是非重量的，其对应的法定数量填报"0.1"。

7. 具有完整品或制成品基本特征的不完整品、未制成品，根据《商品名称及编码协调制度》归类规则应按完整品归类的，按照构成完整品的实际数量填报。

8. 加工贸易等已备案的货物，成交计量单位必须与《加工贸易手册》中同项号下货物的计量单位一致，加工贸易边角料和副产品内销、边角料复出口，本栏目填报其报验状态的计量单位。

9. 优惠贸易协定项下进出口商品的成交计量单位必须与原产地证书上对应商品的计量单位一致。

10. 法定计量单位为立方米的气体货物，应折算成标准状况（即摄氏零度及1个标准大气压）下的体积进行填报。

（三十九）最终目的国（地区）

最终目的国（地区）填报已知的出口货物的最终实际消费、使用或进一步加工制造国家（地区）。不经过第三国（地区）转运的直接运输货物，以运抵国（地区）为最终目的国（地区）；经过第三国（地区）转运的货物，以最后运往国（地区）为最终目的国（地区）。同一批出口货物的最终目的国（地区）不同的，应分别填报最终目的国（地区）。出口货物不能确定最终目的国（地区）时，以尽可能预知的最后运往国（地区）为最终目的国（地区）。

本栏目应按海关规定的《国别（地区）代码表》选择填报相应的国家（地区）名称及代码。

（四十）单价

本栏目填报同一项号下出口货物实际成交的商品单位价格。无实际成交价格的，本栏目填报单位货值。

（四十一）总价

本栏目填报同一项号下出口货物实际成交的商品总价格。无实际成交价格的，本栏目填报货值。

（四十二）币制

本栏目应按海关规定的《货币代码表》选择相应的货币名称及代码填报，如《货币代码表》中无实际成交币种，需将实际成交货币按申报日外汇折算率折算成《货币代码表》列明的货币填报。

（四十三）征免

本栏目应按照海关核发的《征免税证明》或有关政策规定，对报关单所列每项商品选择海关规定的《征减免税方式代码表》中相应的征减免税方式填报。

加工贸易货物报关单应根据《加工贸易手册》中备案的征免规定填报；《加工贸易手册》中备案的征免规定为"保金"或"保函"的，应填报"全免"。

（四十四）税费征收情况

本栏目供海关批注出口货物税费征收及减免情况。

（四十五）录入员

本栏目用于记录预录入操作人员的姓名。

（四十六）录入单位

本栏目用于记录预录入单位名称。

（四十七）填制日期

本栏目填报申报单位填制报关单的日期。本栏目为8位数字，顺序为年（4位）、月（2位）、日（2位）。

（四十八）海关审单批注及放行日期（签章）

本栏目供海关作业时签注。

四、出口货物通关的基本程序是什么？

出口货物的通关的基本程序分为出口申报、出口查验、关税交纳和出口放行。

五、在何处办理出口报关？

属于自理报关的可以通过"天津电子口岸货物通关申报系统"办理。凡是持有电子口岸 IC 卡的均可自行上网办理；尚未领取电子口岸 IC 卡的可以通过"天津电子口岸物流综合管理平台申请办理"电子口岸身份认证"。

网址：**http://tianjin.customs.gov.cn**

咨询电话：022 – 65307110　13820983659

另外，由于各企业人员编制有限，加上业务量并非很大，也可以通过报关行或货运代理，委托他们办理报关手续，但需要增加费用，但节省人力和时间。

◎　进口报关

一、海关对进口报关期限有何规定？

根据《海关法》第 18 条、第 21 条的规定，进口货物的报关期限为自运输工具申报进境之日起 14 日内。进口货物的收货人或其代理人超过 14 天期限未向海关申报的，由海关征收滞报金。

二、进口报关前需要做好哪些准备工作？

进口报关前，要做好进口商品许可证提前申领工作，同时要备齐有关资料呈送商检机构和海关，做好海关预录入工作，报关前要取得商检放行证件，以便海关受理报关手续，安排好接货的准备。由于进口货物到港后由港方负责卸货，要配合港务局和保险公司做好进口货物的检验，筹集好进口货物的进口税金，以便及时完税。

三、进口报关单的内容和填写方法是什么？

进口报关单的主要内容和填写方法如下（"进口货物报关单"样本见附录 7）：

（一）预录入编号

本栏目填报预录入报关单的编号，预录入编号规则由接受申报的海关决定。

（二）海关编号

本栏目填报海关接受申报时给予报关单的编号，一份报关单对应一个海关编号。

报关单海关编号为 18 位，其中第 1—4 位为接受申报海关的编号（海关规定的《关区代码表》中相应海关代码），第 5—8 位为海关接受申报的公历年份，第 9 位为进出口标志（"1"为进口，"0"为出口；集中申报清单"I"为进口，"E"为出口），后 9 位为顺序编号。在海关 H883/EDI 通关系统向 H2000 通关系统过渡期间，后 9 位的编号规则同 H883/EDI 通关系统的要求，即 1—2 位为接受申报海关的编号（海关规定的《关区代码表》中相应海关代码的后 2 位），第 3 位为海关接受申报公历年份 4 位数字的最后 1 位，后 6 位为顺序编号。

（三）进口口岸

本栏目应根据货物实际进境的口岸海关，填报海关规定的《关区代码表》中相应口岸海关的名称及代码。特殊情况填报要求如下：

进口转关运输货物应填报货物进境地海关名称及代码。按转关运输方式监管的跨关区深加工结转货物，进口报关单填报转入地海关名称及代码。

在不同海关特殊监管区域或保税监管场所之间调拨、转让的货物，填报对方特殊监管区域或保税监管场所所在的海关名称及代码。

其他无实际进出境的货物，填报接受申报的海关名称及代码。

（四）备案号

本栏目填报进出口货物收发货人在海关办理加工贸易合同备案或征、减、免税备案审批等手续时，海关核发的《中华人民共和国海关加工贸易手册》、电子账册及其分册（以下统称《加工贸易手册》）、《进出口货物征免税证明》（以下简称《征免税证明》）或其他备案审批文件的编号。

一份报关单只允许填报一个备案号。具体填报要求如下：

1. 加工贸易项下货物，除少量低值辅料按规定不使用《加工贸易手册》及以后续补税监管方式办理内销征税的外，填报《加工贸易手册》编号。

使用异地直接报关分册和异地深加工结转出口分册在异地口岸报关的，本栏目应填报分册号；本地直接报关分册和本地深加工结转分册限制在本地报关，本栏目应填报总册号。

加工贸易成品凭《征免税证明》转为减免税进口货物的，进口报关单填报《征免税证明》编号。

对加工贸易设备之间的结转，转入和转出企业分别填制进口报关单，在报关单"备案号"栏目填报《加工贸易手册》编号。

2. 涉及征、减、免税备案审批的报关单，填报《征免税证明》编号。

3. 涉及优惠贸易协定项下实行原产地证书联网管理（香港 CEPA、澳门 CEPA，下同）的报关单，填报原产地证书代码"Y"和原产地证书编号。

4. 减免税货物退运出口，填报《减免税进口货物同意退运证明》的编号；减免税货物补税进口，填报《减免税货物补税通知书》的编号；减免税货物结转进口（转入），填报《征免税证明》的编号；相应的结转出口（转出），填报《减免税进口货物结转联系函》的编号。

5. 涉及构成整车特征的汽车零部件的报关单，填报备案的 Q 账册编号。

（五）合同协议号

本栏目填报进口货物合同（包括协议或订单）编号。

（六）进口日期

进口日期填报运载进口货物的运输工具申报进境的日期。

无实际进出境的报关单填报海关接受申报的日期。

本栏目为 8 位数字，顺序为年（4 位）、月（2 位）、日（2 位）。

（七）申报日期

申报日期指海关接受进口货物收货人、受委托的报关企业申报数据的日期。以电子数据报关单方式申报的，申报日期为海关计算机系统接受申报数据时记录的日期。以纸质报关单方式申报的，申报日期为海关接受纸质报关单并对报关单进行登记处理的日期。

申报日期为 8 位数字，顺序为年（4 位）、月（2 位）、日（2 位）。本栏目在申报时免予填报。

（八）经营单位

本栏目填报在海关注册登记的对外签订并执行进口贸易合同的中国境内法人、其他组织或个人的名称及海关注册编码。

特殊情况下填制要求如下：

1. 进口货物合同的签订者和执行者非同一企业的，填报执行合同的企业。

2. 外商投资企业委托进出口企业进口投资设备、物品的，填报外商投资企业，并在标记唛码及备注栏注明"委托某进出口企业进口"。

3. 有代理报关资格的报关企业代理其他进出口企业办理进出口报关手续时，填报委托的进出口企业的名称及海关注册编码。

（九）收货单位

1. 收货单位填报已知的进口货物在境内的最终消费、使用单位的名称，包括：

（1）自行从境外进口货物的单位。

（2）委托进出口企业进口货物的单位。

2. 有海关注册编码或加工企业编码的收、发货单位，本栏目应填报其中文名称及编码；没有编码的应填报其中文名称。使用《加工贸易手册》管理的货物，报关单的收、发货单位应与《加工贸易手册》的"经营企业"或"加工企业"一致；减免税货物报关单的收、发货单位应与《征免税证明》的"申请单位"一致。

（十）申报单位

自理报关的，本栏目填报进口企业的名称及海关注册编码；委托代理报关的，本栏目填报经海关批准的报关企业名称及海关注册编码。

本栏目还包括报关单左下方用于填报申报单位有关情况的相关栏目，包括报关员、报关单位地址、邮政编码和电话号码等栏目。

（十一）运输方式

运输方式包括实际运输方式和海关规定的特殊运输方式，前者指货物实际进出境的运输方式，按进出境所使用的运输工具分类；后者指货物无实际进出境的运输方式，按货物在境内的流向分类。

本栏目应根据货物实际进出境的运输方式或货物在境内流向的类别，按照海关规定的《运输方式代码表》选择填报相应的运输方式。

1. 特殊情况填报要求如下：

（1）非邮件方式进出境的快递货物，按实际运输方式填报；

（2）进出境旅客随身携带的货物，按旅客所乘运输工具填报；

（3）进口转关运输货物，按载运货物抵达进境地的运输工具填报；出口转关运输货物，按载运货物驶离出境地的运输工具填报；

（4）不复运出（入）境而留在境内（外）销售的进出境展览品、留赠转卖物品等，填报"其他运输"（代码9）；

2. 无实际进出境货物在境内流转时填报要求如下：

（1）境内非保税区运入保税区货物和保税区退区货物，填报"非保税区"（代码0）；

（2）保税区运往境内非保税区货物，填报"保税区"（代码7）；

（3）境内存入出口监管仓库和出口监管仓库退仓货物，填报"监管仓库"（代码1）；

（4）保税仓库转内销货物，填报"保税仓库"（代码8）；

（5）从境内保税物流中心外运入中心或从中心运往境内中心外的货物，填报"物流中心"（代码W）；

（6）从境内保税物流园区外运入园区或从园区运往境内园区外的货物，填报"物流园区"（代码X）；

（7）从境内保税港区外运入港区（不含直通）或从港区运往境内港区外（不含直通）的货物，填报"保税港区"（代码 Y），综合保税区比照保税港区填报；

（8）从境内出口加工区、珠澳跨境工业区珠海园区（以下简称珠海园区）外运入加工区、珠海园区或从加工区、珠海园区运往境内区外的货物，区外企业填报"出口加工区"（代码 Z），区内企业填报"其他运输"（代码 9）；

（9）境内运入深港西部通道港方口岸区的货物，填报"边境特殊海关作业区"（代码 H）；

（10）其他境内流转货物，填报"其他运输"（代码 9），包括特殊监管区域内货物之间的流转、调拨货物，特殊监管区域、保税监管场所之间相互流转货物，特殊监管区域外的加工贸易余料结转、深加工结转、内销等货物。

（十二）运输工具名称

本栏目填报载运货物进境的运输工具名称或编号。填报内容应与运输部门向海关申报的舱单（载货清单）所列相应内容一致。具体填报要求如下：

1. 直接在进出境地或采用"属地申报，口岸验放"通关模式办理报关手续的报关单填报要求如下：

（1）水路运输：填报船舶编号（来往港澳小型船舶为监管簿编号）或者船舶英文名称。

（2）公路运输：填报该跨境运输车辆的国内行驶车牌号，深圳提前报关模式的报关单填报国内行驶车牌号+"/"+"提前报关"。

（3）铁路运输：填报车厢编号或交接单号。

（4）航空运输：填报航班号。

（5）邮件运输：填报邮政包裹单号。

（6）其他运输：填报具体运输方式名称，例如：管道、驮畜等。

2. 转关运输货物的报关单填报要求如下：

（1）水路运输：直转、提前报关填报"@"+16 位转关申报单预录入号（或 13 位载货清单号）；中转填报进境英文船名。

（2）铁路运输：直转、提前报关填报"@"+16 位转关申报单预录入号；中转填报车厢编号。

（3）航空运输：直转、提前报关填报"@"+16 位转关申报单预录入号（或 13 位载货清单号）；中转填报"@"。

（4）公路及其他运输：填报"@"+16 位转关申报单预录入号（或 13 位载货清单号）。

（5）以上各种运输方式使用广东地区载货清单转关的提前报关货物填报"@"+13 位载货清单号。

3. 采用"集中申报"通关方式办理报关手续的，报关单本栏目填报"集中申报"。

4. 无实际进出境的报关单，本栏目免予填报。

（十三）航次号

本栏目填报载运货物进出境的运输工具的航次编号。

具体填报要求如下：

1. 直接在进出境地或采用"属地申报，口岸验放"通关模式办理报关手续的报关单

（1）水路运输：填报船舶的航次号。

（2）公路运输：填报运输车辆的 8 位进出境日期〔顺序为年（4 位）、月（2 位）、日（2 位），下同〕。

（3）铁路运输：填报列车的进出境日期。

（4）航空运输：免予填报。

（5）邮件运输：填报运输工具的进出境日期。

（6）其他运输方式：免予填报。

2. 转关运输货物的报关单

（1）水路运输：中转转关方式填报"@"+进境干线船舶航次。直转、提前报关免予填报。

（2）公路运输：免予填报。

（3）铁路运输："@"+8 位进境日期。

（4）航空运输：免予填报。

（5）其他运输方式：免予填报。

3. 无实际进出境的报关单，本栏目免予填报。

（十四）提运单号

本栏目填报进出口货物提单或运单的编号。

一份报关单只允许填报一个提单或运单号，一票货物对应多个提单或运单时，应分单填报。

具体填报要求如下：

1. 直接在进出境地或采用"属地申报，口岸验放"通关模式办理报关手续的

（1）水路运输：填报进出口提单号。如有分提单的，填报进出口提单号+"*"+分提单号。

（2）公路运输：免予填报。

（3）铁路运输：填报运单号。

（4）航空运输：填报总运单号+"_"+分运单号，无分运单的填报总运单号。

（5）邮件运输：填报邮运包裹单号。

2. 转关运输货物的报关单

（1）水路运输：直转、中转填报提单号。提前报关免予填报。

（2）铁路运输：直转、中转填报铁路运单号。提前报关免予填报。

（3）航空运输：直转、中转货物填报总运单号+"_"+分运单号。提前报关免予填报。

（4）其他运输方式：免予填报。

（5）以上运输方式进境货物，在广东省内用公路运输转关的，填报车牌号。

3. 采用"集中申报"通关方式办理报关手续的，报关单填报归并的集中申报清单的进出口起止日期〔按年（4位）月（2位）日（2位）年（4位）月（2位）日（2位）〕。

4. 无实际进出境的，本栏目免予填报。

（十五）贸易方式（监管方式）

本栏目应根据实际对外贸易情况按海关规定的《监管方式代码表》选择填报相应的监管方式简称及代码。一份报关单只允许填报一种监管方式。

特殊情况下加工贸易货物监管方式填报要求如下：

1. 进口少量低值辅料（即5000美元以下，78种以内的低值辅料）按规定不使用《加工贸易手册》的，填报"低值辅料"。使用《加工贸易手册》的，按《加工贸易手册》上的监管方式填报。

2. 外商投资企业为加工内销产品而进口的料件，属非保税加工的，填报"一般贸易"。

外商投资企业全部使用国内料件加工的出口成品，填报"一般贸易"。

3. 加工贸易料件结转或深加工结转货物，按批准的监管方式填报。

4. 加工贸易料件转内销货物以及按料件办理进口手续的转内销制成品、残次品、半成品，应填制进口报关单，填报"来料料件内销"或"进料料件内销"；加工贸易成品凭《征免税证明》转为减免税进口货物的，应分别填制进、出口报关单，出口报关单本栏目填报"来料成品减免"或"进料成品减免"，进口报关单本栏目按照实际监管方式填报。

5. 加工贸易出口成品因故退运进口及复运出口的，填报"来料成品退换"或"进料成品退换"；加工贸易进口料件因换料退运出口及复运进口的，填报"来料料件退换"或"进料料件退换"；加工贸易过程中产生的剩余料件、边角料退运出口，以及进口料件因品质、规格等原因退运出口且不再更换同类货物进口的，分别填报"来料料件复出"、"来料边角料复出"、"进料料件复出"、"进料边角料复出"。

6. 备料《加工贸易手册》中的料件结转转入加工出口《加工贸易手册》的，填报"来料加工"或"进料加工"。

7. 保税工厂加工贸易进出口货物，根据《加工贸易手册》填报"来料加工"或"进料加工"。

8. 加工贸易边角料内销和副产品内销，应填制进口报关单，填报"来料边角料内销"或"进料边角料内销"。

9. 加工贸易进口料件不再用于加工成品出口，或生产的半成品（折料）、成品因故不再出口，主动放弃交由海关处理时，应填制进口报关单，填报"料件放弃"或"成品放弃"。

（十六）征免性质

本栏目应根据实际情况按海关规定的《征免性质代码表》选择填报相应的征免性质简称及代码，持有海关核发的《征免税证明》的，应按照《征免税证明》中批注的征免性质填报。一份报关单只允许填报一种征免性质。

加工贸易货物报关单应按照海关核发的《加工贸易手册》中批注的征免性质简称及代码填报。特殊情况填报要求如下：

1. 保税工厂经营的加工贸易，根据《加工贸易手册》填报"进料加工"或"来料加工"。

2. 外商投资企业为加工内销产品而进口的料件，属非保税加工的，填报"一般征税"或其他相应征免性质。

3. 加工贸易转内销货物，按实际情况填报（如一般征税、科教用品、其他法定等）。

4. 料件退运出口、成品退运进口货物填报"其他法定"（代码0299）。

5. 加工贸易结转货物，本栏目免予填报。

（十七）征税比例

进口报关单本栏目免予填报。

（十八）许可证号

本栏目填报以下许可证的编号：进口许可证、两用物项和技术进口许可证。一份报关单只允许填报一个许可证号。

（十九）启运国（地区）

启运国（地区）填报进口货物启始发出直接运抵我国、或者在运输中转国（地）未发生任何商业性交易的情况下运抵我国的国家（地区）。

不经过第三国（地区）转运的直接运输进出口货物，以进口货物的装货港所在国（地区）为启运国（地区），以出口货物的指运港所在国（地区）为运抵国（地区）。

经过第三国（地区）转运的进出口货物，如在中转国（地区）发生商业性交易，则以中转国（地区）作为启运国（地区）。

本栏目应按海关规定的《国别（地区）代码表》选择填报相应的启运国（地区）或运抵国（地区）中文名称及代码。

无实际进出境的，填报"中国"（代码142）。

（二十）装货港

装货港填报进口货物在运抵我国关境前的最后一个境外装运港。

本栏目应根据实际情况按海关规定的《港口航线代码表》选择填报相应的港口中文名称及代码。装货港/指运港在《港口航线代码表》中无港口中文名称及代码的，可选择填报相应的国家中文名称或代码。

无实际进出境的，本栏目填报"中国境内"（代码142）。

（二十一）境内目的地

境内目的地填报已知的进口货物在国内的消费、使用地或最终运抵地，其中最终运抵地为最终使用单位所在的地区。最终使用单位难以确定的，填报货物进口时预知的最终收货单位所在地。

本栏目按海关规定的《国内地区代码表》选择填报相应的国内地区名称及代码。

（二十二）批准文号

进口报关单中本栏目免予填报。

（二十三）成交方式

本栏目应根据进出口货物实际成交价格条款，按海关规定的《成交方式代码表》选择填报相应的成交方式代码。

无实际进出境的报关单，进口填报 CIF，出口填报 FOB。

（二十四）运费

本栏目填报进口货物运抵我国境内输入地点起卸前的运输费用。进口货物成交价格包含前述运输费用或者出口货物成交价格不包含前述运输费用的，本栏目免于填报。

运费可按运费单价、总价或运费率三种方式之一填报，注明运费标记（运费标记"1"表示运费率，"2"表示每吨货物的运费单价，"3"表示运费总价），并按海关规定的《货币代码表》选择填报相应的币种代码。

运保费合并计算的，填报在本栏目。

（二十五）保费

本栏目填报进口货物运抵我国境内输入地点起卸前的保险费用。进口货物成交价格包含前述保险费用或者出口货物成交价格不包含前述保险费用的，本栏目免于填报。

保费可按保险费总价或保险费率两种方式之一填报，注明保险费标记（保险费标记"1"表示保险费率，"3"表示保险费总价），并按海关规定的《货币代码表》选择填报相应的币种代码。

运保费合并计算的，本栏目免予填报。

（二十六）杂费

本栏目填报成交价格以外的、按照《中华人民共和国进出口关税条例》相关规定应计入完税价格或应从完税价格中扣除的费用。可按杂费总价或杂费率两种方式之一填报，注明杂费标记（杂费标记"1"表示杂费率，"3"表示杂费总价），并按海关规定的《货币代码表》选择填报相应的币种代码。

应计入完税价格的杂费填报为正值或正率，应从完税价格中扣除的杂费填报为负值或负率。

（二十七）件数

本栏目填报有外包装的进出口货物的实际件数。特殊情况填报要求如下：

1. 舱单件数为集装箱的，填报集装箱个数。

2. 舱单件数为托盘的，填报托盘数。

本栏目不得填报为零，裸装货物填报为"1"。

（二十八）包装种类

本栏目应根据进口货物的实际外包装种类，按海关规定的《包装种类代码表》选择填报相应的包装种类代码。

（二十九）毛重（千克）

本栏目填报进口货物及其包装材料的重量之和，计量单位为千克，不足一千克的填报为"1"。

（三十）净重（千克）

本栏目填报进口货物的毛重减去外包装材料后的重量，即货物本身的实际重量，计量单位为千克，不足一千克的填报为"1"。

（三十一）集装箱号

本栏目填报装载进口货物（包括拼箱货物）集装箱的箱体信息。一个集装箱填一条记录，分别填报集装箱号（在集装箱箱体上标示的全球唯一编号）、集装箱的规格和集装箱的自重。非集装箱货物填报为"0"。

（三十二）随附单证

本栏目根据海关规定的《监管证件代码表》选择填报除本规范第十八条规

定的许可证件以外的其他进口许可证件或监管证件代码及编号。

本栏目分为随附单证代码和随附单证编号两栏，其中代码栏应按海关规定的《监管证件代码表》选择填报相应证件代码；编号栏应填报证件编号。

1. 加工贸易内销征税报关单，随附单证代码栏填写"c"，随附单证编号栏填写海关审核通过的内销征税联系单号。

2. 含预归类商品报关单，随附单证代码项下填写"r"，随附单证编号项下填写 XX 关预归类书 XX 号。

3. 优惠贸易协定项下进出口货物

"Y"为原产地证书代码。优惠贸易协定代码选择"01"、"02"、"03"、"04"、"05"、"06"、"07"、"08"、"09"填报：

"01"为"亚太贸易协定"项下的进口货物；

"02"为"中国－东盟自贸区"项下的进口货物；

"03"为"内地与香港紧密经贸关系安排"（香港 CEPA）项下的进口货物；

"04"为"内地与澳门紧密经贸关系安排"（澳门 CEPA）项下的进口货物；

"05"为"对非洲特惠待遇"项下的进口货物；

"06"为"台湾农产品零关税措施"项下的进口货物；

"07"为"中巴自贸区"项下的进口货物；

"08"为"中智自贸区"项下的进口货物；

"09"为"对也门等国特惠待遇"项下的进口货物。

具体填报要求如下：

（1）实行原产地证书联网管理的，随附单证代码栏填写"Y"，随附单证编号栏的"<>"内填写优惠贸易协定代码。例如香港 CEPA 项下进口商品，应填报为："Y"和"<03>"。一票进口货物中如涉及多份原产地证书或含有非原产地证书商品，应分单填报。

（2）未实行原产地证书联网管理的，随附单证代码栏填写"Y"，随附单证编号栏"<>"内填写优惠贸易协定代码+"："+需证商品序号。例如《亚太贸易协定》项下进口报关单中第 1 到第 3 项和第 5 项为优惠贸易协定项下商品，应填报为："<01:1-3,5>"。

优惠贸易协定项下出口货物，本栏目填报原产地证书代码和编号。

（三十三）用途

进口货物本栏目填报用途，应根据进口货物的实际用途按海关规定的《用途代码表》选择填报相应的用途代码。

（三十四）标记唛码及备注

本栏目填报要求如下：

1. 标记唛码中除图形以外的文字、数字。

2. 受外商投资企业委托代理其进口投资设备、物品的进口企业名称。

3. 与本报关单有关联关系的，同时在业务管理规范方面又要求填报的备案号，填报在电子数据报关单中"关联备案"栏。

加工贸易结转货物及凭《征免税证明》转内销货物，其对应的备案号应填报在"关联备案"栏。

减免税货物结转进口（转入），报关单"关联备案"栏应填写本次减免税货物结转所申请的《减免税进口货物结转联系函》的编号。

减免税货物结转出口（转出），报关单"关联备案"栏应填写与其相对应的进口（转入）报关单"备案号"栏中《征免税证明》的编号。

4. 与本报关单有关联关系的，同时在业务管理规范方面又要求填报的报关单号，填报在电子数据报关单中"关联报关单"栏。

加工贸易结转类的报关单，应先办理进口报关，并将进口报关单号填入出口报关单的"关联报关单"栏。

办理进口货物直接退运手续的，除另有规定外，应当先填写出口报关单，再填写进口报关单，并将出口报关单号填入进口报关单的"关联报关单"栏。

减免税货物结转出口（转出），应先办理进口报关，并将进口（转入）报关单号填入出口（转出）报关单的"关联报关单"栏。

5. 办理进口货物直接退运手续的，本栏目填报《准予直接退运决定书》或者《责令直接退运通知书》编号。

6. 申报时其他必须说明的事项填报在本栏目。

（三十五）项号

本栏目分两行填报及打印。第一行填报报关单中的商品顺序编号；第二行专用于加工贸易、减免税等已备案、审批的货物，填报和打印该项货物在《加工贸易手册》或《征免税证明》等备案、审批单证中的顺序编号。

优惠贸易协定项下实行原产地证书联网管理的报关单，第一行填报报关单中的商品顺序编号，第二行填报该项商品对应的原产地证书上的商品项号。

加工贸易项下进出口货物的报关单，第一行填报报关单中的商品顺序编号，第二行填报该项商品在《加工贸易手册》中的商品项号，用于核销对应项号下的料件或成品数量。其中第二行特殊情况填报要求如下：

1. 深加工结转货物，分别按照《加工贸易手册》中的进口料件项号和出口成品项号填报。

2. 料件结转货物（包括料件、制成品和半成品折料），出口报关单按照转出《加工贸易手册》中进口料件的项号填报；进口报关单按照转进《加工贸易手册》中进口料件的项号填报。

3. 料件复出货物（包括料件、边角料、来料加工半成品折料），出口报关单按照《加工贸易手册》中进口料件的项号填报；如边角料对应一个以上料件项号时，填报主要料件项号。料件退换货物（包括料件、不包括半成品），进出口报关单按照《加工贸易手册》中进口料件的项号填报。

4. 成品退换货物，退运进境报关单和复运出境报关单按照《加工贸易手册》原出口成品的项号填报。

5. 加工贸易料件转内销货物（以及按料件办理进口手续的转内销制成品、半成品、残次品）应填制进口报关单，填报《加工贸易手册》进口料件的项号；加工贸易边角料、副产品内销，填报《加工贸易手册》中对应的进口料件项号。如边角料或副产品对应一个以上料件项号时，填报主要料件项号。

6. 加工贸易成品凭《征免税证明》转为减免税货物进口的，应先办理进口报关手续。进口报关单填报《征免税证明》中的项号，出口报关单填报《加工贸易手册》原出口成品项号，进、出口报关单货物数量应一致。

7. 加工贸易料件放弃或成品放弃，本栏目应填报《加工贸易手册》中的进口料件或出口成品项号。半成品放弃的应按单耗折回料件，以料件放弃申报，本栏目填报《加工贸易手册》中对应的进口料件项号。

8. 加工贸易副产品退运出口、结转出口或放弃，本栏目应填报《加工贸易手册》中新增的变更副产品的出口项号。

9. 经海关批准实行加工贸易联网监管的企业，按海关联网监管要求，企业需申报报关清单的，应在向海关申报进出口（包括形式进出口）报关单前，向海关申报"清单"。一份报关清单对应一份报关单，报关单上的商品由报关清单归并而得。加工贸易电子账册报关单中项号、品名、规格等栏目的填制规范比照《加工贸易手册》。

（三十六）商品编号

本栏目应填报由《中华人民共和国进出口税则》确定的进口货物的税则号列和《中华人民共和国海关统计商品目录》确定的商品编码，以及符合海关监管要求的附加编号组成的10位商品编号。

（三十七）商品名称、规格型号

本栏目分两行填报及打印。第一行填报进口货物规范的中文商品名称，第二行填报规格型号。

具体填报要求如下：

1. 商品名称及规格型号应据实填报，并与进口货物收发货人或受委托的报关企业所提交的合同、发票等相关单证相符。

2. 商品名称应当规范，规格型号应当足够详细，以能满足海关归类、审价及许可证件管理要求为准，可参照《中华人民共和国海关进出口商品规范申报目录》中对商品名称、规格型号的要求进行填报。

3. 加工贸易等已备案的货物，填报的内容必须与备案登记中同项号下货物的商品名称一致。

4. 对需要海关签发《货物进口证明书》的车辆，商品名称栏应填报"车辆品牌+排气量（注明 cc）+车型（如越野车、小轿车等）"。进口汽车底盘不填报排气量。车辆品牌应按照《进口机动车辆制造厂名称和车辆品牌中英文对照表》中"签注名称"一栏的要求填报。规格型号栏可填报"汽油型"等。

5. 由同一运输工具同时运抵同一口岸并且属于同一收货人、使用同一提单的多种进口货物，按照商品归类规则应当归入同一商品编号的，应当将有关商品一并归入该商品编号。商品名称填报一并归类后的商品名称；规格型号填报一并归类后商品的规格型号。

6. 加工贸易边角料和副产品内销，边角料复出口，本栏目填报其报验状态的名称和规格型号。

7. 进口货物收货人以一般贸易方式申报进口属于《需要详细列名申报的汽车零部件清单》（海关总署 2006 年第 64 号公告）范围内的汽车生产件的，应按以下要求填报：

（1）商品名称填报进口汽车零部件的详细中文商品名称和品牌，中文商品名称与品牌之间用"/"相隔，必要时加注英文商业名称；进口的成套散件或者毛坯件应在品牌后加注"成套散件"、"毛坯"等字样，并与品牌之间用"/"相隔。

（2）规格型号填报汽车零部件的完整编号。在零部件编号前应当加注"S"字样，并与零部件编号之间用"/"相隔，零部件编号之后应当依次加注该零部件适用的汽车品牌和车型。

汽车零部件属于可以适用于多种汽车车型的通用零部件的，零部件编号后应当加注"TY"字样，并用"/"与零部件编号相隔。

与进口汽车零部件规格型号相关的其他需要申报的要素，或者海关规定的其他需要申报的要素，如"功率"、"排气量"等，应当在车型或"TY"之后填报，并用"/"与之相隔。

汽车零部件报验状态是成套散件的，应当在"标记唛码及备注"栏内填报该成套散件装配后的最终完整品的零部件编号。

8. 进口货物收货人以一般贸易方式申报进口属于《需要详细列名申报的汽车零部件清单》（海关总署 2006 年第 64 号公告）范围内的汽车维修件的，填报规格型号时，应当在零部件编号前加注"W"，并与零部件编号之间用"/"相隔；进口维修件的品牌与该零部件适用的整车厂牌不一致的，应当在零部件编号前加注"WF"，并与零部件编号之间用"/"相隔。其余申报要求同上条执行。

（三十八）数量及单位

本栏目分三行填报及打印。

1. 第一行应按进口货物的法定第一计量单位填报数量及单位，法定计量单位以《中华人民共和国海关统计商品目录》中的计量单位为准。

2. 凡列明有法定第二计量单位的，应在第二行按照法定第二计量单位填报数量及单位。无法定第二计量单位的，本栏目第二行为空。

3. 成交计量单位及数量应填报并打印在第三行。

4. 法定计量单位为"千克"的数量填报，特殊情况下填报要求如下：

（1）装入可重复使用的包装容器的货物，应按货物扣除包装容器后的重量填报，如罐装同位素、罐装氧气及类似品等。

（2）使用不可分割包装材料和包装容器的货物，按货物的净重填报（即包括内层直接包装的净重重量），如采用供零售包装的罐头、化妆品、药品及类似品等。

（3）按照商业惯例以公量重计价的商品，应按公量重填报，如未脱脂羊毛、羊毛条等。

（4）采用以毛重作为净重计价的货物，可按毛重填报，如粮食、饲料等大宗散装货物。

（5）采用零售包装的酒类、饮料，按照液体部分的重量填报。

5. 成套设备、减免税货物如需分批进口，货物实际进口时，应按照实际报验状态确定数量。

6. 根据《商品名称及编码协调制度》归类规则，零部件按整机或成品归类的，法定计量单位是非重量的，其对应的法定数量填报"0.1"。

7. 具有完整品或制成品基本特征的不完整品、未制成品，根据《商品名称及编码协调制度》归类规则应按完整品归类的，按照构成完整品的实际数量填报。

8. 加工贸易等已备案的货物，成交计量单位必须与《加工贸易手册》中同项号下货物的计量单位一致，加工贸易边角料和副产品内销、边角料复出口，本栏目填报其报验状态的计量单位。

9. 优惠贸易协定项下进出口商品的成交计量单位必须与原产地证书上对应商品的计量单位一致。

10. 法定计量单位为立方米的气体货物，应折算成标准状况（即摄氏零度及 1 个标准大气压）下的体积进行填报。

（三十九）原产国（地区）

原产国（地区）应依据《中华人民共和国进出口货物原产地条例》、《中华人民共和国海关关于执行〈非优惠原产地规则中实质性改变标准〉的规定》以及海关总署关于各项优惠贸易协定原产地管理规章规定的原产地确定标准填报。同一批进口货物的原产地不同的，应分别填报原产国（地区）。进口货物原产国（地区）无法确定的，填报"国别不详"（代码 701）。

本栏目应按海关规定的《国别（地区）代码表》选择填报相应的国家（地区）名称及代码。

（四十）单价

本栏目填报同一项号下进口货物实际成交的商品单位价格。无实际成交价格的，本栏目填报单位货值。

（四十一）总价

本栏目填报同一项号下进口货物实际成交的商品总价格。无实际成交价格的，本栏目填报货值。

（四十二）币制

本栏目应按海关规定的《货币代码表》选择相应的货币名称及代码填报，如《货币代码表》中无实际成交币种，需将实际成交货币按申报日外汇折算率折算成《货币代码表》列明的货币填报。

（四十三）征免

本栏目应按照海关核发的《征免税证明》或有关政策规定，对报关单所列每项商品选择海关规定的《征减免税方式代码表》中相应的征减免税方式填报。

加工贸易货物报关单应根据《加工贸易手册》中备案的征免规定填报；《加工贸易手册》中备案的征免规定为"保金"或"保函"的，应填报"全免"。

（四十四）税费征收情况

本栏目供海关批注进口货物税费征收及减免情况。

（四十五）录入员

本栏目用于记录预录入操作人员的姓名。

（四十六）录入单位

本栏目用于记录预录入单位名称。

（四十七）填制日期

本栏目填报申报单位填制报关单的日期。本栏目为 8 位数字，顺序为年（4 位）、月（2 位）、日（2 位）。

（四十八）海关审单批注及放行日期（签章）

本栏目供海关作业时签注。

四、进口报关需要向海关提供什么文件和单证?

应向海关承送下列文件和单证:

进口货物报关单、进口发票、提单、保险单、许可证、商检单、合同与包装单(进口货物清单)。

五、进口货物在何处报关?

属于自理报关的可以通过"天津电子口岸货物通关申报系统"办理。凡是持有电子口岸 IC 卡的均可自行上网办理;尚未领取电子口岸 IC 卡的可以通过天津电子口岸物流综合管理平台申请办理"电子口岸身份认证"。

网址:**http://tianjin.customs.gov.cn**

咨询电话:022-65307110　13820983659

由于各企业人员编制有限,进口业务量有限,企业可以通过报关行或货运代理,委托他们办理进口报关手续。

第十节　保险

在实际业务中,保险是一个不可缺少的条件和环节。所有从事国际贸易的企业都要重视保险工作。业务人员更是要熟悉、能灵活运用保险条款,确保既得的经济利益,下面我们分别就出口保险、进口保险、保险单审核及常见的问题和错误、出口信用保险等几方面进行讲述。

◎ 出口保险

一、出口货物为什么必须投保?

在国际贸易中,每一批交易的货物,从卖方交到买方手中,一般都要经过长距离的运输。在此过程中,货物可能遇到自然灾害或意外事故,使货物遭受灭失或损失。货主为了转嫁这种风险,通过投保货物运输险,将不定的损失变为固定的费用。投保后,万一货物在运输过程中发生约定范围内的损失,可以从保险公司得到经济上的补偿。货物保险在国际货物贸易中起到了不可估量的积极作用，保险公司对货损的补偿，也为货主正常进行国际贸易活动提供了最重要的保证。基于以上，我们从事进出口贸易的企业都应十分重视保险工作。

二、保险险别主要有哪几种？包括哪些内容？

在对外贸易运输中，保险的责任范围一般包括基本险和附加险两种。基本险可以单独投保，被保险人必须投保基本险，才能获得保险保障。基本险包括海洋运输险、陆上运输险、航空运输险、邮包险；附加险是基本险的扩张，不能单独投保，必须在投保基本险的基础上投保，它承保的是外来风险引起的损失。附加险又分为一般附加险、特别附加险和特殊附加险。

保险险别是保险人对风险和损失的承保责任范围，它是保险人与被保险人履行权利与义务的基础，也是确保保险人承保责任大小和被保险人缴付保险费多少的依据。下面我们就海洋运输货物保险的险别作一介绍。海洋运输货物保险险别很多，但概括起来分为基本险别和附加险别两大类：（运输保险单样本见附录9）

（一）基本险别

根据我国现行海洋运输货物保险条款的规定，基本险包括平安险、水渍险和一切险。

1. 平安险。现行平安险的责任范围包括：

（1）在运输过程中，由于自然灾害和运输工具发生意外事故，造成被保险货物的实际全损或推定全损。

（2）由于运输工具遭遇搁浅、触礁、沉没、互撞、与流冰或其他物体碰撞以及失火、爆炸等意外事故造成被保险货物的全部或部分损失。

（3）在运输工具已经遭到搁浅、触礁、沉没、焚毁等意外事故的情况下，不论这意外事故发生之前或者以后又在海上遭遇恶劣气候、雷电、海啸等自然灾害所造成的被保险货物的部分损失。

（4）在装卸转船过程中，被保险货物一件或数件落海所造成的全部损失或部分损失。

（5）被保险人对遭受承保责任内危险的货物采取抢救、防止或减少货损措施而支付的合理费用，但以不超过该批被救货物的保险金额为限。

（6）运输工具遭遇自然灾害或意外事故，需要在中途的港口或者在避难港口停靠，因而引起的卸货、装货、存仓以及运送货物所产生的特别费用。

（7）发生共同海损所引起的牺牲、分摊费和救助费用。

（8）运输契约中，有"船舶互撞条款"，按该条款规定应由货方偿还船方的损失。

2. 水渍险。水渍险的责任范围，除包括上列平安险的各项责任外，还负责被保险货物由于恶劣气候、雷电、海啸、地震、洪水等自然灾害所造成的部分损失

3. 一切险。一切险的责任范围，除包括平安险和水渍险的所有责任外，还包括货物在运输过程中由于外来原因所造成的被保险货物的全损或部分损失。

上述三种基本险别，被保险人可以从中选择一种投保。

（二）附加险别

海洋运输货物保险的附加险种类分为一般附加险和特别附加险。

1. 一般附加险。

（1）偷盗提货不着险。在保险有效期内，保险货物被偷走或窃走，以及货物运抵目的地以后，货物的全部或整件未交的损失，由保险公司负责赔偿。

（2）淡水雨淋险。货物在运输中，由于淡水、雨水以及冰雪融化所造成的损失，保险公司都应负责赔偿。淡水包括船上淡水舱、水管漏水以及舱汗。

（3）短量险。保险人承保货物数量和重量发生短少的损失，但不包括正常的运输途中的自然损耗。

（4）杂混、玷污险。承保货物在运输过程中混进杂质所造成的损失。

（5）渗漏险。在运输过程中，因为容器损坏而引起的渗漏损失。

（6）碰损及破碎险。碰损主要是对金属、木制等货物来说的；破碎则是对易碎的性物质来说的。前者是说在运输途中，因为受到震动、挤压而造成货物本身的损失；后者是由于装卸野蛮、粗鲁搬运、运输工具的巅震造成货物本身破裂、断碎损失。

（7）串味险。承保货物由于受其他带异味的货物影响而造成串味的损失。

（8）受热、受潮险。承保货物在运输途中因受气温变化或水蒸气的影响，使货物发生变质的损失。

（9）钩损险。承保货物在装卸过程中，由于用手钩、吊钩等工具所造成的损失。

（10）包装破裂险。承保货物因包装破裂造成物资短少、玷污的损失。

（11）锈损险。承保货物在运输途中因为生锈造成的损失。

一般附加险不能独立投保，只能在平安险和水渍险的基础上加保，但若投保一切险时，因上述险别包括在内，故无需加保。

2. 特别附加险。特别附加险是指承保由于军事、政治、国家政策法令以及

行政措施等特殊外来原因所引起的风险与损失的险别。特别附加险包括战争险、罢工险、交货不到险、进口关税险、拒收险、舱面险、黄曲霉素险等。

三、填写投保单的要求是什么?

（一）填写进出口货运险投保单（"运输保险投单"见附录 10）

按承保方式分类，货物运输保险单主要有逐笔保险、流动保险及预约保险单。

1. 逐笔保险单（Specific Policy）

由保险人与被保险人双方就投保标的，一笔一笔商定承保项目。内容包括被保险人名称、保险品名、保险数量及包装的描述，保险金额、运输工具名称路线，保险条件和保险费率等，均在每张保单上逐一列明，不需要有其他证明或文件加以约束和补充。

逐笔保险单适用于经常性的零散的货物保险。

2. 流动保险单（Floating Policy）

流动保险单是指对一定期限内（一般一年）陆续分批出运的货物所订立的一种保险合同。该合同用概括的文字载明保险条件：总保险金额、保险标的、总数量、承保险别、费率、行程和保险期限。保险人对于被保险人申报每批的出运货物、保险金额自动承保，并在该流动保险单的保险总额内扣除，当保险总金额被每批申报出运金额扣完后，保险单的责任终止。

流动保险单适用于包销合同形式的贸易和定期发运的货物保险。

保险人为有效地控制风险，在流动保险单里通常定有"每船（车）限额条款"和"地点条款"，即限定货物装载每一船（车）次的最高保险金额和货物装船（车）前，储存于某个地点，仓库的最高限额：保险人对限额内的货物损失承担保险责任。

3. 预约保险单（Open Cover）

预约保险单，又称开口保险单、统保合同，它是由保险与被保险人以协议形式，承保被保险经营范围内的、未来的，在约定期间或不约定期间内分批出运的货物运输保险。预约保险的构件主体包括预约保险合同、逐笔签发的保险单、启运通知书以及货物清单等。

预约保险单仅对货物保险的一般条件和总的金额、保险期限做约定，每票货物启运时，被保险人仍需对保险人履行宣告（Declaration）义务。保险人据此签发保险单。

预约保险中，如果延迟或者因疏忽而遗漏，被保险人仍需补办，即使在补办当时保险标的已经受损，保险人仍予负责。同样地，保险人事后发现保险人疏漏通知，即使发现时，保险标的已安全抵达目的地，被保险人仍需缴付保险费。也就是说，保险人可以接受被保险人善意的遗漏，同时保险人也有权核查被保险标的的出运情况。

对于经常有货物运输的公司多采用此形式，一是防止漏保，二是方便客户，不必逐笔谈保险条件。

预约保险合同通常也定有"每船（车）最高限额条款"与"地点条款"。

预约保险与流动保险的主要区别：使用流动保险单，等于被保险人买进一份定时定值的保险单，每批出运金额加起来的总和达到总保险金额，保险责任终止。使用预约保险单的，则不限定保险期限和保险金额，只要一方不通知对方终止合同，对于协议范围内的保险责任，保险人均予负责。

4. 暂保单（Cover Note）

暂保单也叫承保便条，这种临时保单所载的保险金额、货物数量，只是大概的数字，单上也没有船名及具体的开航日期等资料。在未得到详细资料，在付运之前，被保险人也常要求保险公司先发给一份暂保单。在货物装载于船上后，被保险人再将详细资料通知保险公司签发正式保单。

作为一种约定，保险人在暂保单中，一定载有"协会船级条款"（Institute Classification Clause 13/4/92），以控制保险风险。

（二）填写进出口货运险投保单的要求

1. 被保险人名称。按照保险利益的实际有关人填写，如系买方或者卖方投保的则分别写上其名称。对于出口货物，发票上的出口商、提单上发货人、信用证上受益人均可作为被保险人；以 FOB 或 C&F 价格出口的货物，国外买方委托出口商代投保的，被保险人为出口商的，投保后，应及时将保单转让给国外买方；被保险人也可打上"由第三者受益"、"空白抬头"、"过户给第三者"字样，表示权益的转让。

2. 标记。应该和提单上所载的标记符号相一致，特别是要同货物外包装上的实际标记符号一致，以免发生赔案时，引起检验、核赔、确定责任的混乱。

3. 包装与数量。同发票或提单，应将包装的性质如箱、包、件等单位以及数量写清楚。

4. 货物明细名称。必须按发票填写具体货物名称，不能笼统地写成纺织品、百货等货物类别。

5. 保险金额。一般采用外币，不采用人民币。需要指出的是，保险合同是补偿性合同，被保险人不能从保险赔偿获得超过实际损失的赔付，因此，溢额投保（如过高的加成、明显偏离市场价格的投保金额等）是不能得到全部赔付的。

6. 运输工具。同发票或提单。如是用轮船的应写明船名，转运也需注明；如以火车或航空运输的，应写明车次或航次；联运的，写明联运的具体方式。

7. 开航日期。同发票或提单。

8. 航程或路程。同发票或提单，写明自××港（地）至××港（地）；如到目的地的路线有两条，自××港（地）经××至××港（地）；转船时，须在中转地加注转运港；转运内陆，注明卸货港（地）后，加注内陆目的地。

9. 提单或运单号码。写明以备核对。

10. 承保险别。必须注明，如有特别要求也在这一栏填写。同时，不能只保附加险，不保主险。

赔款地点：除特别申明外，一般在保险目的地支付赔款。

办理投保手续后，发现填写内容有错误或遗漏，或实际情况发生变化，应及时通知保险人，申请变更有关内容，以免因重要事实陈述不清而致保险人解除保险合同或拒付保险赔款。

四、保险金额如何计算？保险费如何计算？

（一）出口货物保险金额的计算

我国出口货物保险金额一般按 CIF 或 CIP 值加成 10%，即将买方预期利润和有关费用加入货价内一并计算。由于货物价格、运输目的地等情况不同，保险加成金额也不同，最高可达 30%。计算公式如下：

出口货物保险金额 ＝ CIF 价×（1＋ 加成率）

如进口方报的是 CFR 或 CPT 价，却要求出口方代为办理货物运输保险，应先把 CFR 或 CPT 价转化为 CIF 或 CIP 价，然后再计算保险金额，计算公式如下：

CIF 或 CIP ＝ CFR 或 CPT /［1－ 保险费率（1＋ 加成率）］

保险金额 ＝ CIF 或 CIP×（1＋ 加成率）

（二）保险费的计算

保险费是由投保人向保险人缴纳的，也是保险人支付保险赔款的资金来源。所以，被保险人要得到保险人对有关险别的承保，必须缴纳保险费。

保险费是保险金额和保险费率的乘积，即：

保险费 ＝ 保险金额×（进）出口保险费率

保险费率是按照商品品种、航程、险别等因素计算出来的，并根据情况做适当调整。进出口保险费率可以通过查费率表得知。

五、企业投保需要提供哪些单证？

企业投保需要的单证主要是合同和发票。当然，出口企业需要按规定填制投保单，明确船名、提单号、开航日期、商品名称、数量、装运港、目的港等以及投保的要求,以便保险公司制作保单。

（一）具体保险业务投保所需单证：

出口货运险，根据国际结算方式不同分为下面两种：

1. 信用证结算方式：

发票：副本或复印件；

提供船名、船期；

提供信用证有关保险条款：原件、复印件或将有关保险条款内容打在发票上。

2. 非信用证结算方式（电汇、托收等）：

发票：副本或复印件；

提供船名、船期。

（二）除另有协议外，被保险人须书面申明投保险别（该申明可在发票上加注），或根据发票及提单内容如实填写投保单。

六、企业投保的程序是什么？

出口企业办理货物保险的具体投保程序如下：

（一）投保人根据出口合同或信用证规定，在备妥货物并确认装运期和运输工具后，按保险公司规定的格式逐笔填制投保单，送保险公司投保。

（二）保险公司以投保单为凭据出具保险单，作为正式凭证，投保人应认真审核。

（三）投保人在保险公司出具保险单后，如需改动险别、运输工具、航程、保险期及保险金额等，必须向保险公司提出申请，保险公司立即出立批单，附在保险单上作为保险单组成部分。

（四）投保人按规定缴纳保险费。

（五）被保险货物抵达目的地后，如发生承保责任范围内的损失，可由国外收货人凭保险单等有关凭证向保险公司或其代理人索赔。

七、企业如何办理出口保险?

办理渠道:企业可通过网上货运险电子商务系统填写"货运险电子商务系统开户申请表"。货运险业务主管部门对开户申请者审核通过后,遵循相关业务管理规定,在有效控制承保风险的前提下,根据预约协议或代理合同谨慎制定相应的自动核保条件及其他控制条件。

办理地址及联系方式:

中国人民保险公司财险专线服务电话:95518

中国人民保险公司财险电子商务平台:**http://www.e-picc.com.cn/**

中国人民保险公司财险天津分公司电话:24148888

中国人民保险公司财险天津分公司国际业务营业部电话:

23145153、23145093

中国出口信用保险公司天津分公司

地址:天津市河西区围堤道 125 号天信大厦 22 层

邮编:300074

电话:(022)28408670

传真:(022)28408674

E-mail: tianjin@sinosure.com.cn

◎ 进口保险

一、进口货物运输保险有哪两种办理方式?

进口货物运输保险一般有两种办理方式:预约保险和逐笔保险。进口商可以根据业务量的具体情况加以选择。

如果进口业务较多,可选择预约保险,这样可以起到简化手续防止漏报的作用。

二、采用"预约保险"办理进口保险如何操作?

凡是按 FOB 和 CFR 贸易条件成交的保险货物,进口公司对进口货物无须每笔都填制投保单,只要在收到国外装船通知后,将船名、提单号、开航日期、商品名称、数量、装运港等内容通知保险公司,即为投保。如被保险人要求对依据预约保险合同分批装运的货物签发保险单证，保险人应当照办。如果分批装运分批签发的保险单证的内容与预约保险单不一致时，应以分别签发的保险单单证为准。

三、采用"逐笔保险"办理进口保险如何操作？

对于一般进出口公司，进口货物不多，可以采取逐笔投保的办法。进口公司收到国外发来的发货通知后，应立即或通过物流公司向保险公司办理投保手续。其做法是进口商缮制一份装货通知送交保险公司，注明合同号、启运地、运输工具名称、启运日期、目的地、预计到达时间、货物名称、数量、保险金额等内容，保险公司接受承保后签发正式的保险单。我们应注意，一定要及时投保，以防发生损失。

四、企业在何处办理进口保险？

中国人保财险专线服务电话：95518
中国人保财险电子商务平台：**http://www.e-picc.com.cn/**
中国人保财险天津分公司电话：24148888
中国人保财险天津分公司国际业务营业部电话：
23145153、23145093
中国出口信用保险公司天津分公司
地址：天津市河西区围堤道 125 号天信大厦 22 层
邮编：300074
电话：（022）28408670
传真：（022）28408674
E-mail: tianjin@sinosure.com.cn

◎ 出口信用保险

中国出口信用保险公司（简称"中国信保"）是我国惟一承办政策性信用保险业务的金融机构，2001 年 12 月 18 日成立，资本来源为出口信用保险风险基金，由国家财政预算安排。目前，中国信用保险公司已形成由总公司营业部、14 个分公司、8 个营业管理部和 20 个办事处组成的覆盖全国的服务网络，并在英国伦敦设有代表处。

中国信用保险公司的主要任务是积极配合国家外交、外贸、产业、财政和金融等政策，通过政策性出口信用保险手段，支持货物、技术和服务等出口，特别是高科技、附加值大的机电产品等资本性货物出口，支持中国企业向海外投资，为企业开拓海外市场提供收汇风险保障，并在出口融资、信息咨询和应收账款管理等方面为企业提供快捷、便利的服务。

一、出口信用保险包括哪些产品？

出口信用保险主要产品包括：短期出口信用保险、国内贸易信用保险、中长期出口信用保险、投资保险、担保业务；新产品包括：中小企业综合保险、外派劳务信用保险、出口票据保险、农产品出口特别保险、义乌中小商品贸易信用保险和进口预付款保险；主要服务有融资便利、国际商账追收、资信评估服务以及国家风险、买家风险和行业风险评估分析等。

二、什么是短期出口信用保险？承保风险和适保范围是什么？损失赔偿比例是多少？

（一）短期出口信用保险

一般情况下，保障信用期限在一年期以内的出口收汇风险，适用于出口企业以信用证（L/C）、付款交单（D/P）、承兑交单（D/A）、赊销（OA）结算方式从中国出口或转口的贸易。

产品类别包括：

综合保险——承保出口企业所有以信用证和非信用证为支付方式出口的收汇风险。

非信用证统保保险——承保出口企业所有以非信用证为支付方式出口的收汇风险。

信用证保险——承保出口企业以信用证支付方式出口时面临的收汇风险。

特定买方保险——承保出口企业对某个或某几个特定买方以各种非信用证支付方式出口时面临的收汇风险。

买方违约保险——承保出口企业以分期付款方式出口因发生买方违约而遭受损失的风险。

特定合同保险——承保企业某一特定出口合同的收汇风险。适用于较大金额（200万美元以上）的机电产品和成套设备出口及对外工程承包和劳务合作。

（二）承保风险和适保范围

承保风险包括：

1. 商业风险：买方破产或无力偿付债务；买方拖欠货款；买方拒绝接受货物；开证行破产、停业或被接管；单证相符、单单相符时开证行拖欠或在远期信用项下拒绝承兑。

2. 政治风险：买方或开证行所在国家、地区禁止或限制买方或开证行向被保险人支付货款或信用证款项；禁止买方购买的货物进口或撤销已颁布发给买方的进口许可证；发生战争、内战或者暴动，导致买方无法履行合同或开证行不能履行信用证项下的付款义务；买方支付货款须经过的第三国颁布延期付款令。

适保范围包括：

适用于在中华人民共和国境内注册的企业，从事符合下列条件的出口贸易：

1. 销售合同真实、合法、有效，一般应包括合同主体、货物种类、数量、价格、交货时间、地点和方式及付款条件等主要内容。

2. 以信用证或非信用证为支付方式，信用期限不超过三百六十天；其中，信用证应为按照约定的《跟单信用证统一惯例 UCP600》开立的不可撤销的跟单信用证。

（三）损失赔偿比例

1. 由政治风险造成损失最高赔偿比例为 90%。

2. 由破产、无力偿付债务、拖欠等其他商业风险造成损失的最高赔偿比例为 90%。

3. 由买家拒收货物所造成损失的最高赔偿比例为 80%。

三、企业投保短期信用保险流程是什么？

图 3-1　企业投保短期信用保险流程

（一）投保

1. 企业提供：企业法人营业执照、中华人民共和国进出口企业资格证书、中华人民共和国组织机构代码证、投保买家的相关资料。

2. 填写《投保单》，把出口企业的名称、地址、投保范围、出口情况、适保范围内的买方清单及其他需要说明的情况填写清楚后，企业法人签字盖章。

3. 中国信保审核投保单，核定费率，签发保单，提供"保单明细表"、"费率表"、"国家（地区）分类表"、"买方信用限额申请表"、"信用限额审批单"、"出口申报单"等给客户。

（二）交纳保费

在收到中国信保开出的"保险费发票"十日内应缴付保险费。

（三）申请限额

1. 在接到中国信保签发的保险单后，应就保单适用范围内的每一买家申请信用限额，填写"买方信用限额申请表"，按表内的要求，把买家的情况，双方贸易条件以及所需的限额填写清楚。

2. 中国信保评估买方资信，核定限额。

（四）出口申报

按照"保险单明细表"列明的申报方法，以保险人规定的格式申报约定保险范围内的全部出口。

四、中长期出口信用保险的特点是什么？

（一）一般情况下保障信用期在一年至十五年的出口收汇风险。

（二）服务于国家外交、外经贸和产业政策，鼓励我国出口企业积极参与国际竞争。

（三）国家信用支持，政府财政为后盾。

（四）重点支持高科技、高附加值的机电产品和成套设备等资本性货物的出口以及对外承包工程项目。

五、中长期出口信用保险包含的内容有哪些？

（一）出口买方信贷保险

在买方信贷融资方式下，中国信保向贷款银行提供还款风险保障的一种政策性保险产品。在买方信贷保险中，贷款银行是被保险人。投保人可以是出口商或贷款银行。

（二）出口卖方信贷保险

在卖方信贷融资方式下，中国信保向出口方提供的用于保障出口商收汇风险的一种政策性保险产品，对因政治风险或商业风险引起的出口商在商务合同项下应收的延付款损失承担赔偿责任。

（三）再融资保险

主要适用于银行或其他金融机构无追索权地买断出口贸易中的中长期应收款，它对因政治或商业风险造成的银行或其他金融机构在中长期应收款项下的款项损失承担赔偿责任。

六、中长期出口信用保险承保风险的内容有哪些？

（一）商业风险

因债务人宣告破产、倒闭、解散或拖欠商务合同或贷款协议项下应付的本金或利息。

（二）政治风险

债务人所在国家（或地区）政府或其在贷款协议项下还款必须经过的第三国（或地区）政府颁布法律、法令、命令、条例或采取行政措施，禁止或限制债务人以贷款协议规定的货币向被保险人偿还债务。

债务人所在国家（或地区）政府或在商务合同或贷款协议项下还款必须经过的第三国（或地区）政府颁布延期付款令，致使债务人无法履行其在贷款协议项下的还款义务；债务人所在国家（或地区）发生战争、革命、暴乱或保险人认定的其他政治事件。

七、办理中长期出口信用保险的流程是什么？

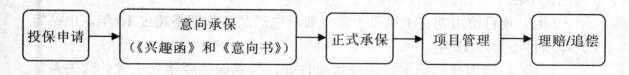

图3-2　中长期出口信用保险流程

（一）询保

项目初期，出口商按项目情况填写询保单，对基本符合承保条件的项目，应出口商要求可以出具兴趣函支持企业投标；经初审符合条件后，可获得意向书，按其中载明的参考费率和保险条件继续商务谈判。

（二）风险评估

我们对相关风险进行进一步的考察分析，并参与有关商务合同和贷款协议的谈判。

（三）投保和承保

商务合同或贷款协议签订后，投保人可正式填写投保单，并随附项目有关资料。按相应程序要求审批通过之后，我公司将出具相应保险单，并通知收取保险费，在收到保险费后保单正式生效。

（四）权益转让

出口卖方信贷保险经我公司同意，出口商可以将保险单项下的赔偿权益转让给贷款银行，取得融资的便利。

八、中长期出口信用保险适保项目的具体标准是什么？

（一）出口项目符合进出口双方国家法律、法规，不损害我国国家利益。

（二）项目的技术和经济效益可行并符合我国的有关政策。

（三）投保金额不超过投保时财政部规定的国家风险限额的余额。

（四）出口标的应主要为我国生产的资本性货物和与之相关的服务。成套设备或机电产品的国产化比例一般不低于70%；船舶、飞机及车辆类产品的国产化比例一般不低于50%；大型海外工程承包项目的中国成分应符合国家有关规定。

（五）商务合同金额，买贷不低于 400 万美元，卖贷不低于 100 万美元，再融资不低于 200 万美元。

（六）商务合同应规定有一定比例的现汇付款或订金。成套设备和其他产品的预付款比例一般不低于合同金额的 15%，船舶类产品交船前进口方现汇支付比例不低于合同金额的 20%。

（七）项目信用期在 1 年以上，一般机电产品还款期不超过 10 年，电站等大型项目不超过 12 年。

（八）进口国政局稳定，经济状况良好，与我国已经建立正常外交关系，属中国信保可接受风险范畴。

（九）进口商和担保人资信在我公司可接受范围之内。

（十）投保买方信贷保险和卖方信贷保险要求出口商务合同在询保前尚未签订。

（十一）再融资保险要求出口项目以延期付款方式支付，出口商应收账款体现于一套可转让的中长期应收款凭证。

九、什么是进口预付款保险？适保范围和承保风险是什么？

（一）进口预付款保险

承保的是进口企业按照进口合同规定支付预付款后，依据进口合同有权要求并且已经要求国外供应商退还该预付款，但因商业风险或政治风险发生导致其不能收回相应款项的风险。

（二）适保范围和承保风险

1. 适保范围包括

（1）货物从中华人民共和国境外进口；

（2）进口方在中国境内注册，有进口经营权；

（3）进口合同真实、合法、有效，以 L/C、D/P、D/A、前 T/T 或我公司认可的其他方式支付预付款，且明确约定预付款金额、支付期限和国外供应商退还预付款的条件和期限；

（4）信用期限不超过"保险单明细表"列明期限。

2. 承保风险

商业风险包括：

（1）国外供应商破产或者无力偿付债务；

（2）国外供应商拖欠应退还的预付款。

政治风险包括：

（1）国外供应商所在国（或地区）禁止或限制汇兑；

（2）退款须经过的第三国颁布延期付款令；

（3）战争、内战、叛乱、革命、暴动；

（4）经保险人认定属于政治风险的其他事件。

十、进口预付款保险办理流程是什么？

```
限额申请表在投保前与投保单要一起填制，便于
进行预调查和保单批复后尽快申请限额
```
↓
```
1. 被保险人填制〈客户信息表〉，制作投保单和填
制限额申请表
```
↓

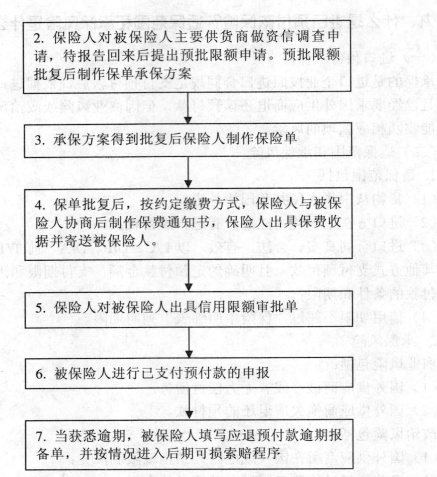

2. 保险人对被保险人主要供货商做资信调查申请，待报告回来后提出预批限额申请。预批限额批复后制作保单承保方案

3. 承保方案得到批复后保险人制作保险单

4. 保单批复后，按约定缴费方式，保险人与被保险人协商后制作保费通知书，保险人出具保费收据并寄送被保险人。

5. 保险人对被保险人出具信用限额审批单

6. 被保险人进行已支付预付款的申报

7. 当获悉逾期，被保险人填写应退预付款逾期报备单，并按情况进入后期可损索赔程序

图 3-3　进口预付款保险办理流程

联系方式：

中国出口信用保险公司天津分公司

地址：天津市河西区围堤道 125 号天信大厦 22 层

邮编：300074

电话：（022）28408670

传真：（022）28408674

E-mail:tianjin@sinosure.com.cn

◎ 保险单审核及常见的问题和错误

一、企业接到保险单为什么要审核？

由于信用证项下的结算原则是单证相符，单单相符，而保险单是结算单据之一。所以，保险公司将缮制好的保险单交给投保人后，投保人需参照信用证、贸易合同及发票等单据进行逐项审核，以保证单证一致、单单一致，并和合同的规定相符，才能顺利交单结汇。

二、保险单常出现的问题和错误有哪些？

1. 保单的种类与信用证要求不符，如信用证要求提交保险单，而实际提交的是保险证明。

2. 投保险别与信用证要求不符，如信用证要求投保钩损险和包装破裂险，保单上注明的是投保平安险。

3. 投保货物与信用证要求不符，如货物描述、金额与信用证或发票规定不符。

4. 运输工具、装运港、目的港与信用证或提单不符，如信用证上要求在香港转船，而保单上没有注明，造成单证不符。

5. 保险单的币值与信用证、汇票或发票不符。

6. 保险日期迟于提单日期。

7. 被保险人与信用证要求不符。

8. 偿付地点与偿付代理人，与信用证不符。

9. 背书形式与信用证有关规定不符。

第十一节　运输

在国际货物贸易中，卖方出售的货物只有通过运输才能到达买方手中，所以，运输在国际贸易中是一个不可缺少的环节。国际贸易货物运输涉及方方面面，其中包括：由谁负责安排运输与支付运费，采用何种运输方式，怎样确定货物装运和交接的时间与地点，是否分批装运或转船，装卸时间、装卸率、滞期和速遣费如何规定，以及如何发出装运通知和提供装运单据等。对运输的细节必须在事先谈好，并在合同中加以明确。

◎ 国际货物运输方式

一、国际货物运输包括哪些运输方式？

国际货物运输包括海洋运输、铁路运输、航空运输、邮包运输、集装箱运输与国际多式联运以及国际河流运输、公路运输与管道运输等。但是，海洋运输在国际贸易货运总量中占80%以上。这是由于海洋运输运费较低，运量大，高于其他运输工具。

二、选择运输方式为什么要注意与国际贸易术语的关系？

这是因为各种贸易术语都分别适用一定的运输方式，如 FAS、FOB、CFR、CIF、DES、DEQ 这几种贸易术语只是适用于海洋运输和江河运输；而 EXW、FCA、CPT、CIP 等其他贸易术语适用于各种运输方式，包括公路、铁路、江河、航空以及多式联运。所以，在实际业务谈判中，尤其是在买卖双方商定运输方式时应该把运输方式和国际贸易术语的运用结合起来，即谈运输方式时要考虑贸易术语的要求，选用贸易术语也要同样考虑选用何种运输方式，只有这样，才能使商定的运输方式与合同中的其他交货条件相吻合，避免出现矛盾。

三、海洋运输中班轮运输的特点是什么？

班轮运输的特点是：

1. 船舶按照固定的船期表、沿着固定的航线和港口来往运输，按相对固定的运费率收取运费。

2. 由船方负责配载装卸，装卸费包括在运费中，船、货双方也不计算滞期费和速遣费。

3. 船、货双方的权利、义务与责任豁免，以船方签发的提单条款为依据。

4. 班轮承运的货物的品种、数量比较灵活，货运质量比较有保证，采取码头仓库交接货物，为货主提供了较便利的条件。

四、国际铁路货物联运大陆桥目前有哪几条？

中国有四条欧亚大陆桥，具体如下：

1. 连满欧亚联运大通道。以大连为上岸港，把我国和香港特别行政区、日本、东南亚各国供俄罗斯和西北欧的货物，经哈（尔滨）大（连）铁路、滨（哈尔滨）洲（满洲里）铁路，由我国最大的陆路口岸、内蒙古的满洲里出境，沿西伯利亚大铁路，经俄罗斯的莫斯科到俄边境城市布列斯特分流，再经波兰的华沙、德国的柏林到荷兰的鹿特丹港。

2. 绥满欧亚联运大通道。以我国国内货物或日本、我国香港过境货为主，海运到俄罗斯的纳霍德卡港或海崴战港，经铁路至黑龙江省的绥芬河，途经哈尔滨和内蒙古的满洲里，然后到俄国的札拜卡力斯克—塔尔斯克铁路与西伯利亚大铁路连接，到布列斯特分流，直至西抵鹿特丹港。

3. 津蒙欧亚联运大通道。货运集装箱从天津新港上岸，经天津、北京、山西的大同、内蒙古的二连浩特入蒙古国，经乌兰巴托北入俄境与西伯利亚大铁路接轨，到布列斯特分流，西抵鹿特丹港。

4. 新欧亚大陆桥。东起江苏省连云港，经河南郑州、陕西西安、甘肃兰州、新疆乌鲁木齐，从阿拉山口出境，经中亚塔吉克斯坦等国到新西伯利亚与西伯利亚大铁路接轨，经莫斯科到布列斯特分流，西抵鹿特丹港。

连满大陆桥可取之处较多，其铁路在我国和俄罗斯（原苏联）境内的距离均较长，两国都看重此线，运输基础比较可靠，条件比较优越。

绥满大陆桥虽然系海陆联运，1908 年已开通。但海参崴港是座冻港，天寒地冻时，每年有 2～3 个月结冰期。

津蒙大陆桥全程运距最短，在中俄境内的距离也最短，运费应最省。

新欧亚大陆桥优点是铁路在中国境内的距离较长，达 4100 多公里。

五、航空运输的运价是如何计算的？航空运输提单中的收货人为什么要填写全称和详细地址？

航空运输货物的运价是从启运机场运至目的地机场的运价，不包括其他额外费用（如提货、仓储费等），运价一般是按重量（公斤）或体积重量（6000 立方厘米折合一公斤）计算的，以两者中高者为准。空运货物是按一般货物、特种货物和货物的等级来规定运价的标准。

航空运单（Air Way Bill）是承运人与托运人之间签订的运输契约，也是承运人或其代理人签发的货物收据。航空运单还可作为承运人和收运费的依据和海关查验放行的基本单据。但航空运单不是代表货物所有权的凭证，也不能通过背书转让。收货人提货不是凭航空运单，而是凭航空公司的提货通知单。所以，在航空运单的收货人栏内，必须要详细填写收货人的全称和地址，不能做成指示性抬头。

六、如何选择合理的、安全的运输方式？

为了合理地选择安全运输方式，以利于合同的履行，在实际业务中我们要考虑以下事项：

1. 要考虑各种运输方式的特点。各种运输方式各有特点，既有优点，也有不足之处。要结合各种运输方式的优缺点，加以综合考虑，权衡利弊力求约定的运输方式合理而有利。

2. 要考虑成交商品的种类及其特点。商品不同，对运输方式的要求也不同。如，危险品货物需要专门的防护设施和特定的运输条件；某些商品易腐，在途时间不宜过长，以免中途变质。这些都需要我们注意，以确保货物在运输途中的安全。

3. 要考虑成交数量的大小。货运量大，一般适于海洋运输或铁路运输，小额贸易成交量很小，可酌情考虑使用其他的运输方式，以降低成本。

4. 要考虑运输距离的远近。在实际业务中，我们还要根据运输距离的远近并结合速度酌情选用适当的运输方式。

5. 要考虑轻重缓急。各种运输方式的运输速度都不同。除管道运输外，航空运输速度最快，公路和铁路运输次之，海洋运输速度较慢，江河运输速度最慢。我们只能按实际需要酌情考虑选用合适的运输方式。

6. 要考虑运费因素。各种运输方式成本不一，航空运输最贵，公路运输次之；铁路运输和江河运输成本较低，海洋运输最低。

7. 要考虑货运的安全。各种运输方式的风险大小和货运安全程度不同。如海洋运输易受狂风巨浪的袭击，江河运输相对平稳，铁路和公路运输的货物易受车辆震动的影响而破损。在选择运输方式时，必须考虑货运的安全。

8. 除上述之外，还应考虑装卸地的情况、气候、自然条件、我们的经营意图以及国际局势的变化等，这些都是我们要注意的。

◎ 提单、货物收据

运输单据是承运人收到承运货物后签发给托运人的证明文件，是交接货物、处理索赔以及向银行结算货款或进行议付的重要单据。在国际货物运输中，运输单据的种类很多，其中包括海运提单、海运单、铁路运输单据、航空运单、多式联运单据和邮件收据等。下面我们介绍海运提单和货物收据。

所谓海运提单是证明海上运输合同和货物由承运人接管或装船，以及承运人据以保证交付货物的凭证。

一、海运提单的种类有哪些？

海运提单可分为（"海运提单"样本见附录8）：

（一）按货物是否装船，可分为已装船提单和备运提单

1. 已装船提单是指承运人已将货物装上指定的船舶后所签发的的提单，其特点是提单上必须以文字表明货物已经装上某船，并载明装船日期，有船长或其代理人签字。在国际贸易中，一般都要求卖方提供提供已装船提单。

2. 备运提单。这种提单是承运人已收到托运货物等待装运期间所签发的提单。发货人可待货物装船后凭此调换已装船提单；也可以经承运人或其代理人在备运提单上批注货物已装上某具名船舶及装船日期，签署后使之成为已装运提单。

（二）根据提单上对货物外表状况有无不良批注可分为清洁提单和不清洁提单

1. 清洁提单。清洁提单是指货物在装船时"表面状况良好"，承运人没有在提单上标明货物及/或包装有缺陷的提单。银行只接受清洁提单，因为清洁提单是提单转让所必备的条件。

2. 不清洁提单。不清洁提单是承运人在签发的提单上带有明确的货物及/或包装有缺陷状况的条款或批注的提单。

（三）根据提单收货人抬头的不同分为记名提单、不记名提单和指示提单

1. 记名提单。记名提单是指提单上的收货人栏内填明特定的收货人名称，只能由该特定收货人提货。由于这种提单不能经过背书方式转让给第三方，不能流通，故目前在国际上很少使用。

2. 不记名提单。不记名提单是指提单上的收货人栏内没有指明任何收货人，只注明提单持有人字样，承运人应将货物交给提单持有人，谁持有提单，谁就可以提货。承运人交货，只凭单，不凭人。不记名提单无须背书转让，流通性极强，采用这种提单风险极大，所以国际贸易中已经很少使用。

3. 指示提单。提单收货人栏内填写"凭指定"或"凭某某人指定"字样。这种提单可以通过背书转让，是国际贸易中广泛使用的提单。背书的方式又有

"空白背书"和"记名背书"。前者是指背书人（提单转让人）在提单背面签名，而不注明被背书人（提单受让人）名称；后者是背书人除在提单背面签名外，还列明被背书人名称。记名背书提单受让人如需再转让，必须再加背书。在目前实际业务中，使用最广泛的是"凭指定"并经"空白背书"，习惯上我们称其为"空白抬头、空白背书"的提单。

（四）按运输方式分为直达提单、转船提单和联运提单

1. 直达提单。轮船中途不经过换船而驶往目的港所签发的提单。凡信用证与合同规定不准转船者，必须使用这种直达提单。

2. 转船提单。装运港装货的轮船，不直接驶往目的地（港），而需中途换装另外的船舶所签发的提单。提单上要注明"转船"或"在××港转船"字样。

3. 联运提单。只经过海运和其他运输方式联合运输时，由第一承运人所签发的包括全程运输的提单。它如同转船提单一样，货物在中途转换运输工具和进行交接，由第一承运人或其代理人向下一承运人办理。应当指出，联运提单虽然包括全程运输，但签发联运提单的承运人一般都在提单中规定只承认它负责运输的一段航程内的货损责任。

（五）按船舶运营方式的不同分为班轮提单和租船提单

1. 班轮提单。由班轮公司承运货物后签发的提单。

2. 租船提单。根据租船合同由承运人签发的提单。这种提单受租船合同的约束。银行和买方接受这种提单时，通常要求卖方提供租船合同副本。

（六）其他种类提单

1. 集装箱提单。由集装箱运输的经营人或其代理人，在收到货物后签发给托运人的提单。集装箱提单包括集装箱联运提单及多式联运单据。

2. 舱面提单。承运货物装载在船舶甲板上所签发的提单，所以也叫"甲板提单"。我们一般不接受甲板提单。银行也不接受这种提单，除非信用证另有规定。

3. 过期提单。它是指错过规定的交单日期或者晚于货物到达目的港日期的提单。前者是卖方超过提单签发日期后 21 天才交到银行议付的提单。如信用证无特殊规定，银行将不接受在运输单据签发日后 21 天才提交的单据。后者是近洋运输容易出现的情况，所以近洋国家间的贸易合同中，一般都有"过期提单可接受"的条款。

二、航空运单的性质和作用是什么？

航空运单是承运人与托运人之间签订的运输契约，也是承运人或其代理人

签发的货物收据。航空运单还可以作为承运人核收运费的依据和海关查验放行的基本单据。但航空运单不是代表货物所有权的凭证，也不能通过背书转让。

三、为什么承运货物收据也是一种运输单据？

承运货物收据是在特定运输方式下所使用的一种运输单据。它既是承运人出具的货物收据，也是承运人与托运人签订的运输契约。我国内地通过铁路运往港、澳地区的出口货物，一般多委托外运公司承办。当出口货物装车发运后，外运公司即签发一份承运货物收据给托运人，作为结汇的凭证。此外，它还是收货人凭以提货的凭证。承运货物收据的实际内容与海运提单基本相同，主要区别是只有第一联为正本。在该正本的反面印有"承运简章"载明承运人的责任。另外承运货物收据不仅适用于铁路运输，也可用于其他运输方式。

四、航空提单为什么不能背书转让？

由于航空运单不是代表货物所有权的凭证，因此，不能背书转让。收货人提货不是凭航空运单，而是凭航空公司的提货通知，在航空运单的收货人栏内，填写的是收货人全称和地址，也不能做成指示性抬头。

五、邮包收据的作用是什么？

邮包收据是邮件运输的主要单据，是邮局收到寄件人的邮包后所签发的凭证。当邮包发生损坏或丢失时，它还可以作为索赔和理赔的依据，但邮包收据不是物权的凭证。

根据《跟单信用证统一规则 UCP600》规定，如信用证要求邮包收据或邮寄证明，银行在接受的邮件收据或邮寄证明表面注有信用证规定的寄发地处盖章并加注日期，该日期即为装运或发运日期；如信用证要求特快专递机构出具的单据，银行对这种快递单据将予以接受。

六、《联合国国际货物多式联运公约》对多式联运单据有何规定？

《联合国国际货物多式联运公约》规定，多式联运单据是多式联运合同的证明，也是多式联运经营人收到货物的收据和凭以交付货物的凭证，同一多式联运单据需包括全程运输。根据发货人的要求，多式联运单据可以做成可转让的，也可以做成不可转让的。多式联运单据如签发一套一份以上正本单据，应注明其份数，其中一份完成交货后，其余各份正本即失效。副本单据没有法律效力。

第十二节　进出口核销

出口收汇核销管理制度始于 1991 年 1 月 1 日。出口收汇核销管理是指外汇管理局在商务、海关、税务、银行等有关部门的配合、协助下，以出口货物的价值为标准对是否有相应的外汇（或货物）收回国内的一种事后监管措施，是对出口收汇的贸易真实性的审核。

"出口收汇核销单"是指由国家外汇管理局统一管理，各分支局核发，出口单位凭以向海关办理出口报关、向银行办理出口收汇、向外汇管理机关办理出口收汇核销、向税务机关办理出口退税申报、有统一编号的重要凭证。

◎ 出口收汇核销

一、出口收汇核销的范围是什么？

出口单位向境外、境内特殊经济区域或采用深加工结转等方式出口货物，凡向海关申报的监管方式属于需要使用核销单的，均应当办理出口收汇核销手续。它可以分为收汇贸易、不收汇贸易和其他贸易三大类（"出口收汇核销单"样本见附录 11）。

收汇贸易包括一般贸易、进料对口、来料加工、来件深加工、进料深加工、保税工厂、三资进料加工、进料非对口、货样广告品、有权军事装备、无权军事装备、边境小额、对台小额、对台贸易。

不收汇贸易包括易货贸易、补偿贸易、退运货物、进料料件复出、进料料件退换、进料边角料复出。

其他贸易包括寄售代销、对外承包工程、租赁贸易、租赁不满一年、出料加工。

二、外汇管理部门对出口收汇核销的时限有何要求？

在即期出口项下，出口单位应当在出口报关之日起 210 天内凭核销单、报关单、出口收汇核销专用联到外汇管理局办理出口收汇核销手续；远期出口项下，出口单位应当在合同预计收汇日期起 30 天内，持上述材料到外汇管理局办理收汇核销手续。

三、企业如何办理出口收汇核销手续？ 需要企业提供什么材料？ 对材料有何要求？

（一）出口收汇核销手续：实行"出口收汇网上核销报审"的企业， 2007 年 9 月 1 日以后出口的核销单（以出口报关单的"出口日期"为准），经网上核销系统自动审核通过的，无需再来外汇局审核；2007 年 9 月 1 日以后出口的核销单，经网上核销系统自动审核没有通过的，以及 2007 年 9 月 1 日以前出口的核销单，仍需到外汇局柜台办理核销审核。

（二）企业出口货物后，应当在不迟于预计收汇日期起 30 天内到外汇局柜台办理出口收汇核销审核业务，并提供以下材料：

1. 出口收汇核销信息登记表；
2. 盖有海关"验讫章"的出口收汇核销单；
3. 盖有海关"验讫章"的出口货物报关单；
4. 出口收汇核销专用联（收取人民币的提供人民币入账凭证）；
5. 经商务主管部门核准的加工贸易合同（首次核销时提供）；
6. 外汇局要求提供的其他凭证、文件。

四、出口业务发生退赔，如何进行外汇核销？

若出口项下发生退赔，出口企业应向外汇管理局提供有关凭证，外汇管理局按下列情况审核退赔外汇的真实性。

（一）已出口报关且已办理核销的，外汇管理局凭以下有效单据进行审核：

1. 出口合同；
2. 退赔协议及有关证明材料；
3. 出口收汇核销单（退税专用联）；
4. 外汇管理局要求的其他材料。

（二）移交单位办理核销的，外汇管理局凭外汇指定银行结汇水单（或收账通知）及第一款所列单据进行审核。

（三）已报关出口为交单的，外汇管理局凭第一款及以下有效单据进行审核：

1. 出口货物报关单；
2. 商业发票；
3. 汇票副本；
4. 外汇指定银行结汇水单（或收账通知）。

（四）出口货物未报关但已预收全部或部分货款后因故终止执行合同，出口单位须向进口商支付退赔外汇，外汇管理局凭出口合同正本、终止执行合同证明、外汇指定银行结汇水单（或收账通知）、进口方付款通知进行审核。外汇管理局审核出口单位所提供的上述凭证无误后，出具"已冲减出口收汇核销证明"，银行凭此证明为出口单位办理退赔外汇的售付。

五、企业在何处办理出口核销？

受理单位：国家外汇管理局天津市分局经常项目管理处
受理范围：注册地在塘沽区以外的天津市进出口企业
地　　址：天津市和平区解放北路 117 号
电　　话：23209938、203209497
受理单位：国家外汇管理局塘沽中心支局经常项目管理科
受理范围：注册地在塘沽区的进出口企业
地址：天津市经济开发区滨海金融街 E8A 座
电话：66239177

◎　进口付汇核销

实施进口付汇核销制度，是为了在我国实现人民币经常项下可自由兑换后，能够有效地监测和审查进口付汇的贸易真实性，区分经常项下和资本项下外汇，防范和降低外汇风险，规范银行和进口单位的进口售（购）付汇和到货行为。

一、外汇管理局对进口核销的时限、需提交的文件和单据有何要求？

进口付汇核销手续：进口单位在办理进口付汇手续后，应在付汇或货到 30

天内到外汇局办理核销手续，并提供以下单证：

1. "贸易进口付汇核销单（代申报单）或付汇凭证（限于在建行、招行的付汇）。

2. 进口付汇备案表（如核销单付汇原因为"正常付汇"，企业可不提供该单据）。

3. 进口货物报关单核销联（正本）和中国电子口岸操作员 IC 卡。

4. 进口付汇到货核销表（一式两份，并加盖公司章）。

5. 结汇水单或收账通知单、国际收支涉外收入申报单（企业办理"进口退汇"、"境外工程使用物资"及"转口贸易"的付汇核销时提供）。

6. 外汇局要求提供的其他凭证、文件。

上述单据的内容必须清晰、完整、准确、真实。

货到付款结算方式的进口付汇在银行实行自动核销处理，进口单位无需到外汇局办理进口付汇核销报审手续。

二、企业在何处办理进口付汇核销？

受理单位：国家外汇管理局天津市分局经常项目管理处
受理范围：注册地在塘沽区以外的天津市进出口企业
地　　址：天津市和平区解放北路 117 号
电　　话：23209516
受理单位：国家外汇管理局塘沽中心支局经常项目管理科
受理范围：注册地在塘沽区的进出口企业
地址：天津市经济开发区滨海金融街 E8A 座
电话：66239177

第十三节　出口退（免）税

企业出口货物以不含税价格参与国际市场竞争是国际上的通行做法。我国为鼓励货物出口，对出口货物在出口销售环节不征增值税、消费税，同时退还以前纳税环节已缴纳税款，即通常所说的出口货物退（免）税。

一、出口退（免）税的货物范围是什么？

企业报关出口的货物，除国家规定免税和不退税的货物以外，均属于出口退（免）税的范畴。

（一）国家规定免税的货物

1. 来料加工复出口的货物。

2. 避孕药品和用具、古旧图书。

3. 国家出口卷烟计划内的卷烟。

4. 军品及军队系统企业出口军需部门调拨的货物。

（二）国家规定不退税的货物

1. 一般物资援助项下出口的货物。

2. 国家禁止出口的货物，包括天然牛黄、麝香、铜及铜基合金、白金等。

3. 国家若干出口退税政策中规定不退税的货物。

二、企业办理出口退（免）税需提供哪些凭证？

（一）外贸企业办理出口退（免）税必须提供下列报表和资料

1. 通过出口货物退（免）税申报系统打印的"外贸企业出口退税进货明细申报表"、"外贸企业出口退税出口明细申报表"、"外贸企业出口退税汇总申报表"各一式两份。

2. 出口货物退（免）税正式申报电子数据。

3. "出口货物销售明细账"（备查）。

4. 购进货物的"增值税专用发票（抵扣联）"或"增值税专用发票分批申报单"。

5. 加盖海关验讫章的"出口货物报关单（出口退税专用）"（样本见附录 12）。

6. 加盖外汇管理部门已收汇核销印章的"出口收汇核销单（出口退税专用）"（已实行"出口收汇网上报审系统"的出口企业除外）。

7. 属于消费税应税范围的货物还应提供消费税"税收（出口货物专用）缴款书"或"出口货物完税分割单"。

8. 属于委托其他外贸企业代理出口货物的，还应提供由受托方主管出口退税的税务机关开具的"代理出口货物证明"。

（二）生产企业办理出口退（免）税必须提供下列报表和资料

1. 利用生产企业出口货物退（免）税申报系统打印的"生产企业出口货物免、抵、退税申报汇总表及附表"3 份、"生产企业出口货物免、抵、退税申报明细表"2 份。

2. 出口货物免抵退税正式申报电子数据。

3. "出口货物销售明细账"（备查）。

4. "增值税纳税申报表"及附表。

5. 加盖海关验讫章的"出口货物报关单（出口退税专用）"。

6. 加盖外汇管理部门已收汇核销印章的"出口收汇核销单（出口退税专用）"（已实行"出口收汇网上报审系统"的出口企业除外）。

7. 出口发票。

8. 属于委托代理出口业务的，还应提供由受托方主管出口退税的税务机关开具的"代理出口货物证明"。

9. 使用从国内购进免税原材料（特指购进后不能依据增值税有关规定提取和抵扣进项税额的国内免税原材料）加工出口货物的，应进一步提供"当期在国内购进免税原材料明细表"。

应当注意，上述企业在办理出口货物退（免）税申报后 15 日内，须向企业财务部门或主管税务机关（由主管税务机关确定具体备案地点）备案下列出口货物单证：

（1）外贸企业购货合同、生产企业收购非自产货物（特指 3 家外购货物出口试点生产企业收购非自产货物和生产企业收购视同自产货物）出口的购货合同，包括一笔购货合同下签订的补充合同等。

（2）出口货物明细单。

（3）出口货物装货单。

（4）出口货物运输单据（包括：海运提单、航空运单、铁路运单、货物承运收据、邮政收据等承运人出具的货物收据）。

三、企业办理出口退（免）税的程序是什么？在何处办理？

出口企业应安排 1 至 2 名财务人员作为专职办税人员按照如下程序向主管税务机关办理出口货物退（免）税申报手续：

1. 在货物报关出口并在财务上做销售处理后，及时登录出口退（免）税申报系统按月录入货物进货、出口等全部数据，生成出口退（免）税预申报盘。

2. 持预申报盘向主管税务机关申请办理出口退（免）税。

3. 预审通过后，通过出口退（免）税申报系统打印全套"出口货物退（免）税申请表"。

4. 持全套"出口货物退（免）税申请表"，同时提供办理出口退（免）税的所有凭证资料，向主管出口退税的税务机关申请办理出口退（免）税。

企业应向办理本企业出口退（免）税认定的税务机关申请办理退（免）税手续（地址及联系方式详见第一章第五节页）。

第十四节　融资

从事国际贸易的进出口企业，如果在交易中能够得到银行、保险公司等金融机构的资金的融通，可以解缓资金上的压力。在实践中，我们可以通过多种形式取得资金通融。进出口商从商品采购、打包、仓储、出运每个阶段，以及与商品进出口有关的制单、签订合同、申请开立信用证、承兑、议付等每一个贸易环节都可以融资。本节重点介绍打包贷款、出口押汇、贴现等办理方法。

一、如何办理打包贷款?

这种贷款是在信用证结算方式下，银行以出口商收到的由境外银行开立的有效信用证正本为还款凭据和抵押品，向出口商发放的一种装运前短期转向流动资金贷款。款项用于出口商品的采购，生产和装运信用证项下的货物。

商业银行提供的打包贷款占用出口商的授信额度。一般情况下，出口商将信用证项下的单据交贷款银行"议付"，贷款银行以信用证项下的收汇为第一还款来源。

申请打包贷款的信用证必须是不可撤销的信用证，开证行资信良好，进口商所在国政治稳定，经济状况良好。信用证条款清楚合理，没有"软条款"和对出口商难以履行的规定，能控制物权单据等。

（一）打包贷款的办理

1. 出口商在收到信用证后，申请办理打包贷款时向银行提交：

（1）书面申请；

（2）国外销售合同和国内采购合同；

（3）贸易情况介绍；

（4）正本信用证。

2. 需与银行签订正式的《借款合同（打包贷款）》。

3. 凭以放款的信用证以融资银行为通知行，且融资银行可以议付、付款。

4. 信用证中最好不含有出口商无法履行的"软条款"。

5. 申请打包贷款后，信用证正本须留存于融资银行。

6. 正常情况下，信用证项下收汇款须作为打包贷款的第一还款来源。

7. 出口商装运货物并取得信用证下单据后，应及时向银行进行交单。

（二）打包贷款应提供的文件

1. 经年检的企业法人营业执照或营业执照复印件。

2. 打包放款申请书。

3. 企业近期财务报表。

4. 不可撤销的信用证正本及全部信用证修改正本（如有）。

5. 出口销售合同及与本贷款有关的国内购销合同正本。

6. 出口商品配额或许可证等有关批文。

7. 国家限制出口的商品，应提交国家有权部门同意出口的证明文件。

8. 担保方面的资料。

9. 银行要求的其他资料。

二、如何办理出口押汇?

在信用证和托收方式结算的出口业务中，出口商在装运货物后，向办理押汇银行申请押汇，签订出口押汇协议，将全套货运单据交银行审核，通过后将它们质押给银行，由银行向出口商提供资金融通，并保留对出口商的追索权的一种融资方式。

出口押汇分为出口信用证项下的押汇和出口托收项下押汇。托收项下押汇又分为 D/P 押汇和 D/A 押汇。

（一）押汇的办理

1. 需与银行签订正式的出口押汇总协议。

2. 向银行（通常为通知行或议付行）提出正式的出口押汇申请书。

3. 信用证项下的押汇申请人应为信用证的受益人。

4. 限制其他银行议付的信用证无法办理出口押汇。

5. 申请信用证下出口押汇，应尽量提交单证相符的出口单据。

6. 如果您希望通过出口押汇进行融资，最好避免以下情况：

（1）运输单据为非物权单据；

（2）未能提交全套物权单据；

（3）转让信用证；

（4）带有软条款的信用证；

（5）提交存在实质不符点的单据。

（二）押汇应提供的文件

1. 银行的贸易融资总协议。

2. 银行的出口押汇申请书。

3. 信用证正本及信用证修改的正本。

4. 信用证（包括信用证修改）要求的全套单据。

三、什么是贴现？

贴现是票据持有人在票据到期之前为获得现款而向银行贴付一定利息所作的票据转让。出口商通过票据贴现能够立即取得票款，从而方便了资金的运筹和资金的周转。

适合贴现的出口贸易结算票据包括：

1. 信用证项下的票据。

2. 托收项下的票据。

3. 出口保理项下的票据。

四、其他融资方式还有哪些？

（一）福费廷（见第十五节"什么是汇率风险？如何防范？"中福费廷解释）

（二）出口双保理（参阅下面的"出口保理"）

（三）出口保理

1. 出口保理。出口保理是指出口商以商业信用形式出卖商品，在货物装船后立即将发票、汇票、提单等有关单据卖断给保理机构，收进全部或部分货款，从而取得资金通融的业务。

2. 保理业务的程序。出口商以赊销方式出卖商品，为能够将其应收账款出售给保理组织，取得资金通融的便利，一般都与该组织签有协议，规定双方必须遵守的条款和应付的责任。协议签订后，按如下程序进行：

（1）出口商首先将进口商的名称等一些交易情况报告给本国的保理组织；

（2）出口方保理组织将上述资料整理后，通知进口方保理组织；

（3）进口方保理组织对进口商的资信进行调查，并将结果以及可以进口商提供赊销金额的具体建议通知出口方保理组织；

（4）出口方保理组织将调查结果通知出口商，并对出口商与进口商之间的交易加以确认；

（5）出口商装运后，在单据上注明应收账款后，把出口单据出售给出口方保理组织，要求后者按汇款或发票金额扣除利息和承购费用后，立即或在双方商定的日期将货款支付给出口商并将有关单据寄送给进口方的保理组织；

（6）进口方保理组织负责向进口商催收货款，并向出口方保理组织进行划拨。

3. 保理业务的内容和特点

（1）保理商承担了信贷风险。出口商将单据卖断给保理组织，如果海外进口商拒付货款或不按期付款，保理商不能向出口商行使追索权，全部风险由保理商承担。这是保理业务最重要的特点和内容。

（2）保理商承担了资信调查、托收、催收账款的任务，甚至代办会计处理手续。刚刚涉足国际贸易的中小企业，对国际市场了解不多，保理商不仅代理他们对进口商进行咨询调查，并且承担托受货款的任务；保理业务是一个广泛的、综合的业务，不同于议付业务，也不同于贴现业务。

（3）预支货款。典型的保理业务是出口商出卖单据后，立即收到现款，得到资金通融。如果出口商资金充足，有时也可以在票据到期后再向保理组织索要货款，有时，保理组织也在票据到期前，先向出口商支付80%的出口货款，其余20%货款待进口商付款后再予支付。

（四）开证额度

开证额度是指银行为帮助进口商通融资金，对一些资信较好、有一定清偿能力的进口商，根据其提供的质押品和担保情况，核定一个相应的开证额度。进口商在每次申请开证时，可获得免收或减收开证保证金的优惠。

开证额度分为普通开证额度和一次性开证额度。

开证额度是银行对进口商提供的开证保证金比例的融资，即期信用证项下必须付款赎单，远期信用证项下，银行将实施货物监管。

（五）承兑汇票

1. 承兑汇票的办理

（1）在当地工商行政管理部门登记注册，依法从事经营活动并持有经年审有效的营业执照，实行独立经济核算的企业法人或其他组织。

（2）在银行开立结算账户，提供银行所需的财务报表以供信用评级。

（3）承兑申请人与汇票收款人之间具有真实、合法的商品交易关系。

（4）与银行有真实的委托付款关系。

（5）资信良好，具有支付票款的可靠资金来源和能力。

（6）必须在办理银行存有不低于汇票票面金额30%的保证金，并实行专户管理。同时，就敞口风险金额（即汇票金额剔除保证金后的余额）占用相对工商客户授信额度。

2. 承兑汇票办理时需提交的文件

（1）经年审合格的营业执照（复印件）。

（2）组织机构代码证（复印件）。

（3）基本账户开户许可证（复印件）。

（4）税务登记证（复印件）。

（5）经年审合格的贷款卡（复印件）。

（6）法定代表人及被授权人身份证复印件。

（7）银行承兑汇票原件。

（8）购销合同（复印件）。

（9）增值税发票或证明真实交易关系的其他税务凭证（复印件）。

（10）商业汇票贴现协议*。

（11）贴现凭证（第一联加盖企业预留印鉴）*。

（12）商业汇票贴现申请书*。

（13）法定代表人身份证明书*。

（14）授权委托书*。

（注：（1）所有复印件需加盖企业公章，并与原件对照。（2）首次办理贴现业务须提供上述一至十四项，再次办理只需提供七至十四项。（3）*号部分由银行提供统一格式。）

（六）充分利用中国信保公司进行融资

投保短期信用保险可以：保障收汇安全；采取灵活的结算方式，扩大销售，提高在国际市场中的竞争地位和能力；为开拓新市场、新客户助一臂之力；提供国外买方资信调查服务；获得资金融通的便利，帮助解决资金周转困难，规避汇率风险，扩大经营能力；帮助追讨国外欠款，减少企业和国家的损失。

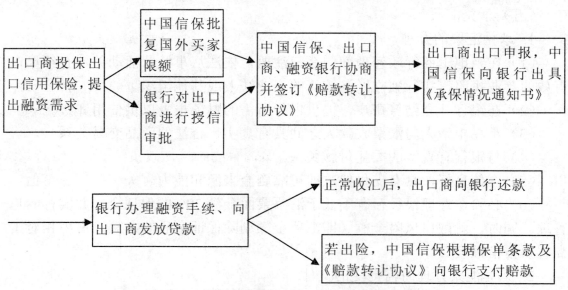

图 3-4　短期出口信用保险项下融资操作程序

国内贸易信用保险项下融资操作程序，参照短期出口信用保险项下融资操作程序。

第十五节　对外贸易风险及防范

随着交易环境差异的不断深化，国际贸易风险形式也不断变化。对此，我们应保持高度的警惕，不断积累经验，提高防范意识。下面就部分风险及防范提供一些思路供大家参考。

一、什么是政策风险？如何防范？

（一）政策风险

政策风险指交易所在国进行国际贸易及国内贸易时所实施的政策，在不预告、不留过渡期的情况下做了改变，这种改变相对交易成立时的政策对交易某一方或各方更加不利，从而给交易某方或各方带来了经济损失的情况。由于国家政策本质是国际、国内贸易的规则，它从经营主体到经营范围、从产品类别到产品数量、从商检到储运、从税收到外汇管理等方面都有国家政策或地方政策的规定，只要存在政策规定就存在政策风险。即便没有政策规定，也会由于管理人员借口"没有明确规定而不好办"，从而使其再现风险。所以我们不仅要对交易的有关条款熟悉会用，还要对政策十分清楚，对政策的变化要有高度的敏感性。

（二）如何防范

作为一线的业务人员，对政策风险的规避要从以下几方面入手，熟知所从事的交易的相关政策规定。

1. 对于没有掌握或不清楚法律依据的交易一定要谨慎处理。自我国加入世界贸易组织后，对外贸易正处于国际接轨的过程中，政策重建是非常正常的事，这一阶段肯定问题很多。我们决不能借政策调整的时机钻政策空子，盲目行事，以求利益。为避免影响业务进行，在有问题时，应先咨询有关部门，求得他们指导，以减少政策变化所带来的风险。

2. 在合同中明确约定政策风险发生时双方各自应承担的义务。这种事先约定对交易双方是公平的，对双方也是一种保护。

二、什么是汇率风险？如何防范？

汇率风险实际上也是一种金融风险，其中围绕着汇率风险还有折算风险、交易风险和经济风险。

（一）汇率风险（Exchange Rate Risk）

汇率风险又称外汇风险（Exchenge Risk），是指在不同货币的相互兑换或折算中，因汇率在一定时间内发生始料不及的变动，致使有关金融主体实际收益与预期收益或实际成本与预期成本发生背离，从而蒙受经济损失的可能性。在企业经营管理中汇率风险表现为汇率风险头寸在币种、期限长短上的不一致。从企业的角度上看，汇率风险主要对企业的营运资金、收益、成本、经营战略，以及净现金流、净利润和企业价值发生影响。

根据汇率风险的产生原因及表现形式，企业所面临的汇率风险一般可以划分为折算风险、交易风险和经济风险三种基本类型。

折算风险（Translation Risk），又称会计风险，是指经济主体在对资产负债进行会计处理的过程中，将功能货币转换成为记账货币时，由于汇率变动而产生的账面上的损益。一般体现为在母公司合并国外分支机构的财务报表时，汇率变动对收益与资产负债表科目的影响，并不是实际的损失或收益。

交易风险（Transaction Risk）是指在于运用外币进行计价收付的交易中，在合同签订日到债权债务得到清偿这段时间内，由于汇率变动而使这项交易的本币价值发生变动的可能性。交易风险又可以进一步分为买卖风险和交易结算风险。

经济风险（Economic Risk），又称经营风险（Operating Risk），是指意料之外的汇率变动对企业未来的收益或现金流的本币价值产生影响的可能性。

（二）如何防范

汇率风险的防范主要有两种办法：事前和事后。事前防范称为汇率风险的防范，主要是选择合适的融资方式来实现。贸易融资是可供企业选择的主要方案。事后防范称为汇率风险的转嫁，主要利用外汇市场金融资产的交易来实现，主要可供选择的方案有套期保值等。

1. 汇率风险事前的防范一般通过贸易融资的方式来解决。贸易融资是指企业在贸易过程中，运用各种贸易手段和金融工具增加现金流量的融资方式。合理运用多种不同方式的贸易融资组合是企业预防汇率风险的有效工具。通常运用的方式有：

（1）出口押汇

出口押汇向出口企业提供装船日至收回日这段时间内贸易融资，是目前应用最多的融资工具，期限通常在一年期内。它包括信用证项下的出口押汇和托收项下的出口押汇，在这两种贸易融资工具中，押汇行分别以信用证、托收项下的单据为质押，预先向出口商支付部分货款（根据对不同业务风险的估计，最高可达 90%），待信用证、托收款项收妥后归还银行垫款。企业通过出口押汇提前得到了货款，如果预计该货币贬值，可将其兑换成人民币，规避汇率风险。

（2）福费廷

福费廷又称票据买断，是银行应出口商或持票人的申请，无追索权的买入已经承兑的汇票或本票的业务，通常用于成套设备、船舶、基建物资及大型项目的交易，融资期限一般在 1～5 年。出口企业将汇票卖给银行后，可将所得外币兑换成本币以避免汇率风险。由于银行买入的是境外银行承兑过的汇票，银行所面临的收回风险几乎为零，目前，我国各家商业银行正在积极地开展此项业务。

（3）保付代理

保付代理简称保理，是指银行从出口商手中购进以发票表示的对进口商的应收账款，并负责向出口商提供进口商资信、货款催收、坏账担保及资金融通等项目的综合性金融服务，适用于赊账（O/A）方式。

2. 汇率风险事后的防范主要是利用外汇市场金融资产的交易实现汇率风险的转嫁。主要的选择方式有：

（1）远期外汇保值

进出口企业用外币结算的付/收货款，在合同签订后，同银行办理远期买进/卖出外币货款的合同，以贸易结算日为合同交割日，合同比率根据相应期限的远期汇率预先确定。

（2）外汇期权保值

在外汇期货买卖中，合同持有人具有执行或不执行合同的选择权利，即在特定时间内按一定汇率买进或不买进、卖出或不卖出一定数量外汇的权利。这种方式比远期外汇的方式更具有保值作用，因为若汇率时间变动与预期相反，则可不履行期权合约。当然，所要付出的费用比远期费用高得多。

（3）外汇套期保值

外汇套期保值也称互换交易，交易双方进行两笔约定汇率不同、起息日不同、交易方向相反的外汇交易，以达到规避风险的目的。在签订买进或卖出即期合同的同时，再卖出或买进远期外汇合同，成为掉期。它与套期保值的区别是，前者是两笔相反方向的交易同时进行，而后者是在已有的一笔交易的基础上所作的反方向交易。它常用于短期投资或短期信贷业务的汇率风险的防范。

三、什么是市场风险？如何防范？

（一）市场风险

市场风险是指市场需求向不利于预期销售目标的突然变化，直接的后果是造成交易商品的滞销与价格大跌，从而对交易双方造成损失。这是市场客体变化造成的风险。此外，还有市场主体对客体的不利变化所持的态度与处事行为带来的风险。面对市场不利变化，交易双方不是积极配合应对，而是不接货（买方），或市场涨价时，不交货（卖方），使市场风险危害加重。这种市场主体和客体两者造成的风险构成了市场风险。

（二）如何防范

1. 对于市场风险的客体风险我们建议大家多订短期合同，少订长期合同。

2. 长期合同我们可以分批装运，价格随行就市，分期定价。

3. 若是期货商品的交易，可以按伦敦金属期货交易市场价定金属产品的合同结算价；按芝加哥谷物期货交易市场价定粮油产品的合同结算价。

4. 对于出口商还可以利用保险公司对进出口业务进行保险，以保证收汇安全，从而达到规避市场风险的目的。

5. 对于市场风险中的主体风险的处理建议如下：

我们在交易开始的时候，一定要做好对客户资信的调查，当资信不了解时，不要急于做长期的生意，更不要做大额的交易。一定要做，必须采取必要的金融措施，如银行担保等。当了解其资信后，还要控制交易规模与其资信分量相当。我们与客户交易，应随时跟踪客户经营的变化，及时调整我们的交易策略，这样在市场发生变化时，我们便于应对。一旦客户和市场发生变化，客户态度变得消极，我们应采取措施与之交涉。任何幻想、不好意思的行为都是不对的，只会加重市场风险带来的损害。

第十六节　仲裁

在进出口业务中买卖双方出于各种原因，很可能不履行自己的承诺或合同约定的义务，从而发生贸易纠纷和争议，影响交易的进行，履约失败。解决争议的方法有多种，如友好协商、调解、仲裁和诉讼，解决严重分歧和纠纷的方法是仲裁。

一、什么是仲裁?

仲裁是指争议双方根据争议发生前或争议发生后达成的仲裁协议,自愿将争议交给第三者做出裁决,双方有义务执行这一裁决的一种解决争议的方法。

二、仲裁协议是什么?

仲裁协议是各方当事人自愿将它们彼此间已经发生的争议或可能发生的争议,提交仲裁解决的一种协议。仲裁协议或者是当事人在合同中订明的仲裁条款,或者是以其他方式达成的提交仲裁的书面协议。

合同中的仲裁条款应视为与合同其他条款分离的、独立地存在的条款,附属于合同的仲裁协议也应视为与合同其他条款分离的、独立存在的一部分。合同变更、解除、终止、转让、失效、未生效、被撤销以及成立与否,均不影响仲裁条款或仲裁协议的效力。

三、怎样提交仲裁?

仲裁申请的提出,必须以双方签订有仲裁协议(仲裁条款)为前提条件。仲裁申请人及/或申请人授权的代理人必须向仲裁委员会提交书面的并经签名的仲裁申请书。

在提交仲裁申请书时,应附申请人所依据的事实和证明文件;在提交仲裁申请的时候,应按规定预缴仲裁费。

四、什么是仲裁裁决?

仲裁裁决是仲裁庭按照仲裁规则审理案件过程中或审结后根据查明的事实和认定的证据,依照法律,对当事人提交的仲裁的有关争议的请求事项做出的予以支持或驳回或部分支持、部分驳回的书面决定。因此,仲裁裁决就其内容和效力而言可以分为中间裁决、部分裁决和最终裁决。

仲裁裁决应当包括下列内容:仲裁委员会名称、申请人和被申请人名称和地址、裁决书正文、仲裁员签名、裁决做出的地点和日期。

五、仲裁裁决如何执行?

仲裁裁决的执行是指胜诉方当事人为了实现其在仲裁裁决中获得的权利和利益,而向有管辖权的法院申请强制败诉方履行裁决内容的法律制度。

仲裁裁决的执行是败诉方意志以外的原因强迫其履行裁决,这与败诉方主动履行裁决内容是不同的。由于仲裁的基本原则是当事人"意思自治"的原则。当事人自愿把它们之间的争议交给仲裁机构去解决,这意味着双方当事人在订立仲裁协议时自愿受仲裁裁决的约束,主观上是自愿执行仲裁裁决的,所以一旦仲裁庭做出裁决,当事人应当自动履行。少数人不愿履行裁决的,裁决执行制度为胜诉方提供了法律保障。因为仲裁协议和仲裁裁决都是由国家立法或有关国家之间的条约所确认的,赋予了仲裁协议的法律效力和裁决的执行效力,因而仲裁庭做出仲裁裁决是终局的,对当事人具有约束力,使得执行具有客观上的法律保障,如果一方当事人不履行裁决,另一方当事人可以申请强制执行。尽管仲裁是民间性质的,仲裁机构或仲裁庭本身不具有强制的权利,但司法机关可以采取强制措施,使败诉方当事人承担法律责任,胜诉方当事人的民事权利最终得到实现。

第十七节　贸易壁垒及应对措施

贸易壁垒是企业在从事进出口交易时经常遇到的问题。对于中小企业而言,由于缺乏专业的法律人员,往往容易忽视对贸易壁垒带来的一些问题的防范。这个问题随着我国加入世界贸易组织,对外开放的深入,所碰到的问题越来越多,如绿色壁垒、技术壁垒、贸易壁垒等,为了防患于未然,我们选择了一些资料,介绍给大家,供大家学习参考。

所谓贸易壁垒泛指一切影响货物和服务自由流通的手段与措施。贸易壁垒一般分为关税壁垒和非关税壁垒。

一、什么是关税壁垒? 常见的关税壁垒有哪几种?

关税壁垒是指一国(地区)政府设置的海关对进出口本国(地区)关境的商品征收关税所形成的一种贸易障碍,是贸易壁垒的主要形式之一。

常见的关税壁垒包括:关税高峰、关税升级、关税配额。

关税高峰:是指总体关税水平较低的情况下对少数产品维持的高关税。

关税升级：是指随着进口产品加工深度的提高而增加其关税税率。通常，进口国对某一特定产业使用的进口原材料设置较低的关税，甚至是零关税，而相应提高半成品、制成品的关税。

关税配额：是指对一定数量（配额量）内的进口产品使用较低的税率，对超过该配额量的进口产品使用较高的税率。

二、什么是非关税壁垒？常见的非关税壁垒包括哪些？

非关税壁垒泛指除关税壁垒外，一切直接或间接影响或限制贸易自由流动的政府措施或做法。常见的非关税壁垒主要有以下几种：

（一）进口禁令。进口禁令是指违反 WTO 规则有关例外条款的规定而实施的限制或禁止进口措施。

（二）进口配额。进口配额管理中的贸易壁垒包括配额数量不合理、限定原产国（原产地）、配额发放不合理或分配不公正。

（三）灰色清关。在一些关税税率随意调整、海关程序不规范、监管体制不完善或不透明的国家或地区出现的虚假报关、低开发票等，称之为"灰色清关"。

（四）技术性贸易壁垒。它是指一国制定或采取不合理或者歧视性的技术法规、标准以及合格评定程序，对外国进口产品进入本国起到限制作用，其表现形式有法律、法规、技术标准、认证认可制度等方式，内容涉及产品质量、包装和标签、产品安全、消费者保护、环境保护等，这种将技术标准和商品价格联系起来的做法缺乏科学性和合理性，构成了贸易壁垒。

（五）滥用 WTO《实施卫生与植物卫生措施协定》中涉及的相关法律、法令、法规、要求和程序、最终产品的标准、工序和生产方法、检疫检验、检查等构成贸易壁垒。

（六）滥用贸易救济措施包括对进口产品实施反倾销、反补贴和保障措施，阻碍或限制了这些产品对外出口，就会对进口产品构成贸易壁垒。

（七）利用《中国加入工作组报告书》第 242 段内容规定，在 2008 年 12 月 31 日之前借口原产于中国的纺织品对其造成"市场扰乱"或"影响贸易有序发展"要求与我磋商，控制我出口量的增长，并借此对我纺织品出口进行设限。

（八）利用知识产权制造贸易壁垒。如商标抢注、美国 373 调查。

（九）其他：

1. 以消费者保护为名实施不合理的限制措施；

2. 将劳工标准、社会责任问题与合同条件、认证等问题挂钩；

3. 以保护动物福利为名进行不当的宣传；

4. 以反对和防止恐怖主义事件为由对外国食品生产企业提出过多的登记要求。

三、如何应对非关税壁垒？

非关税壁垒是企业在从事进出口贸易活动中经常遭遇到的问题，刚刚起步的进出口企业由于缺乏专业法律人员，经验积累也少，往往更容易忽视对非关税壁垒的认识和防范。所以，企业要高度关注市场行情的变化，重视对进口国供求关系的把握，了解国际同类产品的技术进步，发展趋势，加强管理，优化产业结构，提高技术含量。在遭遇非关税壁垒时要及时与行业主管部门联系，及时反映情况，全面准确提供相关的文件和材料，配合有关部门对外协调。

第十八节　加工贸易

在我国改革开放的进程中，加工贸易对我国对外贸易的发展做出过重要贡献。至今，这一贸易方式在我国对外贸易中仍占有十分重要的地位，尤其在我市其重要地位更加突出。因此，有必要就加工贸易的基本概念、方式、主要的政策规定、手续环节及办理程序等作一简单介绍。

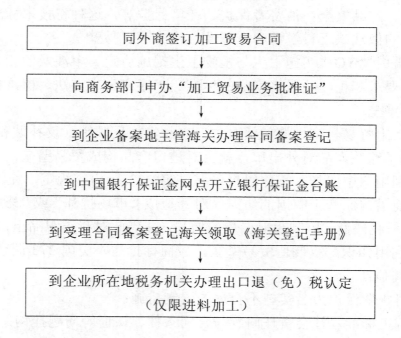

```
          ┌─────────────────────────────┐
          │      同外商签订加工贸易合同      │
          └─────────────────────────────┘
                        ↓
          ┌─────────────────────────────┐
          │ 向商务部门申办"加工贸易业务批准证" │
          └─────────────────────────────┘
                        ↓
          ┌─────────────────────────────┐
          │  到企业备案地主管海关办理合同备案登记 │
          └─────────────────────────────┘
                        ↓
          ┌─────────────────────────────┐
          │ 到中国银行保证金网点开立银行保证金台账 │
          └─────────────────────────────┘
                        ↓
          ┌─────────────────────────────┐
          │ 到受理合同备案登记海关领取《海关登记手册》 │
          └─────────────────────────────┘
                        ↓
          ┌─────────────────────────────┐
          │  到企业所在地税务机关办理出口退（免）税认定 │
          │         （仅限进料加工）         │
          └─────────────────────────────┘
```

图 3-5 加工贸易主要环节路线图

◎ 加工贸易的概念及形式

加工贸易包括来料加工、进料加工和出料加工。以下仅介绍来料加工和进料加工。

一、加工贸易的概念及类型是什么?

加工贸易的基本概念是:加工贸易是一种贸易方式,主要是指从境外保税进口全部或部分原材辅料、零件、元器件、包装物料,经境内企业加工或装配后,将制成品复出口的经营活动。

加工贸易分为进料加工和来料加工两种类型。进料加工是指中国境内企业自行进口原材辅料、零部件、包装物料,在国内加工成成品后自行销往国外。来料加工则是指由外商免费提供一定的原材辅料、零部件、元器件、包装物料,必要时提供加工装配所必须的机械设备及生产技术，我国境内企业按照外商的要求进行加工装配，成品交外商在境外销售，我国境内企业按合同收取工缴费。

二、来料加工和进料加工的主要区别是什么？

进料加工和来料加工虽同属加工贸易的范畴，但两者是有区别的。其主要区别是：进料加工进口的原料及其制成品，均属我国境内企业所有，其成品可自行向境外销售，按全额向外商收取外汇。而来料加工进口的原料及其加工的成品均属外商所有，成品交外商在境外自行销售，我方企业仅按合同收取工缴费外汇。

在开展加工贸易业务中，企业如何选用这两种加工贸易方式，要根据企业具体情况而定。与来料加工相比，进料加工较为自主、灵活，手续也较简便。对于资金来源充足，又有自己的出口渠道和广阔外销市场的企业，为解决国内原料供应不足或者国产原料达不到出口产品质量要求，或者使用进口原料比使用国产原料能降低出口成本的，一般采用进料加工方式。而对于周转资金有困难，又缺乏外销渠道的企业，使用国产原料的出口产品不能适应外商需要，外商愿意同我开展来料加工的，或者外商在提供原料的同时，还能提供加工设备和生产技术，对提高我出口产品质量和改进生产工艺、技术有帮助的，一般应采用来料加工的方式为好。

◎ 加工贸易的政策规定

由于加工贸易在我国对外贸易中的重要地位，国家为加工贸易的开展制定了一套较为完整的政策规定和审批管理办法。

加工贸易的政策规定主要有哪些？

加工贸易的政策规定目前主要有：

（一）进口环节税收政策

料件进口免交进口关税和进口环节增值税、消费税，成品出口免出口关税。

（二）进出口许可证和配额管理政策

进口料件除农产品进口关税配额管理商品外，原则上不实行配额、许可证管理，另有规定者除外。农产品进口关税配额管理商品中，进口粮食、棉花需向市发改委申请进口关税配额；食糖、羊毛需向市商务委申请进口关税配额。

出口制成品属出口许可证管理的，原则上均需申领出口许可证，其中属出口配额管理的商品，除以下情况外均需占用出口配额：进口原油加工复出口石蜡；进口含白银商品加工复出口白银；以加工贸易方式出口锌及锌基合金；进口铂金原料加工复出口铂金。

（三）进出口商品分类管理政策

加工贸易进出口商品分为禁止类、限制类和允许类三种。

禁止类商品，是指进口料件或出口成品属国家禁止以加工贸易方式进口或出口的商品。

限制类商品，是指进口料件或出口成品属国家限制以加工贸易方式进口或出口的商品。

允许类商品，指加工贸易禁止类商品、限制类商品以外的其他商品。

加工贸易详细政策规定请参见商务部产业司"加工贸易管理"栏（http://jm.ec.com.cn/channel）。

（四）台账保证金政策

A类企业和B类企业开展限制类商品加工贸易时，进口限制类及出口限制类商品所对应的进口料件需缴纳进口税款50%的保证金。C类企业按100%缴纳保证金。保证金可以现金、保付保函等方式缴纳。

（五）加工料件和成品的规定

加工贸易项下的保税进口料件属于海关监管货物，必须专门用于加工出口产品，专料专用、专料专放、专料专账，不能与国产料件混放、调换或顶替。

未经海关许可，不得将进口料件和加工成品在境内出售、串换。.

进口料件或制成品如因故需转内销，须事先报原加工贸易业务审批部门批准，并经海关核准，不得未经批准私自内销。

转内销料件按一般贸易进口管理，须补缴进口环节税款和税款利息，进口料件属进口证件管理的，需补办相关进口证件。

对于擅自内销倒卖、串换顶替、变更合同、不按期核销以及伪造单证、虚报单耗等均属违规或违法行为，海关依法给予罚款、没收走私货物和违法所得。对行为构成走私罪的法人，由司法机关追究其主管人员和直接责任人的刑事责任。

（六）加工贸易项下不作价设备进口的政策规定

根据《对外贸易经济合作部、海关总署关于加工贸易进口设备有关问题的通知》[1998]外经贸政发第383号和《海关总署、对外贸易经济合作部、国家质量监督检验检疫总局关于进一步明确加工贸易项下外商提供的不作价进口设备解除海关监管有关问题的通知》署法发[2002]348号。

申请企业必须为加工贸易企业，并且有从事加工贸易业务的记录。免税进口和使用外商提供的不作价设备必须符合下列条件之一：

设有独立专门从事加工贸易的工厂或车间，对未设有独立专门从事加工贸易的工厂或车间的，每年加工产品必须 70% 以上属出口产品；

外商提供的进口设备为无偿提供，不需经营单位付汇进口，也不需用加工费或差价偿还（注意：此款为不作价合同中的必须条款）；

对临时进口（期限在半年以内）加工贸易生产所需不作价设备（限模具、单台设备），海关按暂时进口货物办理，逾期补征税款。

免税不作价设备自进口之日起至退运出口并按海关规定解除监管止，属海关监管货物。监管期限为 5 年，在监管期限内，不得擅自在境内销售、串换、转让、抵押或移作他用。 免税不作价设备在监管期间，加工贸易经营单位要在每年的一月份分别向外经贸主管部门和主管海关书面报告免税不作价设备使用情况，海关要定期核查。加工贸易经营单位因故终止或解除加工贸易合同，经原外经贸审批部门批准后，由主管海关核准，方可将免税不作价设备退运出境，或按设备使用年限折旧后的价值，缴纳关税和进口环节增值税。

加工贸易免税不作价设备退运出境，或补缴关税和进口环节增值税，或超过海关监管年限的，经营单位应及时办理解除监管手续，向海关提交解除监管的书面申请、设备《登记手册》及其他有关单证，海关核准后，解除监管并发给其解除监管证明。

由海关监管的不作价设备，如涉及进口配额、特定或登记的产品，免予办理配额、许可证、登记或进口证明。在监管期内（即 5 年），如提前解除监管并且不将设备退运出境，应按有关规定补证。

◎ 加工贸易需要办理的手续

企业经营加工贸易业务，需要办理加工贸易业务批准证、海关备案登记、设立银行保证金台账等手续。

一、企业办理"加工贸易业务批准证"需要提交什么材料？对材料有何要求？

企业办理"加工贸易业务批准证"需要提交如下材料：

1. 加工贸易业务批准证申请表。
2. 外贸经营权资格证明（当年首次）。

3. 营业执照复印件（当年首次）。

4. 加工企业注册地区县外经贸委出具的"加工贸易企业经营状况及生产能力证明"（一年内有效）。

5. 加工贸易进出口合同正本及复印件。

6. 经营企业与加工企业签订的加工协议（合同）正本（限内资企业提供）；进口料件、出口成品单耗清单正本（限外商投资企业提供）。

7. 加工贸易书面申请、验资报告、批准证书复印件、联合年检合格证明文件（外商投资企业首次办理需提供）。

8. 审批机关认为需要出具的其他证明文件和材料。

二、企业办理"加工贸易业务批准证"的程序是什么？需要多长时间？

企业办理"加工贸易业务批准证"的程序是：

1. 企业凭对外签订的加工贸易合同，首次办理"加工贸易业务批准证"的，需向企业注册登记地外经贸委申请后，申领加工贸易电子钥匙（CA 证书）。程序见中国国际电子商务网——加工贸易专栏（**http//jm.ec.com.cn**）。

2. 企业按不同商品向主管部门进行合同网上申报，待批准后打印出"加工贸易业务申请表"，加盖企业公章。将申请表等上述需要提交的全部材料一并送加工贸易合同商务审批部门。

报送的材料齐全、合格的，商务审批部门将在 3 日内发给企业"加工贸易业务批准证"。

三、企业在何处办理"加工贸易业务批准证"及其变更手续？

商务审批部门对加工贸易业务按不同商品分为市、区（县）两级。

市商务委审批范围：进口料件为聚酯切片、棉花、食糖、植物油、羊毛、粮类、原油、冻鸡、只读类光盘、甘草及制品、生皮、成品油；出口成品为白银、锌、石蜡、汽车、成品油、卫星电视接收设备、只读类光盘。

除上述进口的料件和出口的成品由市商务委审批外，其他商品的加工贸易业务，由企业工商注册地区（县）外经贸委负责审批。

属于市商务委审批的加工贸易进出口商品，内资企业由市商务委产业处负责，具体审批手续由"外经贸服务中心"办理。

外经贸服务中心地址：天津市和平区郑州道 18 号港澳大厦 3 层

邮编：300050

电话：23025235

传真：23025233

外商投资企业的加工贸易业务，属于市商务委审批的进出口商品，由市商务委外企处负责，具体审批手续到以下地点办理：

地址：天津市河东区红星路 79 号一楼 14 号窗口

邮编：300161

电话：24538825　　23201740

为便于企业接洽加工贸易的审批等事项，现将我市加工贸易商务审批、服务机构列表如下：

表 3-13　加工贸易业务商务审批部门一览表

单位	主管部门	审批范围	电话	传真	地址	邮编
市商务委	产业处	内资	23036987	23036986	天津市和平区大沽路 158 号	300040
	外企处	外资	23201740	23201742	天津市河西区解放南路 256 号（泰达大厦 11 层）	300042
市外经贸服务中心	经贸服务部	内资	23025235	23025233	天津市和平区郑州道 18 号港澳大厦 3 层	300050
天津开发区管委会	贸发局	内外资	25202241	25202235	开发区宏达街 19 号管委会 A 区 3 层	300457
新技术产业园区管委会	经济发展局	内外资	83715778	83715779	华苑产业区海泰大厦 1016 室	300384
保税区管委会 空港物流加工区管委会	企业服务局	内外资	24890525	24890525	空港物流加工区企业服务中心 C011 房间	300461
和平区外经贸委	外资科	内外资	27833920	27833922	和平区贵阳路 143 号	300051
河西区外经贸委	外资科	内外资	25528219	25522919	河西区永安道 219 号行政许可服务中心 19 号窗口	300204
南开区外经贸委	外企科	内外资	27280080	27280065	南开区二马路 25 号行政许可服务中心 B203	300100
河东区外经贸委	外经贸科	内外资	24223753	24223983	河东区十一经路 70 号党政大楼 708 室	300171

单位	主管部门	审批范围	电话	传真	地址	邮编
河北区外经贸委	外企科	内外资	26290214	26290236	河北区昆纬路 39 号行政许可服务中心 2 楼审批 7 室	300143
红桥区外经贸委	外企科	内外资	86510083	26372061	红桥区勤俭道 202 号	300131
东丽区外经贸委	外企科	内外资	24982814	24982790	东丽开发区一经路 3 号外经贸委 206 室	300300
津南区外经贸委	外企科	内外资	28398740	88917902	津南区咸水沽津沽路 174 号	300350
西青区外经贸委	项目开发科	内资	27949838	27949820	西青区杨柳青镇柳口路 26 号西青经济发展中心	300380
	企管科	西青开发区外资	83963319	83963319	西青开发区兴华七支路 8 号管委会 1 楼	300385
	企管科	其他外资	27949840	27949820	西青区杨柳青镇柳口路 26 号西青经济发展中心	300380
北辰区外经贸委	外贸科	内资	26397174	26917351	北辰区京津公路 348 号	300400
	外企科	外资	26833395	26917351		
塘沽区外经贸委	外贸科	内外资	66897052	66897054	塘沽正通大厦行政许可服务中心 35 号窗口	300450
汉沽区外经贸委	外企科	内外资	25693260	25693260	汉沽区新开中路 65 号	300480
大港区经贸委	商贸科	内外资	25990930	63387790	大港区育秀街 78 号	300270
宝坻区外经贸委	外企科	内外资	29242891	29242891	宝坻区建设路 116 号区政府楼 126 室	301800
静海县外经贸委	外经贸科	内外资	68612690	68616789	静海县迎宾大道 99 号 322 室	301600
蓟县外经贸委	外企科	内外资	29039029	29039999	蓟县府前街 2 号	301900
宁河县外经贸委	外资科	内资	69593551	69593786	宁河县芦台镇光明路 36 号商务委 1 楼	301500
	外企科	外资				
武清区外经贸委	外企科	内外资	82132223	82138841	武清区泉州北路 8 号行政许可服务中心	301700
EDI 天津代表处		技术支持服务	84180661	84180662	天津市河东区十一经路 78 号万隆太平洋大厦 1615 室	300171

四、企业申办加工贸易合同海关备案登记需向海关提交什么材料? 工作流程是什么? 需要多长时间?

企业办妥"加工贸易业务批准证"后,需到企业备案地主管海关加工贸易审批部门办理合同备案登记手续。

企业办理加工贸易合同备案登记需向海关提交以下材料:

1. 进出口合同正本或复印件。

2. 外经贸主管部门批准文件(加工贸易业务批准证)。

3. 《加工企业生产能力证明》。

4. 《加工贸易合同备案申请表》。

5. 登记手册。

6. 按规定需提供的其他单证。

第一次备案加工贸易合同的企业,还需要提供营业执照复印件、税务登记证复印件、会计师事物所的验资报告等资料,以及其他需要提供的单证,并配合海关执行验厂。

办理程序:

1. 备案进口金额 1 万美元以下(A、B 类企业)

预录入→初审→复审→异地传输→核发手册

2. 备案进口金额 1 万美元以上(A、B 类企业)

预录入→初审→复审并开设台账→登记回执→异地传输→核发手册

3. AA 类企业备案合同一律免台账,程序同备案进口金额 1 万美元以下(A、B 类企业);C 类企业开设台账,程序同 2.备案进口金额 1 万美元以上(A、B 类企业)

海关办理时限:

自海关加工贸易审批部门接受完整单证起,2 个工作日办结加工贸易合同备案手续(此时限不包括进出口商品审价、归类、验厂、四级报批等特殊情况需处理的时间)。

五、企业到何处办理加工贸易合同海关备案登记?

天津海关办理合同备案手续实行属地管理,进出口货物收发货人按照工商注册地到所属区域海关办理。

各区域海关管辖范围及受理部门如下:

新港海关:塘沽区(除开发区、保税区、出口加工区)、汉沽区、大港区、

宁河县所属企业

受理部门：

新港海关直属保税科，咨询电话：022-65205127、65205172

办公地点：天津市塘沽区新港六号

邮政编码：300456

开发区海关：天津经济技术开发区、天津出口加工区所属企业

受理部门：

开发区海关审批科，咨询电话：022-65206414、65206017

开发区海关核销科，咨询电话：022-65206113

办公地点：天津市经济技术开发区宏达街 15 号

邮政编码：300457

保税区海关：天津港保税区所属企业

受理部门：

保税区海关加工贸易管理科，咨询电话：022-65205829

办公地点：天津港保税区海滨五路 1 号

邮政编码：300461

受理部门：空港业务科（负责保税区（空港）及天津空港物流加工区所属企业）

咨询电话：022-84202206

办公地点：天津空港加工区保税区（空港）海关卡口西侧

邮政编码：300308

蓟县海关：蓟县、宝坻区所属企业

受理部门：

蓟县海关业务科，咨询电话：022-29145944、84201911（蓟县）

办公地址：天津市蓟县人民东路 28 号

邮政编码：301900

蓟县海关宝坻业务科，咨询电话：022-82661107（宝坻）

办公地址：天津市宝坻区钰华街 108 号（宝坻石桥工业园区管委会楼内）

邮政编码：301800

武清海关：天津武清区所属企业

受理部门：

武清海关业务科，咨询电话：022-84202665

武清海关核销科，咨询电话：022-84202600

办公地点：天津市武清开发区泉州北路 2 号

邮政编码：301700

现场业务处：上述地区之外的企业

受理部门：

现场业务处审批科，咨询电话：022-84202361

现场业务处核销科，咨询电话：022-84202369

办公地址：天津西青经济开发区赛达二大道 18 号。

邮政编码：300385

六、企业申请设立加工贸易银行保证金台账需要提交什么材料？对材料有何具体要求？程序如何？需要多长时间？在何处办理？

企业申请设立加工贸易银行保证金台账需要提交以下材料：

1. 批准证书（外经贸委、自营备案表）。

2. 营业执照。

3. 基本户开户许可证。

4. 加工贸易银行保证金台账企业信息卡（客户盖公章、法人章）。

对材料的要求：

上述正本材料须真实、有效，留存复印件 1 份。

办理程序及所需时间：

银行审核上述材料真实性后，依据海关出具开设台账联系单，为客户办理台账业务，分实转、空转。

空转业务： 海关出具的加工贸易保证金开设联系单注明保证金为零，中国银行天津分行系统录入相关信息后打印银行保证金台账登记通知单一式四联，交海关、企业各一联，银行留存两联，业务受理完毕。时间：当日完成。

实转业务： 企业凭海关出具的加工贸易保证金开设联系单注明的应收取的保证金金额，到支行营业部存入相应保证金账户。延伸柜台与支行营业部确认款项入账后（8407 保证金账户），完成系统录入相关信息，打印银行保证金台账登记通知单一式四联，交海关、客户各一联，银行留存两联，业务受理完毕。时间：2 至 3 个工作日。

企业申请设立加工贸易银行保证金台账可在中行营业网点办理，详见下面附表：

表 3-14　中国银行办理加工贸易保证金台账业务的机构

部门名称	地址	联系电话
中国银行天津市分行延伸柜台	天津西青经济技术开发区赛达二大道汇亚工业园 18 号	83966448
中国银行天津新港支行	天津市塘沽区新港二号路 1193 号	25793369
中国银行天津海关大楼支行	天津市开发区宏达路 15 号	66226015
中国银行天津北辰支行营业部	天津市北辰区京津公路 370 号	26399874
中国银行天津静海支行营业部	天津市静海镇胜利大街 31 号	28945421
中国银行天津武清支行营业部海关延伸柜台	天津市武清海关大厅内	82172244
中国银行天津津南支行驻海关柜台	天津市津南双港开发区津南创业园 B 座 114 室	28571359
中国银行天津宝坻支行	天津市宝坻区城关镇南城路 88 号	29245844
中国银行天津保税区分行空港物流支行	天津空港物流加工区西三道 158 号金融中心 4 号楼 103	84909082
中国银行天津蓟县支行营业部	天津市蓟县中昌北路中行大厦	29143436

七、企业如何办理进料加工贸易税务登记备案手续?

从事进料加工贸易的生产企业,应于取得海关核发的《进料加工登记手册》的下一个增值税纳税申报期内向主管税务机关退税部门办理"生产企业进料加工登记申报表",完成备案工作。

企业办理进料加工贸易税务登记备案应提供以下资料:

1. 通过生产企业出口货物退(免)税申报系统录入并生成的"生产企业进料加工登记申报表" 2 份。

2. 海关核发的《进料加工登记手册》原件及复印件。

3. 进料加工贸易合同(原件及复印件)。

4. 载有"生产企业进料加工登记申报表"电子数据的软盘。

八、企业办理加工贸易手册核销需提交什么材料? 办理程序是什么? 需要多长时间?

加工贸易合同(协议)执行完毕或终了后,应及时办理核销手续。主要是海关加工贸易手册的核销和银行保证金台账的核销。经营企业应当自加工贸易手册项下最后一批成品出口或者加工贸易手册到期之日起 30 日内向海关报核。经营企业对外签订的合同因故提前终止的,应当自合同终止之日起 30 日内向海关报核。

企业必须在"加工贸易核销申请表"中如实申报进口料件、出口成品、边角料、剩余料件、残次品、副产品以及单耗损耗等情况。

企业办理加工贸易合同的核销需要向海关提交如下材料:

1. 加工贸易手册。

2. 加工贸易进出口货物专用报关单（正本）。

3. 已预录入的"加工贸易核销申请表"。

4. 海关需要的其他单证。

办理程序:

企业报核→海关接受报核→审核核销结案→签发"保证金台账核销联系单"→企业将"保证金台账核销联系单"送交银行→企业将银行回执送交海关→海关签发"核销结案通知书"。

海关办理时限:

海关自受理报核之日起 20 个工作日内予以核销。特殊情况需要延长的,可延长 10 个工作日（联网企业可延长 30 日）。

除上述加工贸易业务都需要办理的手续外，根据企业加工贸易的不同情况，还须办理其他手续。

九、企业办理加工贸易合同变更需要向加工贸易审批管理的商务主管部门提交什么材料？办理程序如何？需要多长时间？

加工贸易合同的变更手续是指企业对外签订加工贸易合同（协议）并向商务、海关、银行、税务等部门办理了审批登记手续后，加工贸易合同内容发生变化而需要向有关管理部门申办加工贸易合同的备案登记变更手续。

企业应首先持合同变更书或逾期合同书及书面申请等材料向发放"加工贸易业务批准证"的原商务主管部门申请加工贸易合同的变更、延期，经批准后，持批件及其他相关材料向海关申办合同变更、延期登记手续。如涉及开设了银行台账的，还应到银行办理台账的变更或延期手续。

企业办理加工贸易合同变更需要向加工贸易审批管理的商务主管部门提交以下材料:

内资企业需要提供"加工贸易业务批准证"、变更申请表和同外商签订的加工贸易合同变更书等证明材料。办理程序是：企业在网上向加工贸易主管商务部门提交变更申请；经审核通过后 3 个工作日内，企业可派员到加工贸易主管商务部门领取"加工贸易业务批准证"变更证明，并凭该证明向海关等部门办理相应的变更手续。

外商投资企业加工贸易合同的变更审批手续与内资企业基本相同，即企业需要向加工贸易商务主管部门提交加工贸易业务变更申请表和加工贸易变更合同。申办程序是：向企业所在区（县）外经贸委申请。审批时限为 3 个工作日。

十、企业办理加工贸易合同变更需要向海关提交什么材料？办理程序如何？需要多长时间？

企业到海关办理加工贸易合同变更需提交如下材料：

1. 合同变更申请表（加盖经营单位公章）。

2. 变更合同（正本或已签章的复印件，一式两份）。

3. 外经贸主管部门批准文件。

4.《加工贸易登记手册》。

6. 按规定需提供的其他单证。

办理程序：

无须开设台账变更联系单的：合同预录入→海关初审→复审→异地传输→核发手册。

需开设台账变更联系单的：合同预录入→海关初审→复审→开设台账变更联系单→登记银行回执→异地传输→核发手册。

海关办理时限：

合同变更工作时限比照合同备案各类情况所需时限办理。

十一、加工贸易手册延期需要向海关提交什么材料？办理程序如何？需要多长时间？

企业办理加工贸易手册延期需要向海关提交如下材料：

1. 延期说明。

2. 延期合同（正本或复印件一式两份）。

3. 合同延期申请表。

4. 外经贸主管部门批件。

海关办理程序：

延期合同预录入→海关初审→复审→开设台账变更联系单→登记回执→异地传输→核发已经延期的《加工贸易手册》。

海关办理时限：

合同延期办理工作时限比照合同备案各类情况所需时限办理。

十二、企业如何办理银行保证金台账的变更手续？

企业凭海关出具的加工贸易保证金变更通知单到银行柜台办理银行保证金台账的变更手续。

十三、加工贸易项下不作价的设备进口，企业需要向商务主管部门提交什么材料？办理程序是什么？需要多长时间？

加工贸易进口不作价设备需符合下列要求：

申请企业必须为加工贸易企业，并且有从事加工贸易业务的记录。

免税进口和使用外商提供的不作价设备必须符合下列条件之一：

设有独立专门从事加工贸易的工厂或车间；对未设有独立专门从事加工贸易的工厂或车间的，每年加工产品必须是 70%以上属出口产品。

外商提供的进口设备为无偿提供，不需经营单位付汇进口，也不需用加工费或差价偿还**（此款为不作价合同中的必须条款）**。

进口的不作价设备不属于《外商投资项目不予免税的进口商品》。

加工贸易项下不作价的设备进口，需要向商务主管部门提交如下材料：

1. 网上打印的加工贸易不作价设备申请表一份，加盖企业公章。

2. 网上打印的加工贸易不作价设备申请备案清单一式三份。

3. 包含不作价设备进口条款的加工贸易合同一式三份。

4. 相关加工贸易业务批准证，上一年度审批报告复印件（限外商投资企业）。

审批程序：

1. 申请企业通过加工贸易业务管理系统进行网上申请。

2. 主管部门通过加工贸易业务审批系统进行审批，审批通过，打印批准证一式三份。

3. 批准证、合同、设备清单加盖骑缝"加工贸易审批专用章"，交企业一式两份，留存一份。

审批时限：3 个工作日。

十四、加工贸易项下不作价的设备进口，企业需向海关提交什么材料？办理程序如何？需要多长时间？

企业办理加工贸易项下不作价设备的进口需要向海关提交以下材料：

1. 企业申请及说明。
2. 商务部门的批文和生产能力证明。
3. 加工贸易合同。
4. 设备照片。
5. 海关需收取的其他单证。

办理程序：初审→复审→核发手册

海关办理时限：自接受完整单证起 2 个工作日内办结。

十五、企业办理加工贸易深加工结转手续的条件及总的程序是什么？需要提交的材料及办理时限如何？

深加工结转是指加工贸易企业将保税进口料件加工的产品转至另一加工贸易企业进一步加工后复出口的经营活动。因此，企业加工贸易的产品不直接出口，而是转给另一家企业进行深加工后出口。为此，需要向海关办理加工贸易的深加工结转手续。

申请条件：

1. 转出企业、转入企业均已取得海关核发的加工贸易登记手册。
2. 转出企业、转入企业已签订加工贸易结转合同或协议。
3. 结转合同或协议在加工贸易登记手册的有效期内。

企业办理加工贸易深加工结转需要向海关提交如下材料：

1. "中华人民共和国海关加工贸易保税货物深加工结转申请表"（以下简称"申请表"，转入企业申请时应提交经转出地海关核准的转出企业提交的《申请表》）。
2. 转出企业、转入企业已签订的加工贸易结转合同或协议。
3. 加工贸易登记手册（转出企业向转出地海关提交转出企业的加工贸易手册，转入企业向转入地海关提交转入企业的加工贸易手册）。
4. 海关认为需要提交的其他证明文件和材料。

加工贸易深加工结转手续总的程序是：

1. 转出受理：转出企业向转出地主管海关递交申请材料。
2. 转出批准。转出地主管海关受理后审核，经批准的向转出企业出具加盖海关印章的"申请表"。

3. 转入受理。转入企业持申请材料，自转出地海关备案之日起 20 日内向转入地海关办理报备手续。

4. 转入批准：转入地海关受理后审核，经批准的向转入企业出具加盖海关印章的"申请表"。

5. 结转报关。申请人到海关领取经批准的"申请表"和加工贸易登记手册，凭"申请表"和加工贸易登记手册可分批办理结转送货手续，并应当在 90 日内集中办结该批货物的报关手续。

海关办理加工贸易深加工结转的程序是：海关审核——获得批准后办理进出口报关手续。

办理时限：海关自接受完整单证起 2 个工作日。

十六、企业如何办理加工贸易异地加工手续？需要向海关提交什么材料？办理程序如何？需要多长时间？

根据海关总署关于印发《中华人民共和国海关关于异地加工贸易的管理办法》的通知规定，经营企业与加工企业不在同一直属海关管辖的区域范围的，企业需办理加工贸易异地加工备案。需凭经营单位所在地外经贸主管部门核发的"加工贸易业务批准证"和加工企业所在地外经贸主管部门出具的"加工贸易加工企业生产能力证明"，填制"中华人民共和国海关异地加工贸易申请表"，向经营单位主管海关提出异地加工申请并批准后，经营单位凭以向加工企业主管海关办理合同登记备案。如由加工企业向其主管海关办理合同备案手续的，必须持有经营单位出具的委托书。

因此，天津市辖区内的企业承接的加工贸易业务，如果委托外地的工厂进行加工后出口，需要向海关办理异地加工备案手续。

企业办理异地加工备案手续需要向海关提交以下材料：

1. 经营单位所在地外经贸主管部门核发的"加工贸易业务批准证"。

2. "异地加工申请表"。

3. 加工企业所在地外经贸主管部门核发"加工企业生产能力证明"。

4. 需提供的其他单证。

办理程序：审核→办理异地加工贸易关封→企业将关封送交备案地海关登记备案。

办理时限：海关自接受完整单证起 2 日。

十七、企业如何办理加工贸易外发加工手续？需要向海关提交什么材料？办理程序如何？需要多长时间？

外发加工是指经营企业因受自身生产特点和条件限制，经海关批准并办理有关手续，委托承揽企业对加工贸易货物进行加工，在规定期限内将加工后的产品运回经营企业并最终复出口的行为。

经营企业经海关批准可以开展外发加工业务，并按照外发加工的相关管理规定办理。经营企业开展外发加工业务，不得将加工贸易货物转卖给承揽企业。承揽企业不得将加工贸易货物再次外发至其他企业进行加工。

企业办理加工贸易外发加工手续需要向海关提交如下材料：

1. "加工贸易外发加工申请表"及经贸主管部门批件。

2. 情况说明。

3. "加工企业生产能力证明"。

4. 委托加工合同一式两份。

5. 承接加工企业的营业执照、税务登记证。

6. 登记手册。

7. 其他单证。

办理程序：初审→复审→核发手册。

办理时限：海关自接受完整单证起2个工作日（需验厂除外）。

十八、企业如何办理加工贸易分手册？需要向海关提交什么材料？办理程序如何？需要多长时间？

企业开展加工贸易向海关申领的加工贸易手册，不能满足进出口报关实际需要的，可向海关申请核发加工贸易分手册。

企业办理加工贸易分手册需要向海关提交如下材料：

1. 加工贸易分册申请表。

2. 加工贸易手册（总册）。

3. 按规定提交的其他单证。

办理程序：海关初审→复审→核发分册。

工作时限：海关自接受完整单证起1个工作日内办结。

十九、企业如何办理加工贸易核销补税手续？需要提交什么材料？办理程序如何？需要多长时间？

加工贸易进口的料件及其制成品均属海关保税货物，未经批准，不得转为内销。因故需要内销的，须经商务、海关部门核准并办理相应的手续后才能内销。

企业首先向商务主管部门申办加工贸易进口料件内销批准证。申办该批准证，需要提交以下材料：

1. 详细陈述已核销情况和转内销原因的内销申请报告（原件）；外商投资企业还需提供"加工贸易保税进口料件内销申请表"（正本）。

2. "加工贸易业务申请表"（正本）；外商投资企业还需提供"进口料件内销清单"（正本）。

3. 加工贸易进出口合同（复印件）。

4. "海关加工贸易登记手册"（正本）。

5. "进口料件申请备案清单"和"出口制成品及对应进口料件消耗备案清单"（正本）。

6. 申请内销的加工贸易保税进口料件清单（须注明商品名称、商品代码、规格、数量、金额）。

办理程序及时限：企业在网上提交申请；经商务审批部门审核通过后，3个工作日内，到商务审批部门领取加工贸易进口料件内销批准证。

企业持加工贸易进口料件内销批准证到海关办理核销补税手续需要提交的材料、办理程序及时限：

需要提交的材料：

1. 经营单位的内销申请，并在"加工贸易核销申请表"中详细列出内销商品的具体情况。

2. 加工贸易手册。

3. 进口货物专用报关单。

4. 外经贸主管部门核发的加工贸易进口料件内销批准证。

5. 属于许可证管理的商品提供相应许可证件。

办理程序：企业申请→海关审核→签发→经营单位签收（内销征税联系单）并到通关环节办理补税手续→经营单位凭专用缴款书到银行缴纳税款→经营单位将银行盖章的缴款回执交加工贸易核销部门。

办理时限：海关自接受完整单证起1个工作日内完成核销补税的审核手续。

二十、海关对经营进出口业务的企业如何实施分类管理？

海关对在海关注册登记的进出口货物收发货人、报关企业实施分类管理。

海关根据企业遵守法律、行政法规、海关规章、相关廉政规定和经营管理状况，以及海关监管、统计记录等，设置 AA、A、B、C、D 五个管理类别，对有关企业进行评估、分类，实施动态管理。

海关总署按照守法便利原则，对适用不同管理类别的企业，制订相应的差别管理措施，其中 AA 类和 A 类企业适用相应的通关便利措施，B 类企业适用常规管理措施，C 类和 D 类企业适用严密监管措施。全国海关实行统一的企业分类标准、程序和管理措施。

由于加工贸易业务需要填报的表格较多，又基本上要求在网上填报，为方便企业查询，现将天津海关需要填报的表格名称、查询网址刊登如下：

加工贸易合同备案申请表

合同延期申请表

合同变更申请表

异地加工申请表

中华人民共和国海关加工贸易保税货物深加工结转申请表

加工贸易货物外发加工申请审批表。

天津海关网址：http://tianjin.customs.gov.cn

◎ 加工贸易的做法

加工贸易分进料加工和来料加工及出料加工等形式，而在实际业务中，加工贸易均有多种做法。为了叙述的方便，我们把加工贸易的做法分为一般做法和灵活做法。

一、加工贸易的一般做法是什么？

加工贸易的一般做法主要有：

1. 加工贸易的第一种做法起源于我国改革开放初期。当时，我国国内物资供应不足，部分出口商品所需的原材料紧缺，有的原材料质量较差，加工出来的产品不能满足外商的需要。在此情况下，我国的外贸专业公司为了扩大出口，经与国外客户洽商签订出口合同后，才从国外进口相应数量的原料加工出口，以适应国际市场的需求。由于此种做法的成品出口交货期较长，目前较少采用。

2. 加工贸易的第二种做法是：我国的外贸企业，主要是外贸专业公司，充分发挥其客户多，销路广的优势，一般根据企业头一年的出口情况，制定下一年的出口规划，集中进口一批比国内质量好而价格适中的原料，然后再根据国外客商的需求签订成品出口合同，或直接将部分原料加工成成品对外推销。此种做法明显优于第一种做法，其主要好处是：成品出口交货快，一般也能很快收回外汇，经济效益好。因为在进口原料时，已将进口价格及其所需各项费用全盘考虑，仍比使用国产原料划算，加之集中进口原料还可争取到更优惠的进口价格，降低运输成本。其缺点是：进口原料占压资金的时间较长，对于流动资金不足的企业，采用此种方法有一定的难度，也有一定的风险。

3. 加工贸易的第三种做法是：我国外商投资企业开展的进料加工业务，特别是一些大型的外商投资企业大多属于跨国公司，他们开展加工贸易业务具有独特的优势。由于其投资母体在国外，其营销网络遍布世界各地，对外签订的加工贸易合同，大都是同其在国外的母体公司或分支机构签订的对口合同。这种做法对外商投资企业的经济效益具有明显的作用。

4. 加工贸易的第四种做法是：由外商提供一定的原材辅料、零部件、元器件和包装物料，我方企业按照外商的要求进行加工装配，成品交外商在境外销售。由于原料和成品均属外商所有，我方企业只能按合同规定收取工缴费外汇，不能按成品出口全额收汇。这种做法就是我们前面提到的来料加工业务的一般做法。

二、加工贸易的灵活做法是什么？

加工贸易的灵活做法，主要是指在符合我国及其他国家、地区法规的大前提下，采取一些灵活、变通的方式，把买卖做活，以扩大出口创汇，增加企业经济效益。

1. 企业在做加工贸易的筹划时，一方面考虑到集中进口料件量大，容易争取到好的进口价格，而且还能降低运费等费用；另一方面又要考虑签订合同后便于履约和管理。因此，需要将原拟集中进口料件的大合同改为集中进口的多个较小的进口合同，即进口数量未变，仍然是集中大量进口，只不过是由一个大合同变成多个较小的合同。这样做的好处是便于企业灵活应对在履约过程中可能发生的变故，有利于企业应对国际市场的变化，规避国际贸易风险。

2. 签订各作各价的来料加工合同。来料加工的定义及其有关政策规定均明确指出：来料加工的料件由外商无偿提供，我方企业按照外商的要求将料、件加工装配成成品返回外商在境外销售而仅向外商收取工缴费。这是来料加工的特点，也是来料加工的一般做法。但是这种做法有它的局限性。因为有的国家是我国重要的贸易伙伴国，但其法律规定，只允许其企业小额对外无偿提供货物。这样的规定限制了双方企业经营来料加工业务的需要。于是经过客我双方反复磋商，并经我国有关部门研究同意，决定采取以下灵活做法：即各作各价的来料加工合同。具体做法是：客我双方正式签订来料加工合同。合同规定，国外客商向我方企业提供的原材料、零部件、元器件、辅料及包装物料等，我方企业向外商开立远期信用证；而我方返销对方的出口成品，则由客户向我方开立即期信用证，使出口收汇与进口付汇的期限相衔接，我方企业用出口收汇抵付进口付汇。形式上是收支两条线，实际上是不动用外汇而实现了来料加工业务的开展。这样的加工贸易，虽然算不上标准的来料加工业务，但它确实是加工贸易的又一种灵活做法。这种灵活做法还促进了该国厂商到我国投资设厂，推动了两国经济贸易的蓬勃发展。

3. 由外商提供一定的原材料、零部件、元器件和包装物料，同时还提供加工装配所必须的机械设备及生产技术，我方企业按外商的要求进行加工装配，成品交外商在境外销售，我方企业仅按合同规定收取工缴费外汇。此种做法是在一般来料加工业务的基础上进行的，只不过增加了提供设备和生产技术。这对于我资金缺乏、生产技术落后的企业来说当然十分合适。而且这种做法是在客我双方长期合作的基础上进行的，彼此相互信赖，加工的商品长期畅销，并经过双方合作生产出新品种，除供应外商所在国家地区外，还出口到其他国家地区。

4. 对于加工贸易限制类进出口商品，企业在未申领到配额许可证之前，原则上是不得对外签订加工贸易合同的，以免届时未能领取到许可证而承担违约的风险。但是，为了不失去成交机会，也可采取灵活做法，即在未申领到许可证之前，可以同外商签订加工贸易合同，只不过需在合同中添加以下内容：本合同以我方申领到许可证后生效。这种灵活做法一般是在客我双方相互都比较熟悉的情况下进行的。届时万一申领不到许可证，我方也不必承担不能履约的责任。

加工贸易的灵活做法还有许多，仅就对口合同而言，既可以以一个进口合同对一个出口合同，也可以以一个进口料件合同对应多个出口合同，还可以以多个进口料、件合同对应一个成品出口合同。在进料加工业务中，根据需要，既可进口成品所需全部原材料，也可只进口其中的一部分，还可由国外客商无偿提供辅料、包装物料或成品包装等，这就是我们通常所说的客供辅料。客供辅料的做法既可在一般出口中使用，也可在加工贸易中使用。

在来料加工业务中，需要注意的是：尽量让客户提供全部原材辅料、零部件、元器件、配套件、包装或包装物料等。因为按照国家现行政策规定，来料加工只享受进口料、件免征进口关税和进口环节税的增值税、消费税待遇，而不享受出口退（免）税待遇。我方企业如果按合同规定配置部分原材辅料，在国内采购的这一部分不享受出口退税。有的加工贸易业务，在成品出口合同项下由客户预付部分货款，我方企业利用客户支付的预付款从国外代为进口料件，然后加工成品交由对方在境外销售，我方收回余下的全部货款。

第四章

第一节　国家支持进出口的政策

一、国家扶持出口政策——"中小企业国际市场开拓资金"（简称"市场开拓资金"）

1. 什么是"市场开拓资金"？

"市场开拓资金"是为支持中小企业发展，鼓励中小企业参与国际市场竞争，降低经营风险，促进国民经济发展的政府性基金。

2. "市场开拓资金"使用支持的对象是什么？

"市场开拓资金"以中小企业为使用对象，原则上重点支持具有独立企业法人的资格和进出口经营权的中小企业。

3. 申请"市场开拓资金"企业的条件是什么？

依法取得企业法人资格，有进出口经营权。

企业上年度出口额的海关统计数在 1500 万美元以下，具有健全的财务管理制度和良好的财务管理纪录。

有专门从事外经贸业务并具有对外经济贸易基本技能的人员，对开拓国际市场有明确的工作安排和市场开拓计划。

4. "市场开拓资金"支持（企业）的项目是什么？

境外展览会项目；

管理体系认证项目；

产品认证项目；

国际市场宣传推介项目；

创建企业网站项目；

广告商标注册项目；

境外市场考察项目；

国际市场分析项目；

境外投（议）标项目；

境外展览会（团体）项目；

企业培训项目。

5. 申请"市场开拓资金"的程序是什么？

凡已获进出口权、上年海关统计出口额在 1500 万美元以下的企业，可享受国家的中小企业国际市场开拓资金政策支持。申报程序如下：

申报企业打开 **www.smeimdf.net** 网址输入"企业注册登记表"后在输出申请表打印一式二份加盖公章并带企业营业执照、组织机构代码证书、国税、地税登记证、进出口企业登记证、海关登记证复印件一式二份，到天津市曲阜道80 号 516 房间商务委规财处办理审证开通手续。

审证开通后，企业在网上根据两部网上登录操作指南及政策规定进行本年度项目计划的申报。

经天津市商务委、天津市财政局对网上申报企业的项目计划进行审核后在网上公示批复项目计划。凡被批准的项目企业根据两部规定网上输入资金拨付申请，在输出申请表中打印计划申请表、注册登记表和拨付申请表一式二份加盖公章后并附规定的相应材料加盖公章、财务章和市财政局账户存根表到商务委规财处办理审核拨付手续。

申请单位受到市财政局拨付款以后网上输入资金反馈表打印一份送商务委规财处。

6. "市场开拓资金"申报工作在何处办理？

在天津市商务委规财处办理。

地址：天津市和平区大沽路 158 号

联系电话：58128686

二、国家扶持进口政策——"进口贴息资金"

1. 什么是"进口贴息资金"？

进口贴息资金是国家财政对企业以一般贸易方式进口列入《鼓励进口技术和产品目录》中的产品（不含旧品）、技术，以贴息的方式给予的支持。

2. 进口贴息的申请条件是什么？

企业申请进口贴息应当符合以下条件：

申请企业近三年内没有违法违规的行为，无恶意拖欠国家政府性资金行为；

进口产品的，申请贴息的企业应当是《进口货物报关单》上的收货单位；进口技术的，应当是付汇凭证上的付汇单位；

申请贴息的进口产品应当是每年 1 月 1 日至 12 月 31 日期间已完成进口报关，申请贴息的进口技术应当是每年 1 月 1 日至 12 月 31 日期间执行合同，并取得银行出具的付汇凭证；

进口产品、技术未列入其他贴息计划；

技术进口合同中不含违反《中华人民共和国技术进出口管理条例》（国务院令第 331 号）规定的条款；

进口《鼓励进口技术和产品目录》中"鼓励发展的重点行业"项下的设备，未列入《国内投资项目不予免税的进口商品目录（2006 年修订）》（财政部公告 2007 年第 2 号）。

3. 进口贴息的标准是什么？

以进口额作为计算贴息的本金。进口产品的，以中华人民共和国海关进口货物报关单列明的进口金额乘以固定人民币汇率计算；进口技术的，以技术进口付汇凭证上的付汇金额乘以固定人民币汇率计算。

贴息率不高于贴息清算时中国人民银行公布的最近一期人民币一年期贷款利率。

财政部和商务部在年度贴息资金总额内确定贴息系数，核定贴息金额。

4. 企业申请进口贴息应提交什么材料？

企业申请贴息应提供以下材料：

企业法定代表人签字的贴息资金申请报告，内容包括：企业基本情况、进口用途、预计可产生的效益及申报说明；

企业营业执照（复印件）；

"进口贴息资金申请表"及电子数据；

进口产品订货合同或技术进口合同（复印件）；

进口产品的，须提供"中华人民共和国海关进口货物报关单"（复印件）；

进口技术的，须提供银行出具的注明技术进口合同号的付汇凭证（复印件）；

进口"鼓励发展的重点行业"项下的设备，须提供"国家鼓励发展的内外资项目确认书"（含进口设备清单，复印件）、"进出口货物征免税证明"（复印件）及"进口货物报关单"（复印件）。以上材料均须加盖企业公章。

5. 申请进口贴息资金的程序是什么？

每年 1 月 31 日前，地方企业向所在省、自治区、直辖市及计划单列市商务和财政主管部门提交上款规定的上一年度的申请贴息材料和相应的电子数据。逾期各商务、财政主管部门不予受理。

6. "进口贴息资金"申报工作在何处办理？

在天津市商务委机电科技产业处办理。

地址：天津市和平区大沽路 158 号

联系电话：58128686

第二节　天津市政府机关及对外贸易促进服务机构

一、天津市商务委员会

1. 主要职责

（1）贯彻执行国家内外贸易和国际经济合作的法律、法规和方针政策，起草相关地方法规和规章草案；研究本市内外贸易和国际经济合作的发展战略，拟订本市内外贸易和国际经济合作的中长期发展规划及年度计划，并组织实施。

（2）研究本市流通产业发展战略，提出流通体制改革的意见，培育发展城乡市场，推进流通产业结构调整和连锁经营、物流配送、电子商务等现代流通方式，拟订商品流通、物流配送重点设施的布局规划。

（3）研究拟订规范市场运行、流通秩序的政策，监测分析市场运行和商品供求状况，组织实施重要消费品市场调控和政府储备及重要生产资料流通管理。

（4）负责商品流通和生活服务业的行业管理，负责全市成品油、化肥、煤炭流通的管理；对拍卖、典当、实物租赁、旧货流通、再生资源回收等特殊流通行业进行监督管理；负责生猪定点屠宰管理。

（5）负责本市商品进出口贸易、技术贸易和国际服务贸易管理工作；负责进出口经营资格、进出口商品配额和许可证、加工贸易的管理工作；制定技术和成套设备出口政策措施；指导协调全市国际服务贸易工作；负责全市机电产品进出口和进口机电设备采购项目招投标活动的管理工作，认定招标机构资格；负责国际货运代理行业的管理；指导和管理全市会展业。

（6）协调指导本市外贸促进和信用体系建设，建立完善全市进出口公平贸易预警机制，组织协调反倾销、反补贴、保障措施及其他与进出口公平贸易相关的工作；负责涉及本市的世界贸易组织有关事务的综合协调工作。

（7）指导管理全市直接利用外资工作，制定直接利用外资政策措施；依法核准限额以上、限制投资和涉及配额、许可证管理的外商投资企业的设立和变更事项；监督外商投资企业执行法律、法规、规章及合同、章程的情况；综合协调和指导全市各级经济技术开发区对外经贸工作。

（8）负责全市对外经济合作工作；审核外经企业经营权，审核、管理全市境外企业和机构（金融企业除外），负责对外承包工程、劳务合作、设计咨询等业务的管理，负责本市对国外多双边经济、技术援助的有关工作；负责本市与香港、澳门特别行政区及台湾地区的经济合作与交流工作。

（9）负责本市商务对外宣传工作；负责全市商务信息网络和电子商务建设；协同有关部门开展全市翻译系列、国际商务师和商务行业专业技术职称的评审工作；负责全市商务人才的教育、培训、交流工作；指导相关商会、协会、学会的工作。

（10）负责本市经贸团组和人员的出国审批工作，审核邀请外商来津工作，负责组织重要经贸外事活动，指导和管理全市经贸外事的联络和接待工作。

（11）负责本市商业、对外经贸和旅游系统企业国有资产监管工作。

（12）承办市委、市政府交办的其他事项。

2. 地址及联系方式

地点：天津市和平区大沽路 158 号

邮编：300040

电话：58128686

传真：23035555

网址：**www.tjcoc.gov.cn**

二、中国国际贸易促进委员会天津市分会

中国国际贸易促进委员会天津市委员会（简称天津市贸促分会）成立于1963 年，是天津市对外开展经贸促进活动的重要机构。主要任务是根据中共天津市委、市政府对外经贸发展的指导思想和方针政策，充分发挥海外优势，开展促贸招商和经贸联络，加强与经贸界和政府有关部门间的联系，努力发挥政府与企业之间，国际与国内之间的桥梁、纽带作用，促进天津外向型经济的发展。

1. 主要职能

（1）根据天津市制定的发展规划，有针对性地开展调查研究工作，向国内

外有关企业和机构提供贸易和经济方面的信息和咨询，介绍合作对象，开展促进对外贸易、利用外资、引进先进技术和进行企业改造的工作。

（2）开展与世界各国经济贸易界的联络工作，邀请和接待外国经济贸易、技术界人士和代表团来访，组织天津经济代表团、考察团出国访问和考察。

（3）发展同外国商会、经济贸易协会和其他国际经济贸易组织的联系，参加国际经济贸易组织或其他的活动，负责同天津市贸促会相应的各国工商团体驻津机构的联络，必要时向外国派遣常驻代表或设立代表机构。

（4）参加、组织或同外国相应机构合办有关国际经济贸易方面的国际会议。

（5）组织天津对外经济贸易企业和团体在外国举办经济贸易展览会或参加国际博览会，协调国内外有关方面在外国举办经济贸易展览会或参加国际博览会的工作。

（6）安排和接待外国来华经济贸易与技术展览会，主办多国展览会。

（7）联系、组织中外技术交流，负责外国新产品样本、样品和各种科技出版物的收集、分发、陈列和展览。

（8）出具中国出口商品原产地证明和人力不可抗拒证明，签发和认证对外贸易和货物运输业务的文件的单证。

（9）代理中外方商标、专利在国内外的注册、续展、转让等业务。

（10）担任代理人参与各种涉外经贸案件的咨询、调解、仲裁、诉讼活动。

（11）举办经济贸易洽谈，对外介绍天津经济建设和对外经济贸易的方针政策、发展情况，介绍进出口商品等，同外国经济贸易方面的宣传出版机构开展交流与合作。

（12）主管天津国际商会和天津世贸中心协会的工作，指导和协调区、县贸促会、行业贸促会的工作。

（13）办理其他有关促进经济贸易发展的事宜。

2. 地址及联系方式

地址：天津市和平区曲阜道 85 号国贸大楼

邮编：300042

联系方式：022-23301343

传真：022-23301344

网站：**http://www.ccpit-tj.org/cn/**

三、天津市对外经济贸易服务中心

天津市对外经济贸易服务中心是经天津市人民政府批准建立，在天津市人民政府对外贸易办公室指导下开展对外贸易促进服务工作，隶属于天津市商务委员会管理的事业单位。

1. 主要职能

（1）经贸政策的咨询服务。

（2）对外经济贸易知识的培训服务。

（3）外经贸展览服务。

（4）对外招商和营销服务。

（5）外经贸信息和电子商务服务。

（6）各类外经贸活动和事务服务。

（7）外经贸人才交流服务。

（8）外经贸管理与事务的协调服务。

（9）物流和经贸代理服务。

（10）WTO事务和涉外法律事务的咨询服务。

2. 办公地点和联系方式

地点：天津市和平区赤锋道51号

邮编：300040

电话：23035209

传真：23035210

四、天津国际贸易与航运服务中心

1. 主要职能

天津国际贸易与航运服务中心是集中并直接为天津海港口岸货物进出口、船舶及相关员工出入境提供通关服务的场所，是集中、便捷、经济、高效的"一站式"通关服务的载体。航运服务中心进驻有天津海关、检验检疫、海事等12家政府部门，还进驻有国际贸易、航运、物流、中介代理等各类企业，通过政府部门联合办公和企业聚集经营，提供通关业务审批及国际贸易与航运服务。

航运服务中心进驻政府行政机关及有关部门12家，600多人，设口岸通关业务审批、投资服务窗口400余个，通过海关、检验检疫、海事及工商、税务等部门联合办公，为天津海港口岸的货物、船舶及相关员工出入境提供集中、便捷、经济、高效的"一站式"通关服务，并为投资者提供登记注册、税务咨询等多项服务。

2. 企业在航运服务中心办理业务的基本程序（见下图）

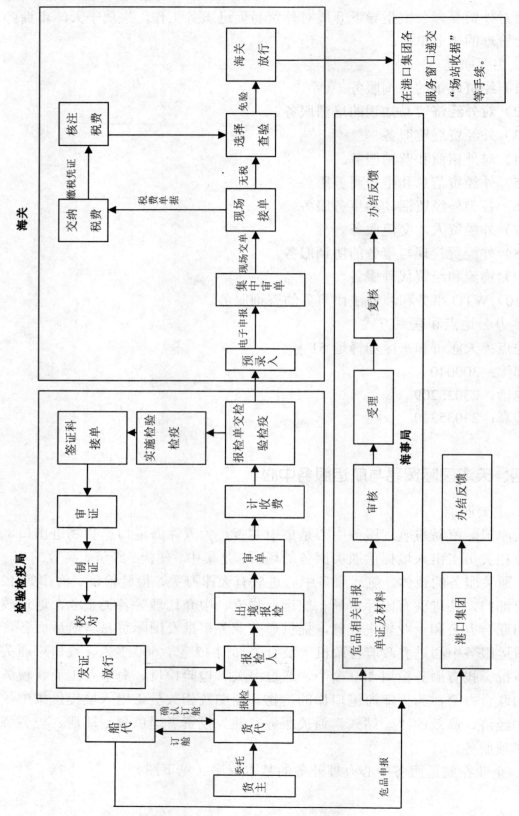

图 4-1 货物出口流程图

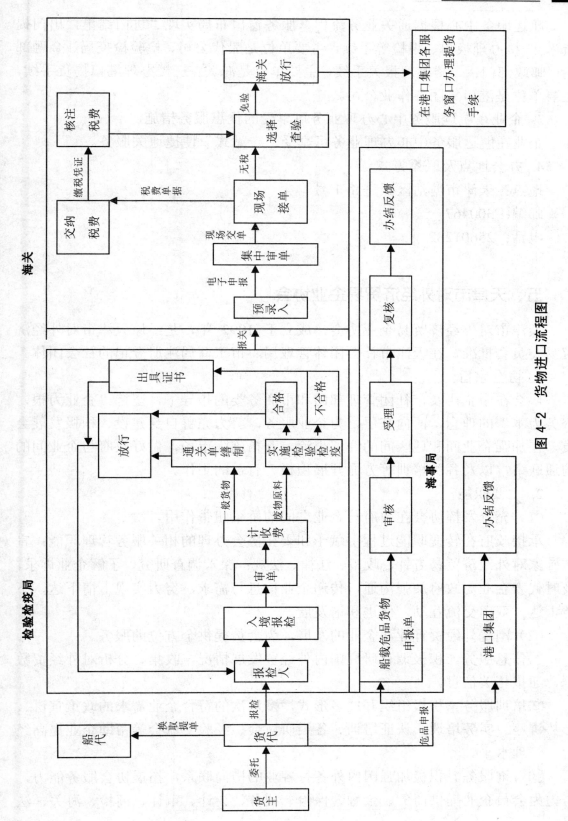

图 4-2 货物进口流程图

航运服务中心根据通关业务流程，服务窗口布局实现"进门结单，出门提货"。一楼办理换单、报检等手续，主要单位是船代公司、检验检疫局、金融部门、邮政部门；二楼办理报关手续，主要单位是海关；三楼办理港口提货手续，主要单位是港口集团各作业公司。

3. 企业在航运服务中心办理业务可享受的优惠服务措施

企业在航运服务中心办理业务可享受"一站式"便捷通关服务。

4. 办公地点及联系方式

地点：天津市塘沽区跃进路 1 号

邮编：300467

电话：25601282

五、天津市对外经济贸易企业协会

天津市对外经济贸易企业协会，成立于 1992 年，是经原天津市对外经济贸易委员会批准，在天津市社会团体管理局、市工商局注册登记的社会团体。

1. 协会宗旨

协会在中企协及市社团管理部门和市商务委的指导下，坚持"企业为根，服务为本"的理念，面向基层，为企业服务，努力完善自身建设、积极发展会员，在加强企业间和地区间的经贸交流，开拓国际市场，做好政府与企业间的沟通联络，以及各类培训等方面开展积极、有益的工作。

2. 主要职能

（1）充分发挥协会在政府与企业之间的桥梁纽带作用。

承接政府在转变职能过程中赋予和委托协会办理的相关服务管理职能；宣传国家对外经济贸易方针、政策、法律、法规；深入调查研究，了解企业诉求，及时代表企业与政府加强沟通，传递企业信息与需求，努力实现上情下达，下情上达，双向交流互动，促进和谐发展。

（2）围绕外经贸行业和企业的发展，为会员提供全方位的服务。

①信息服务。积极调查研究国内外经贸发展情况，收集、分析对外经贸数据，通报相关信息。

②培训服务。积极组织开展多形式，多层次的符合企业需求的政策宣讲、形势讲座、实务培训、认证培训、各类研讨会、经验交流会等帮助企业提高经营、管理水平。

③咨询服务。积极加强国内外各行各业的横向联系，拓展协会服务能力，努力为会员企业提供商务、金融、保险、税务、会计、审计、商检、海关、法

律、环保、商标、专利、知识产权保护、技术等全方位的专业化咨询服务。

④贸易促进服务。积极组织帮助会员企业参加各类境内外经贸展会、商务考察；吸引国外经贸组织、相关企业与会员企业对口交流；加强政府管理部门与会员企业、会员企业相互之间的联系与交流；协助企业拓展市场加速发展。

⑤维权服务。积极协助企业开展反侵权、反倾销、反垄断，损害调查等，努力维护企业合法权益，努力发展外经贸行业社会公益事业。

⑥委托代办服务。认真承办政府部门委托协会协助开展各项工作，企业获权登记、统计、年检、报批环节初审、展览会、交易会等服务工作；承接企业委托代办的各类相关服务工作。

（3）规范行业行为，加强行业自律。

维护共同利益，维护市场秩序，倡导诚信，反对欺诈，积极探索市场经济条件下自律性管理组织的职能与任务，运行机制与工作方式，提高企业素质，促进可持续发展。

3. 办公地点及联系方式

协会地址：天津市和平区郑州道 18 号（港澳大厦）

联系电话：23028770

传真：23033210

六、天津市外商投资企业协会

天津市外商投资企业协会成立于 1990 年 7 月，是由市商务委主管、在市民政局登记注册，由在中国天津市辖区内的外商投资企业以及香港、澳门、台湾同胞和海外侨胞投资企业为主，联合组成的全市性的不以赢利为目的的社会团体。

1. 协会宗旨

协会成立之目的，旨在协助会员顺利开展业务，并经过经济交流活动，促进会员之间以及会员与中国天津社会各界的友好关系。

2. 主要职能

（1）营销天津外商投资企业整体形象的舞台。

（2）沟通政府与外商投资企业的桥梁。

（3）联系企业与企业、企业与社会各界的纽带。

（4）反映外商投资企业意见的窗口。

（5）获得政府法律、法规信息的中心。

（6）代表维护外商投资企业利益的平台。

（7）协助外商投资企业排忧解难的通道。

（8）提供全方位为会员企业服务的专业机构。

协会定期出版会刊《桥》及不间断更新本会网站"网桥"（www.tjaefi.com.cn）的内容，为会员企业开展业务活动提供有用的信息。协会特别关注企业在生产经营中出现的这样那样的问题，并负责向政府等有关部门反映，以求得寻求解决企业困难和问题的最佳方案。

3. 办公地点及联系方式

地址：天津市河西区解放南路 256 号泰达大厦 10 层 AB 座

邮编：300042

电话：23028202/03/05

传真：23028201

电子邮箱：**xinxibu_tjaefi@126.com**

七、天津市国际货运代理协会（简称"货代协会"）

天津市国际货运代理协会成立于 1994 年 12 月，是经原天津市外经贸委批准，在天津市社团管理局登记注册的社团法人，是由天津市国际货运代理企业自愿组成的、非盈利性的行业组织。目前接受市商务委和市行业管理部门的监督管理。

1. 主要职能

协会作为联系政府与会员之间的纽带和桥梁，紧紧围绕"沟通政府、服务企业、协调利益、促进发展"的工作方针，履行以下职能：

（1）沟通职能。协助政府主管部门加强对国际货代业的管理，及时反映涉及会员正当利益的意见和建议，以维护会员企业的合法权益。

（2）自律协调职能。加强企业自律，规范国际货代企业经营行为，制定《天津市国际货运代理行业诚信公约》，成立了《天津仲裁委员会国际货运代理行业友好仲裁工作站》，以协调本行业的业务纠纷等矛盾，促进国际货运代理市场健康有序发展。

（3）培训职能。作为国家商务部确定的培训点之一，承办货代从业人员培训资格考试，并结合实际举办相关财税、责任险、国际货代法律等多种形式讲座。

（4）服务职能。建立符合本行业特点的网站，主要功能是信息发布及网上办公。定期编辑《天津国际货代通讯》，宣传行业政策、介绍国际国内货代贸易发展状况、行业法律法规等。

（5）宣传交流职能。为会员企业提供有价值的商务交流平台，组织企业参加物流洽谈会、研讨会、推介会、FLATA 年会展示会等活动。

2. 办公地点和联系方式

办公地点：天津市河西区南京路 10 号丝绸大厦 502 室

邮政编码：300042

电话：23140031—39

传真：23140029

八、天津市国际贸易学会

天津市国际贸易学会成立于 1981 年，是在天津市商务委领导下的学术性与实践性相结合的、非盈利性的社会团体。

1. 学会宗旨

组织会员从理论与实践的角度，研究 WTO 规则、国际市场的变化、贸易促进政策等国际贸易相关的各种问题，为政府决策提供积极的建议，为学术研究提供实践的经验。充分发挥天津外经贸领域各种力量的积极作用，促进对外开放，发展外向型经济。

2. 主要职能

（1）组织开展有关国际贸易理论与实践问题的调查研究，总结发展外经贸事业的规律与经验。

（2）组织开展学术研讨、企业工作经验交流等活动。组织征文评选。

（3）为区域、企业国际贸易发展提供咨询服务。

（4）接受企业对贸易管理、经营环境等方面的反映，沟通企业与管理部门之间的联系，为管理部门制定相关政策提供建议。

（5）组织相关业务培训及政策信息宣讲。

（6）提供国际市场及国际经贸发展动态信息。

（7）凡本市国际贸易领域的教学、研究、管理、经营方面的单位和个人承认学会章程、自愿入会者提出申请，均可入会。

3. 办公地点和联系方式

办公地点：天津市和平区重庆道 55 号

联系电话、传真：23112719

电子邮箱：**tjgmxh666@126.com**

九、天津对外经济贸易会计学会

天津对外经济贸易会计学会成立于 1988 年。原是中国对外经济贸易会计学会和天津市会计学会经贸分会。1996 年 8 月经天津市民政局批准为市级学会。

1. 学会宗旨

加强研究、提高理论、指导实践，服务企业。

2. 主要职能

（1）开展会计学术理论研究，提高财会人员的会计理论水平。学会根据上级学会布置的研究课题，结合当前经济形势和外经贸企业在会计专业及改革改制方面的情况，组织财会人员进行相关理论问题的探讨研究，积极撰写论文。

（2）开展财会专业培训，提高财会人员的会计专业水平。学会根据改革形势和外经贸中心工作，举办各种形式、各种类型的培训班，为企业财会实务工作和财会人员的继续教育提供及时帮助和指导。

（3）免费接受企业财会业务咨询。

（4）参与中国对外经济贸易会计学会会计系列教材、工具书的撰写，业务核算表格改革改进的策划工作。

3. 入会条件和程序

凡承认学会章程、志愿交纳会费的各类外经贸企业，提出书面申请，均可成为会员，享受学会的各项服务。

4. 办公地点及联系电话

地点：天津市和平区重庆道 55 号

邮编：300050

电话：23133378

邮箱：**tjwjmkjxh@yohoo.con.cn**

第三节　天津市特种经济功能区域

一、天津经济技术开发区

天津经济技术开发区是 1984 年经国务院批准设立的国家级开发区。

开发区是以提高吸收外资质量为主，以发展现代制造业为主，以优化出口结构为主，致力于发展高新技术产业，致力于发展高附加值服务业，促进国家级经济技术开发区向多功能综合性产业区发展的经济区域,是天津市改革开放、建立和完善社会主义市场经济体制的试验区。

1. 生产型企业在开发区注册

(1) 需要具备的条件

项目内容符合《外商投资产业指导目录》。

取得名称预核准。

取得项目核准、批准证书及项目涉及的行业主管部门前置审批。

具有符合《公司法》、三资企业法相关法律法规规定的投资者、企业章程、企业组织机构和议事规则。

具有合法的住所(天津经济技术开发区工业性质厂房)。

项目符合环保要求。

(2) 办理注册手续的程序

办理外商投资企业名称预先核准

办事部门:天津经济技术开发区经济发展局(天津市工商行政管理局开发区分局)外资科

地址:天津经济技术开发区宏达街 19 号 A4

邮编:300457

电话:86-22-25202790

传真:86-22-25201876

E-mail: lis@teda.gov.cn

办结时间不超过 3 个工作日

准备书式材料

投资者按照申请材料的要求编制项目申请报告书、合同、章程及其他所需材料。属有关行业归口管理的,应事先办理主管部门许可证或审批意见。

办理外商投资企业项目核准及审批

办事部门:天津经济技术开发区投资促进局企业事务管理科

地址:天津经济技术开发区宏达街 19 号 A3

邮编:300457

电话:86-22-25202698

传真:86-22-25202564

E-mail: liangm@teda.net

办结时间不超过 5 个工作日

办理外商投资企业注册登记

办事部门:天津经济技术开发区经济发展局(天津市工商行政管理局开发

区分局）外资科

地址：天津经济技术开发区宏达街 19 号 A4

邮编：300457

电话：86-22-25202790

传真：86-22-25201876

E-mail: **lis@teda.gov.cn**

办结时间不超过 5 个工作日

（3）对此类企业的优惠政策

详细请参照管委会令第 113 号《天津经济技术开发区促进先进制造业发展的暂行规定》：

新建投资

建设扶持：新建生产性企业在开发区购买生产用地的，根据其投资规模、投资密度和项目质量等因素给予相应的建设扶持。

租金补贴：新建生产性企业在开发区租用标准厂房的，根据其所属企业类别给予相应的租金补贴，自租赁之日起一年内，按签订的补贴协议标准给予全额补贴，之后二年减半补贴；标准厂房租金补贴的面积最高为 4000 平米。

鼓励企业租用第二层以上的标准厂房，对此类企业适当提高租金补贴标准。

购买标准厂房的，可按上述标准核算后一次性直接补贴给企业。

经营扶持：对新建生产性企业，根据其所属企业类别，参照其实际经济贡献，五年内给予一定的扶持。

扩大投资

增资扶持：内资生产性企业进行增资或利用本企业实现的利润再投资在开发区形成生产能力的，参照其实际经济贡献，五年内给予一定的扶持。

外资生产性企业进行增资或利用本企业实现的利润再投资，按国家和天津市有关规定执行。

增资奖励：生产性企业注册三年后增加注册资金 100 万美元以上的，按注册资金增加额的 1%给予奖励，最高奖励金额为 500 万元。

新增业务奖励：生产性企业在开发区实际运营三年后引进新增产品类别的制造业务（在国民经济行业分类（GB/T4754-2002）中，新增制造业务的代码必须与原制造业务的代码不一样），按其新增业务收入的 1%给予三年奖励，累计奖励金额最高为 3000 万元。

可持续发展

协作配套奖励：生产性企业引进供应商或合作伙伴在开发区注册经营，按引进企业的注册资本实际到位额给予一定的奖励。

贷款贴息：对高技术含量的生产性企业发生的固定资产投资贷款利息，经管委会评估论证，最高按基准利率计算的贷款年利息的50%给予补贴，但不超过该企业当年对开发区可支配财力贡献的50%。贴息期限最高为三年，累计贴息总额最高为300万元。

财政贡献奖励：投产三年以上、建立员工工资集体协商机制、在当年度未发生重大环保和安全事故的生产性企业对开发区可支配财力贡献（扣除开发区已经在本年度提供的各种形式的财政扶持）年度增加100万元以上的，自本规定发布之年度起五年内，分别按年增加额的20%、30%、40%、50%和60%给予奖励。此项奖励资金中至少应有30%以上的金额以一次性奖金或其他福利形式专项用于提高企业一线工人的待遇。

人才引进与培养：符合本规定鼓励条件的企业和机构中的各类人才，经管委会认定，可享受《天津经济技术开发区人才引进、培养与奖励的规定》中的相关政策。

（4）对此类企业的服务措施

为方便中外投资者办理注册手续，提高政府工作效率，目前，开发区采取"一站式审批"，相关部门集中受理项目申请。 为投资者提供全过程的服务，例如在前期帮助寻找合作伙伴；协助选择厂址；提供项目申请报告书编制提纲；制订填空式合同、章程范本；中期成立在建项目（或重大项目）工作组，协调规划设计、工程建设和用地、环保、消防以及公用事业等有关建设手续；后期可提供人才招聘及相关信息等服务。

2. 流通型企业在开发区注册

（1）需要具备的条件

项目内容符合《外商投资产业指导目录》

取得名称预核准

取得项目核准、批准证书及项目涉及的行业主管部门前置审批

具有符合《公司法》、三资企业法相关法律法规规定的投资者、企业章程、企业组织机构和议事规则

具有合法的住所（天津经济技术开发区商业性质地址）

（2）办理注册手续的程序

办理外商投资企业名称预先核准（附：外商投资企业名称预先核准申请书）。对符合《外商投资产业指导目录》的行业，项目主管开具《企业名称预核准通知书》。投资者根据拟设立企业组织形式，领取申请材料。

办事部门：天津经济技术开发区经济发展局（天津市工商行政管理局开发

区分局）外资科

　　地址：天津经济技术开发区宏达街 19 号 A4

　　邮编：300457

　　电话：86-22-25202790

　　传真：86-22-25201876

　　E-mail: lis@teda.gov.cn

　　办结时间不超过 3 个工作日

　　准备书式材料。投资者按照申请材料的要求编制项目申请报告书、合同、章程及其他所需材料。属有关行业归口管理的，应事先办理主管部门许可证或审批意见。

　　办理外商投资企业项目核准及审批

　　办事部门：天津经济技术开发区投资促进局企业事务管理科

　　地址：天津经济技术开发区宏达街 19 号 A3

　　邮编：300457

　　电话：86-22-25202698

　　传真：86-22-25202564

　　E-mail: liangm@teda.net

　　办结时间不超过 5 个工作日

　　办理外商投资企业注册登记

　　办事部门：天津经济技术开发区经济发展局（天津市工商行政管理局开发区分局）外资科

　　地址：天津经济技术开发区宏达街 19 号 A4

　　邮编：300457

　　电话：86-22-25202790

　　传真：86-22-25201876

　　E-mail: lis@teda.gov.cn

　　办结时间不超过 5 个工作日

　　（3）对此类企业的优惠政策

　　鼓励范围内的贸易类企业和营运中心，在开发区租赁办公用房的，经管委会认定，可享受租金 50% 的补贴，补贴面积最高为 1500 平方米。

　　对鼓励范围内的贸易类企业和营运中心，其实现的增加值、营业收入和利润总额形成开发区地方财力部分，扣除其所享受的租房补贴后给予最高 80% 的奖励。

　　在鼓励范围的贸易类企业和营运中心中任职的高级管理人员，参照《天津经济技术开发区人才引进、培养与奖励的规定》，个人所得形成开发区地方财力部分给予80%的奖励。

（4）对此类企业的服务措施

为方便中外投资者办理注册手续，提高政府工作效率，目前，开发区采取"一站式审批"，相关部门集中受理项目申请。为投资者提供全过程的服务，例如在前期协助选择地址；提供项目申请报告书编制提纲；制订填空式合同、章程范本；中期帮助寻找合作伙伴；后期可提供人才招聘及相关信息等服务。

二、天津港保税区

天津港保税区于1991年5月经国务院批准设立，是按照国际惯例运作，具有中国特色的自由贸易区，是天津市对外开放的前沿。

1. 主要功能

保税区具有国际贸易、物流分拨、临港加工、商品展销四大功能，现有六个功能区：

（1）天津保税区（位于天津港），是国际物流、国际贸易、临港加工和国际会展区域。

（2）保税区物流园区（位于保税区内），主要是国际物流，是国内开放程度最高的经济区域。

（3）空港物流区（位于滨海国际机场附近），是航空物流区域。

（4）空港加工区（位于滨海国际机场附近），是集科技开发、现代制造、总部经济和新型服务业于一体的新区域。

（5）空港保税区（位于滨海国际机场附近），是保税加工区域。

（6）综合保税区（位于滨海国际机场附近）是空客组装和为完善配套服务的区域。

2. 产业方向

保税区重点吸引科技研发和产业项目。大力发展电子信息、精密机械、生物制药、航空制造、汽车零部件、新材料、新能源等新技术产业和先进制造业，积极培育总部经济、会展经济和现代服务业，是投资密度、技术含量、经济效益领先、环境友好和谐的开放型经济区域。

3. 投资程序

投资者只需提供相关资料，管委会指定专人为其办理全部手续，不收取任何费用。

图 4-3　天津港保税区投资程序办事路线图

4. 优惠政策

（1）特殊政策

享受国家级开放区域的税收优惠政策，实行最为宽松的市场准入制度。

从境外进入保税区储存的货物不征关税及进口环节税、消费税，不实行配额、许可证管理，仓储时间不受限制；货物在保税区与境外之间自由进出。

企业使用境外的机器设备、基础物资、办公用品以及加工出口产品所需的原材料、零配件，不征收关税及增值税、消费税，不实行配额、许可证管理。中外资企业均可开立外汇现汇账户，企业经营所得外汇实行意愿结汇，从事保税区与境外之间贸易不办理售汇核销手续。

展销境外商品，无需缴纳关税抵押金，不受时间限制。

加工出口产品，不设保证金台账，不领取加工贸易手册；产品在保税区内销售免征生产环节增值税，采用部分境外料件加工的产品内销时，只交纳境外料件关税及增值税。

24 小时快速通关，检验检疫高效便捷，海港、空港至保税区直提直放，货物可以整批进区、分批出区，及时配送、及时报关，是真正的国际物流"绿色通道"。

（2）税收优惠政策

①所得税

依据《中华人民共和国企业所得税法》，自 2008 年 1 月 1 日起，高新技术企业享受 15%的所得税优惠政策；小型微利企业享受 20%的所得税优惠政策；其他企业所得税税率为 25%。

②增值税

增值税的基本税率为 17%；对粮食、食用植物油、自来水、石油液化气、天然气、图书、报纸、杂志、饮料、化肥、农药、农机等货物税率为 13%。

③营业税（见下表）

表 4-1　天津港保税区税收优惠政策

税目	征收范围	税率
交通运输业	陆路运输、水路运输、航空运输、装卸搬运	3%
建筑业	建筑、安装、修缮、装饰及其他工程作业	3%
金融保险业		5%
邮电通信业		3%
文化体育业		3%
服务业	代理业、旅店业、饮食业、旅游业、仓储业 租货业、广告业及其他服务业	5%
转让无形资产	转让土地使用权、专利权、非专利权、商标权、著作权、商誉权等	5%
销售不动产	销售建筑物及其他土地附着物	5%

④个人所得税

在中国境内有住所或者无住所而在境内居住满一年的个人，从中国境内和境外取得的所得以税法规定缴纳个人所得税。在中国境内无住所，但是在一个纳税年度中在中国境内连续或者累计居住不超过 90 日的个人，其来源于中国境内的所得，由境内雇主支付并且由该雇主在中国境内的机构、场所负担的部分，免予缴纳个人所得税。

办事部门

天津保税区：0086-22-25763844

表 4-2　天津港保税区行政部门联系方式

投资服务中心	0086-22-25763775
经济发展局	0086-22-84906393
贸易发展局	0086-22-84906432
物流发展局	0086-22-84906425

科技发展局	0086-22-84906361
社会发展局	0086-22-84906296
工商局	0086-22-25763807
企业服务局	0086-22-25763732
规划建设局	0086-22-84906165
财政局	0086-22-84906959
劳动人事局	0086-22-84906032
综合经济局	0086-22-84906025
海关	0086-22-25761093
外管局办事处	0086-22-25762111
检验检疫办事处	0086-22-25760462
国家税务局	0086-22-25761210
地方税务局	0086-22-25760782
国际贸易服务中心	0086-22-25760305

空港加工区：0086-22-25763844

表 4-3　天津港保税区空港加工区服务部门联系方式

投资服务中心	0086-22-84906628
投资促进局	0086-22-84906367
空港建设办	0086-22-84906168

空港物流区：0086-22-25763844

（续表）

管理局	0086-22-84888811
招商办公室	0086-22-84888844

其他综合部门：0086-22-25763844

表 4-4　天津港保税区其他综合部门联系方式

办公室	0086-22-25760532
研究室	0086-22-25763844
审计局	0086-22-84906458
公关部	0086-22-25763879

招商服务专线电话：0086-22-25763844

三、天津新技术产业园区（简称"天津高新区"）

天津新技术产业园区是经国务院批准并于 1998 年成立的国家级高新技术产业开发区之一，是集高科技产业开发、成果孵化、技术贸易、科技服务、人才交流、信息于一体的科技新城区。是促进科技与经济相结合、发展高新技术产业的基地。

1. 主要功能

（1）促进高新技术成果商品化、产业化、国际化。

（2）吸引国内外高等学校、科研机构到园区从事高新技术的研究与开发，促进生产、教学、科研相结合。

（3）应用高新技术改造传统产业。

（4）引进国外高新技术、资金和现代管理方式，促进国内外经济技术合作，发展外向型经济。

（5）深化高新技术企业产权、用工、分配和保险等制度的改革。

2. 企业入驻的条件

依据《天津新技术产业园区管理条例》（1995 年 5 月 24 日天津市第十二届人民代表大会常务委员会第十六次会议通过 1995 年 5 月 24 日公布施行），国内外的企业、其他组织或者个人（以下统称国内外投资者）均可以在园区内工作或投资兴办高新技术企业。

园区发展下列高新技术，并使其形成产业：

（1）微电子科学和电子信息技术；

（2）空间科学和航空航天技术；

（3）光电子科学和光机电一体化技术；

（4）生命科学和生物工程技术；

（5）材料科学和新材料技术；

（6）能源科学和新能源、高效节能技术；

（7）生态科学和环境保护技术；

（8）地球科学和海洋工程技术；

（9）基本物质科学和辐射技术；

（10）医学科学和生物医学工程；

（11）其他高新技术和在传统产业上应用的新工艺、新技术。

3. 入驻企业需提交的文件及办事程序

入驻企业需要提交的文件按照国家工商总局要求统一执行，具体要求可参照工商局网站或现场咨询。

办事程序是：

华苑产业区、滨海高新区的依法到园区工商、税务管理部门办理工商、税务登记；位于政策、辐射区内的依法到所在区、县工商、税务管理部门办理工商、税务登记。

流程：

（1）园区工商局办理企业名称查询；联系电话：86-22-83715931。

（2）园区投资服务局办理"批准证书"（外资企业），联系电话：86-22-83715786。

（3）园区工商局办理企业设立登记，联系电话：86-22-83715930（内资）86-22-83715935（外资）。

（4）刻制印章。

（5）质量技术监督局办理组织机构代码证书，联系电话：86-22-83715695。

（6）市外汇管理局办理外汇存款账户。

（7）银行开立外汇存款账户。

（8）地税园区分局、国税园区分局办理税务登记。联系电话：86-22-83715609（国税），86-22-83716305（地税）。

以上相关单位除外汇审批由市统一管理，其他可到华苑产业区梅苑路6号海泰大厦一、二层大厅办理。

4. 区内企业可享受的优惠政策

园区内经过认定的高新技术企业可享受《企业所得税法》及其《实施条例》有关规定的所得税优惠，国家需要重点扶持的高新技术企业，减按15%的税率征收企业所得税。可以享受国家和本市规定的其他有关优惠待遇。除以上优惠政策外，还可以享受地方性优惠政策，详见天津新技术产业园区网站**http://www.thip.gov.cn/**信息公开栏目。

5. 区内企业可享受的优惠服务措施

高新区具有最高1亿美元外商投资审批权限，最高1亿元人民币固定资产投资项目核准备案权限，区内具有齐全的公共行政管理职能，大部分审批事项可以在区内办理。除个别特殊事项外，一般行政许可审批事项办结时限1-3个工作日。项目入区全程跟踪服务，投资服务部门协调解决一切入住有关的事宜，提供可靠信息，包括人才招聘信息、上下游企业配套信息、土地房屋资源信息、水电气配套设施信息等等。服务部门一次性告知投资者关心的政策、环境信息。

四、天津新技术产业园区华苑软件园

1. 主要功能

天津华苑软件园于 1998 年成立，先后被授予"天津市软件产业基地"、"国家火炬计划软件产业基地"、"国家 863 软件专业孵化器"和"国家软件出口基地"。重点发展发展软件、服务外包、IC 设计和动漫网游等数字内容产业。华苑软件园所处区位属于天津市科技文教区，周围有著名的南开大学、天津大学等高等院校 9 所，各类科研院所 96 个，每年有计算机相关专业毕业生近万名，为软件园企业的发展提供充足的人力资源。

2. 企业入驻条件

华苑软件园重点发展软件与服务外包产业，主要是软件产品及服务、软件和服务外包、动漫及数字内容、IC 设计等领域。入驻企业必须属于以上产业技术领域。

3. 注册程序

园区工商局办理企业名称查询，联系电话：86-22-83715931

园区投资服务局办理"批准证书"（外资企业），联系电话：86-22-83715787

园区工商局办理企业设立登记，园区工商局联系电话：86-22-83715930（内资）、86-22-83715935（外资）

刻制印章

质量技术监督局办理组织机构代码证书，联系电话：86-22-83715695

外汇管理局办理外汇存款账户

银行开立外汇存款账户

地税园区分局、国税园区分局办理税务登记，联系电话：86-22-83715609（国税）、86-22-83716305（地税）

以上相关单位除外汇审批由市统一管理，其他可到华苑产业区梅苑路 6 号海泰大厦一、二层大厅办理。

以高新技术成果出资设立内资公司、股份合作企业以及外资公司的，其高新技术成果出资所占注册资本（金）和股权的比例不超过 20%，超出部分经报送天津市科学技术委员会（以下简称市科委）审批后，可不受上述条件限制。天津市科委高新技术处，联系电话：86-22-27124351。

内资企业，注册资本在 50 万元以下的公司，以技术出资部分可不用评估，由全体股东出具确认书即可，确认书内应写清楚技术所有权人、技术名称、属于专利技术还是非专利技术、价值多少万元、占注册资本的百分比，全体股东要亲笔签字。注册资本在 50 万元以上的，须由评估机构（会计师事务所、评估

公司等）进行评估。

外资企业，技术入股所占的比例在 20％以下的不用评估，在 20％以上的需由评估机构进行评估。

4. 区内企业可享受的优惠政策

详见软件园网站 **www.tjsoft.gov.cn** 政策法规栏目。

5. 区内企业可享受的优惠服务措施

除天津新技术产业园区的全部服务外，还可针对软件与服务外包提供以下服务：

创业者政策咨询与服务

天津华苑软件园管理中心 联系电话：86-22-23785971

天津华苑软件园建设发展有限公司 联系电话：86-22-23080770

孵化器管理单位

天津华苑软件园 联系电话：86-22-23785971

天津国家 863 软件专业孵化器 联系电话：86-22-23785981

天津国家软件出口基地 联系电话：86-22-23080770

寻找办公用房请咨询

海泰绿色产业基地 联系电话：86-22-23786888

天津华苑软件园建设发展有限公司 联系电话：86-22-23080016

五、东疆保税港区

天津东疆保税港区于 2006 年 8 月 31 日由国务院批复设立。2007 年 12 月 11 日，保税港区一期 4 平方公里正式封关运作。

保税港区是滨海新区开发开放的重要标志区，是承接综合配套改革先行先试和口岸监管制度创新的试验区，北方国际航运中心和物流中心的核心区。保税港区根据全国综合配套改革试验区建设的相关要求，在机制、体制创新等方面要先行先试一些重大的改革措施。

东疆保税港区将起到创新、引领的作用；发挥辐射带动作用。

1. 主要功能

东疆保税港区建成后，将具备"五大功能"。

（1）集装箱码头装卸

目前，一期 6 个 10 万吨级集装箱码头建成投运，年设计吞吐能力 400 万标箱。码头 7 公里岸线全部建成后，满足未来 10－15 年天津港集装箱发展的需要。同时为进一步连接港口腹地、沟通亚洲内陆，在港区西北部规划了一个大型现代化海铁换装中心，提供快速、便捷的集装箱海铁联运作业通道。

（2）物流加工

利用临港优势，进行现代化的进出口货物加工、配送、采购、分拨等业务，可为国内外物流企业提供方便快捷的全程物流服务。

（3）生活居住

在港口综合配套服务区的北部，将建成规划中的生态型居住小区，舒适的海景住宅，将为岛上办公人员和周边地区成功人士营造平静、安逸的生活环境居住区，同时设置配套的商业、医疗、教育等设施。

（4）商务商贸

东疆保税港区将进行整体规划和建设，着眼于港区与城市功能的相互促进，发展金融、保险、商贸、中介等现代服务业，促进保税港区全面协调发展。规划中的商业商务区以办公建筑为主，配合商业、餐饮、酒店、公寓等设施。

（5）休闲旅游

综合配套服务区建成后，将满足游客、居民和港区工作人员休闲娱乐的需要，将国内旅游与国际旅游融为一体，能够有效提升天津旅游业，推动环渤海区域走向世界高端旅游市场。包括商住、办公、商业、酒店、邮轮母港、游艇俱乐部、海滨度假村、国际运动休闲中心、海滨公园、人工沙滩、运动广场及公寓等。

2. 重点发展企业的类型

东疆保税港区聚焦现代物流、进出口加工、配套服务产业三大板块，重点发展以分拨、配送、仓储、运输为主的现代物流业；以低能耗、环保型、轻结构为特点的进出口加工制造业；以离岸金融、服务外包、总部经济及各类现代服务业为重点的服务产业。

3. 企业注册的程序

企业办理注册登记手续，全部在东疆保税港区联检服务中心一楼大厅。

（1）工商窗口（2560 3206）——查名、核准。

（2）工商窗口（2560 3206）——领取、填写注册资料。

（3）企业准备材料。

（4）经发局 1017 办公室（2560 3235）——办理注册地证明。

（5）工商窗口（2560 3206）——企业提交材料，工商审查、核准。

（6）工商窗口（2560 3206）——企业缴费、领取营业执照。

（7）利辉科技（2560 3209）——刻制公章（企业可自选刻章公司）。

（8）代码及统计备案窗口（2560 3208）——办理组织机构代码证及 IC 卡。

（9）国税（2560 3211）、地税（2560 3217）——办理税务登记证。

（10）银行开户——企业自愿选择银行，大厅内有中国银行（2560 3201）和农业银行（2560 3155）可供选择。

4. 区内企业可享受的优惠政策

保税港区的税收、外汇政策按照《国务院关于设立洋山保税港区的批复》的有关规定执行，具体包括 12 条优惠政策，部分主要税收政策为：国外货物入港区保税；货物出港区进入国内销售按货物进口的有关规定办理报关手续。并按货物实际状态征税；国内货物入港区视同出口，实行退税；港区内企业之间的货物交易不征增值税和消费税。同时，国家赋予滨海新区的金融、土地、财政、税收等政策在东疆保税港区都能享受。

另外，对总部经济、金融业、物流业、中介服务业等给予财税优惠政策。东疆保税港区积极落实企业发展扶持资金，制定产业促进的细化措施，形成政策支持梯度效应，培育功能区的核心竞争力。

5. 区内企业可享受的优惠服务措施

（1）行政管理体制

按照国际通行的做法，建设真正意义上的自由贸易港区。率先推进行政管理体制创新，减少层次，减少事项，减少环节，将相当部分的政府管理工作委托社会中介负责，提高专业化管理水平和控制风险，打造精干政府管理机构，实现"小机构、大服务"，建立符合国际惯例的管理模式。

（2）口岸监管

保税港区按照"境内关外，一线放开，区内自由"的口岸监管模式进行。对境外入区货物和区内内产经营企业，进一步简化区内报关程序，提高通关效率，加快报检流程再造，实现企业自行报检，营造高效便捷的经营环境。

（3）海关监管

海关对保税港区实施"超市式管理"，主要在二线监管，实行 24 小时全天候通关，卡口实行信息化自动验收；对区内诚信企业的进出口货物实施原则上不查验，对保税港区与国内之间的进出货物实施"分批出入区、集中报关"的便捷通关措施；对区内企业进行实时、互动的信息化平台联网管理，区内企业间货物流转向海关报送相关电子数据信息。

（4）检验检疫

检验检疫部门对国际航行船舶实施电讯检疫或码头检疫，对境外入区货物只检疫不检验，对低风险出境货物直接放行，区内信誉好、产品质量稳定的企业享受免验待遇，不断放大先行先试的政策效应，努力提高检验检疫实力和保税港区服务辐射功能，共同推动天津东疆保税港区向自由贸易港区转型进程。

6. 办事部门和联系方式

天津东疆保税港区管理委员会招商局

电话：25605029

传真：25605020

邮箱：**info@dongjiang.gov.cn**

六、天津出口加工区

天津出口加工区是 2000 年 4 月由国务院批准设立的国家级出口加工区。2001 年 6 月通过海关总署等国家八部委的联合验收，正式封关运作。

1. 主要功能

（1）积极探索既符合国际惯例，又能满足我国规范加工贸易管理需要的新的监管模式，引导新增加的加工贸易企业及区外现有加工贸易企业进入出口加工区，改革了加工贸易的监管模式，改现行"漫山放养式"为"圈养式"封闭管理，遏制了加工贸易走私现象，并对加工贸易实行了"优化存量，控制增量，规范管理，提高水平"的集中规范管理，促进其健康发展。

（2）严格控制加工贸易产品的内销，保护国内相关产业，带动国内原材料、零部件的出口。

（3）为出口型加工企业提供更宽松的经营环境，带动国产原材料、零配件的出口，为扩大外贸出口做贡献。

（4）为区内外企业提供保税物流服务，同时，企业可进行研发、检测、维修等业务，推动加工贸易延长产业链，提高附加值。

（5）积极探索新的科学管理的通关作业模式，把出口加工区试点和建立现代海关制度结合起来，突破现有通关模式的局限，为区内企业物流提供方便快捷的通关便利。

2. 区内企业可享受的优惠政策

出口加工区的优惠政策可概括为"免、保、退"，即进出口免税、进料保税、入区退税，同时国家在配额许可证管理、外汇管理、检验检疫等方面给予了诸多优惠。

（1）进口免税

出口加工区内企业生产所需的机器、设备、模具、维修用零配件，基础设施建设所需要的机器、设备、建设用基建物资，自用的办公用品，实行电子账册管理，免征进口关税和进口环节增值税。

（2）出口免税

出口加工区内企业在区内加工、生产的货物，免征出口关税、增值税、消费税，生产出口货物耗用的水、电、气，准予退还所含的增值税。

（3）进料保税

出口加工区内企业加工出口产品需进口的原材料、零部件、元器件、包装物料及消耗材料全额保税。

（4）入区退税

区外运入出口加工区供区内企业使用的国产设备、原材料、零部件、元器件、包装物料，以及建造基础设施、加工企业和行政管理部门生产办公用房的基建物资（不包括水、电、气），区外企业可凭海关签发的出口货物报关单（出口退税专用）和其他现行规定的出口退税凭证，向税务机关申报办理退（免）税。

（5）检验检疫

出口加工区内企业为加工出口产品所需进境的应检货物，企业在加工区内自用的办公和生活消费用品,免予实施品质检验；区内企业加工出境的产品，除需标明中国制造、使用中国注册商标、申领中国产地证及需检验检疫机构出具品质证书的，免予实施品质检验和卫生检验；对境内加工区外进入出口加工区内的任何货物，检验检疫机构免予检验检疫。

出口加工区内企业直接从境外进入加工区的、或出口加工区内企业加工后直接出境的属于国家《实施强制性产品认证的产品目录》中的产品，免予申办3C认证。

（6）外汇管理

出口加工区内企业开设外汇账户不区分经常项目外汇账户和资本项目外汇账户，实行统一管理；货物运往、销往境外，不需办理出口收汇核销手续；进口货物对外支付外汇，不需办理进口付汇核销手续；区内企业外汇账户不实行限额管理。

（7）配额许可证管理

除实行被动配额管理的商品，易制毒化学品、化学武器液体、固体废料及其他国家另有规定的，不实行进出口配额、许可证管理。

3. 区内企业可享受的优惠服务措施

海关实行"一次申报、一次审单、一次查验"，24小时通关服务的新通关模式。区内企业享有海关提供的简单、快捷的通关便利，区内海关、商检、银行、运输、仓储等机构一应具全，落户企业不出园区即可办理完一切进出口手续。

第四节 国家商务部驻天津特派员办事处

一、主要职能

1. 根据商务部授权，了解所联系地区的商务主管部门、企业及其他组织和个人贯彻执行国家经济贸易法律、法规、方针、政策的情况；跟踪各项商务政策措施出台或调整后在所联系地区的实施情况及意见反馈；参与对地方外经贸和内贸行业的宏观政策指导。

2. 了解所联系地区的商务体制改革工作情况，配合商务部协调所联系地区的商务主管部门，加强不同区域之间的商务联系和配合，推进所联系地区的商务事业协调发展。

3. 受商务部委托，签发所联系地区的部分进出口许可证、自动进出口许可证或其他进出口许可证件，接受商务部配额许可证事务局业务指导和监督检查并对其负责。

4. 受商务部委托，监督检查所联系地区的中央各项商务促进专项资金的管理及使用情况并及时上报；了解在所联系地区的商务部批准设立的外商投资企业执行法律、法规、规章和履行合同章程的情况；联系、协助地方做好公平贸易、产业损害调查及 WTO 相关工作。

5. 了解所联系地区的市场建设情况和整顿、规范市场经济秩序情况，调查研究妨碍所联系地区的市场充分竞争的原因并向地方商务主管部门提出改进的建议，协助商务部打破地区封锁，维护公平竞争秩序，推进商务信用体系建设工作。

6. 了解所联系地区的现代物流业和服务业发展情况、重点商品的市场运行、重要消费品储备以及进出口情况，监测、收集重要经济信息和资料并及时上报，协助商务部完成有关市场情况的专项调查。

7. 调查研究所联系地区的各项商务工作发展的状况，"热点"和"难点"问题，承担商务部交给的专项调研课题和其他调研任务。

8. 参与协调处理所联系地区的有关商务活动事宜，根据授权代表商务部出席所联系地区的有关重要商务活动；协助办好商务部主办或参与主办的各类全国性或区域性博览会、交易会、洽谈会等；协助所联系地区的有关企业做好开拓国内外市场等商务工作。

9. 对地方商务主管部门和企业加强商务政策的宣传、咨询、指导，办好部政府网站的特派员办事处子站，及时发布和更新有关内容，为地方有关政府部门、企业及其他组织和个人提供业务咨询和公共商务信息服务。

10. 加强与执行机构、商协会和驻外经商机构的工作联系，协助上述机构做好与所联系地区的有关的各项商务工作。

11. 加强与所联系地区的国家级经济技术开发区、高新技术开发区、出口加工区、保税区的工作沟通，了解其发展情况及存在的问题，并向商务部提出政策建议。

12. 办理商务部交办的其他事项。

二、地址及联系方式

地址：天津市南开区红旗路 278 号赛德广场 5 号楼 10 层

邮编：300190

联系电话：

办公室：022-83692172、022-83690725

贸管处：022-83691136、022-83691933

协调处：022-83690912、022-83691953

传　真：022-83691475

附录

国际贸易常用单据

附录1——售货确认单

售货确认书

电话:
TELEPHONE：
(010) 66666666

(010) 55555555

电报挂号:
CABLE ADDRESS：

000 BEIJING；

TELEX：*1234 ABCBOCN*

FAX：*(010) 55555555*

进出口公司

Imp. &Exp. co.

北京前门大街0 号A 大厦二层

2/F., A Mansion No. 0 Qian Men Street, Beijing China

售 货 确 认 书

SALES CONFIRMATION

正　　本

（ORIGINAL）

合同号:

Contract

No:

日期

Date：

购货人：

To Messrs. ,　　　　For accont of：

兹确认售予你方下列货品，其成交条款如下：

We herby confirm haveing sold to you the following goods

on terms and conditions as specified below；

来电/来函/定单

Your Cable/Letter/Indent：

（1）货物名称 Name of Commodity	价格条件		
	（2）数量 Quantity	（4）单价 Unit Price	（5）总价 Total Amount

(6) 包装　Packing：
(7) 装运麦头　**Shipping Marks**
(8) 装运期限：买方需在上述交期＿＿＿＿天之内收到可转船及分批装运之信用证方可出运。
Time of Shipment：＿＿＿＿　Shipment can be effected only receipt of L/C allowing transshipment and partial
　　　　　　　　　　　　shipment within ＿＿＿＿ days.

(9) 付款条件　□　　开给我方100% 保兑的不可撤回即期付款信用证，并须注明可在上述装运日期后十五天内
Terms of Payment：　　在中国议付有效，信用证须于前开出，并注明有关确认号码

　　　　　　　　　□

　　　　　　　　　□　　**By 100% Confirmed, irrevocable, Letter of Credit to be available by sight draft, to remain**
　　　　　　　　　　　valid for negotiation in china until the 15th day after the aforesaid Time of Shipment, and
　　　　　　　　　□　　**to be opened before**
　　　　　　　　　　　mentioning relative S/C. number.

（10）保　　险 　　　Insurance：	☐	保综合险及兵险或者陆运综合险 **Covers all risks and war risk of overland transportation all risks**	
	☐	由客户处理。 **To be effected by the buyer.**	
（11）仲　　裁 　　　Arbitration：	☐	凡因执行本合同所发生的或与本合同有关的一切争议，应由双方通过友好协商解决；如果 协商不能解决，应提交中国国际贸易促进委员会对外经济贸易仲裁委员会根据该会的仲裁 程序暂行规则在北京进行仲裁；仲裁裁决是终局的，对双方都有约束力。	
	☐	**All disputes arising from the execution of or in connection with this contract shall be settled amicably through friendly Economic & Trade Arbitration Commission of the China Council for the Promotion of International Trade, Beijing, for arbitration in accordance with its provisional rules of procedure. The arbitrate award is final and binding upon both parties.**	

备　注：
REMARKS：

（1）　买方须于上述规定时间内，开出本批交易的信用证，否则，售方有权不经通知取消本确认书，或接受买方对本约未执行的
　　　全部或一部，或对因此遭受的损失提出索赔。
　　　The Buyer shall establish the covering Letter of Credit before the above-stipulated time, failing which the Seller reserves the right to
　　　rescind without further notice, or to accept whole or any part of this Sales Confirmation non fulfilled by the Buyer, or to lodge a claim
　　　for direct losses sustained, if any.

（2）　凡以 CIF 条件成交的业务，保额为发票价的110％，投保险别须以本售货确认书中所开列的为限。买方如要求增加保额或保
　　　险范围，应于装船前经售方同意，因此而增加的保险费由买方负责。
　　　For transactions concluded on C. I. F. basis, it is understood that the insurance amount will be for 110% of the invoice value against the
　　　risks specified in the Sales Confirmation. If additional insurance amount or coverage is required, the buyer must have the consent of the
　　　Seller before Shipment, and the additional premium is to be borne by the Buyer.

（3）　品质／数量异议：如买方提出索赔，凡属品质异议须于货到目的口岸之日起 30 天内提出，凡属数量异议须于货到目的口岸
　　　之日起 15 天内提出，对所装货物所提任何异议属保险公司、轮船公司其他有关运输机构或邮政机构所负责者，售方不负任
　　　何责任。
　　　QUALITY／QUANTITY DISCREPANCY：In case of quality discrepancy, claim should be filed by the Buyer within 30 days after the
　　　arrival of the goods at port of destination；while for quantity discrepancy, shall claim should be filed by the Buyer within 15 days after
　　　the arrival of the goods at port of destination. It is understood that the Seller not be liable for any discrepancy of the goods shipped due
　　　to causes for which the Insurance Company, Shipping Company, other transportation organization／or Post Office are liable.

（4）　本确认书内所述全部或部分商品，如因人力不可抗拒的原因，以致不能履约或延迟交货，售方概不负责。
　　　The Seller shall not be held liable for failure or delay in delivery of the entire lot or a portion of the goods under this Sales Confirmation
　　　in consequence of any Force Majeure incidents.

（5）　买方于收到本售货确认书后请立即签回一份，如买方对本确认书有异议，应于收到后五天内提出，否则认为买方已同意接
　　　受本确认书所规定的各项条款。
　　　The Buyer is requested to sign and return one copy of this Sales Confirmation immediately after receipt to the same. Objection if any,
　　　should be raised by the Buyer within five days after the receipt of this Sales Confirmation, in the absence of which it is understood that
　　　the Buyer has accepted the terms and conditions of the Sales Confirmation.

买方确认签署

Confirmed by

进出口公司
IMP. & EXP. CO.

附录 2——发票

发　票

TEL：66666666

FAX：55555555

① ABC　Imp.&Exp. Co.

北京 A 大街 B 号 C 大厦 D 层

DF. , C Buildingi, No. B, A street, Beijing, China

⑧ N/M

② 发　票

COMMERCIAL　INVOICE

③ Beijing　*July 15th , 2005*

No. ④ 2005/T2102

BEST COMPANY

⑤ Accountee

NO. 1 of A street , Barcelona , Spain

⑥ From　Xingang , China　TO　Barcelona , spain

⑦ L/C No.　LC0001　Contract No.　2005/T 2102A

Description of Goods & Quantity		Unit Price	Amount
		FOB	
⑨ JACKETS	10000PCS	⑩ U $ 10. 00	⑪ U $ 100, 000. 00
			U $ 100, 000. 00
TTL	10000pcs		

SAY FOB U.S DOLLARS ONE HUNDRED THOUSAND ONLY.

⑫ ABC　IMP&EXP. CO. （盖章）

附录3——汇票

汇　票

此页为汇票第二联，给银行

No. 2004/T 1439

Exchange for USD1811.16 　　　　　　　　Beijing, China, ...

　　　　　　　　L/C　At .... Sight of this SECOND of exchange

　　（the FIRST of the same tenor and date being unpaid）pay to the order of

　　　　　　　　①　BANK OF CHINA

the sum of ②　SAY U. S. DOLLARS ONE THOUSAND EIGHT

　　　　　　HUNDRED ELEVEN AND 16/100 ONLY.

drawn under ③　OGAKI KYORITSU BANK LTD. OGAKI, JAPAN

　　　　　　④　L/C NO. LC98/40289　　⑤　DATED 040701

To ⑥　OGAKI KYORITSU BANK, LTD. , THE OGAKL

附录 4 普惠制产地证（Form A）

普惠制产地证 （Form A）

1. goods consigned from （Exporter's business name, address, Country）. 　　　　　CO. , LTD NO. 1 OF CHANG AN AVENUE, BEIJING, CHINA.	Reference No. GENERAL SISTEM OF PREFERENCES CERTIFICATE OF ORIGIN （Combined declaration and certificate） **Form A**
2. Goods consigned to （consignee's name, address, country） AAA COMPANY NO. 5 OF SMITH STREET, BARCELONA, Spain	Issued in THE PEOPLE'S REPUBLIC OF CHINA --- （Country） See Notes overleaf
3. Means of transport and route （as far as known） SHIPMENT FROM TIANJIN, CHINA TO BARCELONA BY SEA ON/AFTER SEP. 22, 2004.	4. For official use

5. Item number	6. Marks and numbers of packages N/M	7. Number and kind of packages: description of goods ONE THOUSAND （1000） CARTONS OF T-SHIRTS ***************	8. Origin criterion （see notes overleaf） "P"	9. Gross weight or other quantity **8 000KGS**	10. Number and date of invoice **2004/T2100** Sep. 22, 2004

11. Certification 　　It is hereby certified on the basis of control carried out, that the declaration by the exporter is correct. _____ 　　Place and date, signature stamp of certifying authority	12. Declaration by the exporter 　　The undersigned hereby declares that the above details and statements are correct; that all the goods were produced in **CHINA** _____ 　　And that they comply with the original requirements specified for those goods in the Generalized Systerm of Preferences for goods exported to **SPAIN** --- （Importing country） Place and date, signature of authorized signatory ---

附录5　《中国—东盟自由贸易区》优惠原产地证明书——样本

Original

1. Goods consigned from (Exporter's business name, address, country)	Reference No.
	ASEAN–CHINA FREE TRADE AREA PREFERENTIAL TARIFF CERTIFICATE OF ORIGIN (Combined Declaration and Certificate)
2. Goods consigned to (Consignee's name, address, country)	**FORM E**
	Issued in THE PEOPLE'S REPUBLIC OF CHINA (Country) See Notes overleaf
3. Means of transport and route (as far as known) Departure date Vessel's name / Aircraft etc. Port of discharge	4. For official use ☐ Preferential Treatment Given Under ASEAN–CHINA Free Trade Area Preferential Tariff ☐ Preferential Treatment Not Given (Please state reason/s) -- Signature of Authorised Signatory of the Importing Country

5. Item number	6. Marks and numbers on packages	7. Number and type of packages, description of goods (including quantity where appropriate and HS number of the importing Country)	8. Origin criterion (see Notes overleaf)	9. Gross weight or other quantity and value (FOB)	10. Number and date of invoices

11. Declaration by the exporter	12. Certification
The undersigned hereby declares that the above details and Statement are correct; that all the goods were produced in -------------------------- CHINA (Country) and that they comply with the origin requirements specified for these goods in the ASEAN–CHINA Free Trade Area Preferential Tariff for the goods exported to -------------------------- (Importing Country) -------------------------- Place and date, signature of authorised signatory	It is hereby certified, on the basis of control carried out, that the Declaration by the exporter is correct. -------------------------- Place and date, signature and stamp of certifying authority

CN 5211901

附录6　中华人民共和国海关出口货物报关单

JG02

中华人民共和国海关出口货物报关单

预录入编号：　　　　　　　　　　　　　海关编号：

出口口岸		备案号		出口日期		申报日期
经营单位		运输方式	运输工具名称		提运单号	
发货单位		贸易方式		征免性质		结汇方式
许可证号		运抵国(地区)		指运港		境内货源地
批准文号		成交方式	运费		保费	杂费
合同协议号		件数	包装种类		毛重(千克)	净重(千克)
集装箱号		随附单证				生产厂家
标记唛码及备注						

项号	商品编号	商品名称,规格型号	数量及单位	最终目的国(地区)	单价	总价	币制	征免

税费征收情况

录入员	录入单位	兹声明以上申报无讹并承担法律责任	海关审单批注及放行日期(签章)	
报关员			审单	审价
单位地址		申报单位(签章)	征税	统计
邮编　　电话		填制日期	查验	放行

附录 7　中华人民共和国海关进口货物报关单

JG01

中华人民共和国海关进口货物报关单

预录入编号：　　　　　　　　　　　　　海关编号：

进口口岸		备案号		进口日期		申报日期
经营单位		运输方式	运输工具名称		提运单号	
收货单位		贸易方式		征免性质		征税比例
许可证号		启运国(地区)		装货港		境内目的地
批准文号		成交方式	运费		保费	杂费
合同协议号		件数	包装种类		毛重(千克)	净重(千克)
集装箱号		随附单证				用途
标记唛码及备注						

项号	商品编号	商品名称、规格型号	数量及单位	原产国(地区)	单价	总价	币制	征免

税费征收情况

录入员	录入单位	兹声明以上申报无讹并承担法律责任	海关审单批注及放行日期(签章)	
报关员			审单	审价
单位地址		申报单位(签章)	征税	统计
邮编　　电话　　填制日期			查验	放行

附录 8——海运提单

海运提单

YICHENG LOGISTICS INC
WWW. yicheng-logistics. com

shipper ① ABC IMP. &. EXP. CO. （地址）	**BILL OF LADING**
reference	No. ④ YCTJ80601—0065
consignee (Non-Negotiable Uniess Consigned to Order) ② TO THE ORDER OF SHIPPERS	Exp Ref No. NYKS460371397

RECEIVED in apparent good order and condition except as otherwiss noted the total number of Containers or other packages or units enumerated below (*) for transportation from the place of receipt to the place of delivery subject to the terms hereof. One of the original Bills of Lading must be surrendered duly en-dorsed in exchange for the Goods or Delivery Order. IN WITNESS where of the number of original Bills of lading stated below have been signed. One of which being accompuiished , the other (s) to be void.

notify party ③ K&K Company （地址）

pre-carriage by	place of receipt

FMC NO. 17579 MOC-NVOC184

⑤ ocean vessel voy. no.	port of loading
DA HONG V. 021E	⑥ TIANJIN CHINA

⑥ port of discharge	place of delivery
SYDNEY AUSTRALIA	SYDNEY AUSTRALIA

container no.	sealno. : marks&nos.	No. of containers or pkgs.	kind of pcckages description of goods	gross weight	measurement
	⑦ STYLE NUMBER ORDER NUMBER SKU NUMBER COLOUR DESCRIPTION CARTON NO1-UP MADE IN CHINA	⑧ 1105 CTNS	SAID TO CONTAIN: 100 PCT COTTON JERSEY TOPS 100 PCT COTTON COTTON PIQUE TOPS 100 PCT POLYESTER POLAR FLEECE TOPS ⑩ CLEAN ON BOARD SHEPPER'S LOAD , COUNT AND SEAL FREIGHT PREPAID TOTAL: ONE THOUSAND ONE HUNDRED AND FIVE CTNS ONLY.	⑨ 8,477. 5KGS	⑨ 45,030 M3
NYKU8048587/ CN4861223 CY/CY 40'GP					
loaded into consolidated container No.			according to the declaration of the merchant.		

COPY

NON NEGOTIABLE

For particulars of delivery apply to:
BOE Company
（地址）
电话

Shipped on Board

DISBURSEMENT:

cargo insurance through the undersigned	freight prepaid ☐ freight collect ☐	place and date of Issue ⑫ TIANJIN
☐ not covered ☐ covered according to attached policy	number of original BL's ⑪ THREE	authorized signature ⑬
shipping order number		per

附录9——货物运输保险单

货物运输保险单

中国太平洋财产保险股份有限公司
CHINA PACIFICPROPERTY INSURANCE CO.,LTD.

客户服务电话：95500

AD AD0500183550

货物运输保险单
CARGO TRANSPORTATION
INSURANCE POLICY

① 保险单号（Policy No）：

中国太平洋财产保险股份有限公司（以下称承保人）根据被保险人的要求，在被保险人向承保人缴付约定的保险费后，按照本保险单承保险别和背面所载条款与下列特款承保下述货物运输险，特立本保险单。

This Policy of Insurance witnesses that China Pacific Property Insurance Company Limited（hereinafter called "The Underwriter"）at the request of the Insured named hereunder and in consideration of the agreed premium paid to the Underwriter by the Insured, undertakes to insure the undermentioned goods in transportation subject to the conditions of this Policy as per the Clauses printed overleaf and other special clauses attached herein.

被保险人（Insured）：②   ABC IMP. & EXP. CO.

标记： ③ Marks & Nos. As per Invoice No. 2006/T3252	包装与数量 ④ Quantity 16TCTNS	保险货物项目 ⑤ Description of Goods Jacket	⑥ 保险金额： Amount Insured USD 23100

总保险金额：⑦
Total Amount Insured USD TWENTY THREE THOUSAND ONE HUNDRED ONLY

费率：⑧ AS ARRANGED Rate	保费：⑨ AS ARRANGED Premium	免赔额/率：⑩ Deductible/Franchise 0.0000%

开航日期：⑪   DEC. 4. 2005
Slg. on or abt.

⑫ 装载运输工具：
Per conveyance S. S. LIMARLV. 544W

运输路线：自 ⑬   经   至 ⑭
Route   From XINGANG CHINA   By   To Rotterdam, Holland

承保险别：⑮
Conditions   ⑯   ORIGINAL NO. ONE

所保货物，如遇出险，本公司凭第一正本保险单及其他有关证件给付赔款，如发生本保险单项下负责赔偿的损失或事故，应立即通知下述代理人查勘。

Claims, it any, payable on surrender of the first original of the Policy together with other relevant documents. In the event of accident whereby loss or damage may result in a claim under this Policy, immediate notice applying for survey must be given to Agent as mentioned hereunder.

⑰   中国太平洋财产保险股份有限公司
CHINA PACIFIC PROPERTY INSURANCE CO., LTD.

Claim handling address （理赔地址）⑱   ⑲

授权签发
AUTHORIZED SIGNATURE _____

（公司签章 Stamp）

地址：
Address

电话：   传真：
Tel   Fax

赔款偿付地点
Claim payable at _____

THE FIRST ORIGINAL

中国太平洋财产保险股份有限公司
CHINA PACIFICPROPERTY INSURANCE CO.,LTD.

OCEAN MARINE CARGO CLAUSES

I. Scope or Cover

This insurance is classified into the following three Conditions-Free From Particular Average (F. P. A.), With Average (F. P. A) and All Risks. Where the goods insured hereunder sustain loss or damage, the Company shall undertake to indemnify therefor according to the Insured Condition specified in the Policy and the Provisions of these Clauses:

1. Free From Particular Average (F. P. A)

This insurance covers :

(1) Total or Constructive Total Loss of the whole consignment hereby insured caused in the course of transit by natural calamities-heavy weather, lightning, tsunami, earthquake and flood. In case a constructive total loss is claimed for, the Insured shall abandon to the Company the damaged goods and all his rights and title pertaining thereto. The goods on each lighter to or from the seagoing vessel shall be deemed a separate risk.

"Constructive Total Loss" refers to the loss where an actual total loss appears to be unavoidable or the cost to be incurred in recovering or reconditioning the goods together with the forwarding cost to the destination named in the Policy would exceed their value on arrival.

(2) Total or Partial Loss caused by accidents the carrying conveyance being grounded, stranded, sunk or in collision with floating ice or other objects as fire or explosion.

(3) Partial loss of the insured goods attributable to heavy weather, lightning and/or tsunami, where the conveyance has been grounded, stranded, sunk or burnt, irrespective of whether the event or events took place before or after such accidents.

(4) Partial or total loss consequent on falling of entire package or packages into sea during loading transshipment or discharge.

(5) Reasonable cost incurred by the Insured in salvaging the goods or averting or minimizing a loss recoverable under the Policy provided that such cost shall not exceed the sum Insured of the consignment so saved.

(6) Losses attributable to discharge of the insured goods at a port of distress following a sea peril as well as special charges arising from loading, warehousing and forwarding of the goods at an intermediate port of call or refuge.

(7) Sacrifice in and Contribution to General Average and Salvage Charges.

(8) Such proportion of losses sustained by the shipowners as is to be reimbursed by the Cargo Owner under the Contract of Affreightment "Both to Blame Collision" clause.

2. With Average (W. A.)

Aside from the risks covered under F. P. A. condition as above, this insurance also covers partial losses of the insured goods caused by heavy weather, lightning, tsunami, earthquake and/or flood.

3. All Risks

Aside from the risks covered under the F. P. A. and W. A. conditions as above, this insurance also covers all risks of loss of or damage to the insured goods whether partial or total, arising from external causes in the course of transit.

II. Exclusions

This insurance does not cover:

1. Loss or damage caused by the intentional act or fault of the Insured.

2. Loss or damage falling under the liability of the consignor.

3. Loss or damage arising from the inferior quality or shortage of the insured goods prior to the attachment of this insurance.

4. Loss or damage arising from normal loss, inherent vice or nature of the insured goods, loss of market and/or delay in transit and any expenses arising therefrom.

5. Risks and liabilities covered and excluded by the Ocean Marine Cargo War Risks Clauses and Strike, Riot and Civil Commotion Clauses of this Company.

III. Commencement and Termination of Cover

1. Warehouse to Warehouse Clause:

This insurance attaches from the time the goods hereby insured leave the warehouse or place of storage named in the Policy for the commencement of the transit and continues in force in the ordinary course of transit including sea, land and inland waterway transits and transit in lighter until the insured goods are delivered to the consignee's final warehouse or place of storage at the destination named in the Policy or to any other place used by the insured for allocation or distribution of the goods or for storage other than in the ordinary course of transit. This insurance shall, however, be limited to sixty (60) days after completion of discharge of the insured goods from the seagoing vessel at the final port of discharge before they reach the above mentioned warehouse or place of storage. If prior to the expiry of the above mentioned sixty (60) days the insured goods are to be forwarded to a desttation other than that named in the Policy, this insurance shall terminate at the commencement of such transit.

2. If, owing to delay, deviation, forced discharge, reshipment or transsshipment beyord the control of the Insured or any change or termination of the voyage arising from the exercise of a liberty granted to the shipowners under the contract of affreightment, the insured goods arrive at a port or place other than that named in the Policy, subject to immediate notice being given to the Company by the Insured and an additional premium being paid, if required, this insurance shall remain in force and shall terminate as hereunder:

(1) If the insured goods are sold at port or place not named in the Policy, this insurance shall terminate on delivery of the goods sold, but in no event shall this insurance extend beyond sixty (60) days after completion of discharge of the insured goods from the carrying vesel at such port or place.

(2) If the insured goods are to be forwarded to the final destination named in the Policy or any other destination, this insurance shall terminate in accordance with Section I above.

IV. Duty of the Insured

It is the duty of the Insured to attend to all matters as specified hereunder, failing which the Company reserves the right to reject his claim for any loss if and when such failure prejudice the rights of the Company:

1. The Insured shall take delivery of the insured goods in good time upon their arrival at the port of destination named in the Policy. In the event of any damage to the goods the Insured shall immediately apply for survey to the survey and/or settling agent stipulated in the Policy. If the insured goods are found short in entire package or packages or to show apparent traces of damage, the Insured shall obtain from the carrier, bailee or other relevant authorities (Customs and Port Authorities etc.) certificate of loss or damage and/or shortlanded memo Should the carrier, bailee or the other relevant authorities be responsible for such shortage or damage, the Insured shall lodge a claim with them in writing and, if necessary, obtain their confirmation of an exten sion of the time limit of validity of such claim.

2. The Insured shall, and the Company may also, take reasonable measures immediately in salvaging the goods or preventing or minimizing a loss or damage thereto. The measures so taken by the Insured or by the Company shall not be considered respectively, as a waiver of abandonment hereunder, or as an acceptance thereof.

3. In case of a change of voyage or any omission or error in the description of the interest, the name of the vessel or voyagc, this insurance shall remain in force only upon prompt notice to this Comany when the Insured becomes aware of the same and payment of an additional premium if required.

4. The following documents should accom pany any claim hereunder made against this Company:

Original Policy, Bill of Lading, Invoice, Packing List, Tally Sheet, Weight Memo, Certificate of Loss or Damage and/or Shortland Memo, Survey Report, Statement of Claim.

If any third party is involved, documents, relative to pursuing of recovery from such party should also be included.

5. Immediate notice should be given to the Company when the Cargo Owner's actual responsibility under the contract of affeightment "Both to Blame Collision" clause becomes known.

V. The Time of Validity of a Claim

The time of validity of a claim under this insurance shall not exceed a period of two years counting from the time of completion of discharge of the insured goods from the seagoing vessel at the final port of discharge.

附录 10——运输险投保单

运 输 险 投 保 单
Application for Transportation Insurance

① 被保险人： Insured:	② 发票号：2006/T3252 Invoice No.
ABC IMP. & EXP. CO.	合同号 Contract No. : 信用证号 L/C No. :

丝有下列物品拟向中国太平洋保险公司投保
Insurance is required on the following commodities

③ 标记 Marks & Nos	④ 包装及数量 Quantity	⑤ 保险货物项目 Description of Goods	⑥ 发票金额：USD. 21000 Amount Invoice： ⑦ 加成：10% Value plus about　　　　% ⑧ 保险金额：USD23100 Amount Insured
AS PER INV. NO. 2006/T3252	167CTNS	Jacket	

⑨ 装载运输工具　LIMARLV. 544W	
⑩ 开航日期　DEC. 4, 2005 Slg. on/abt.	提单号码 B/L NO.
⑪ From TIANJIN CHINA	经 via	⑫ 至 to　　Rotterdam , Holland
⑬ 请将要保的险别标明 Please indicate the Conditions &/or Special Coverage	COVERING ICC 'A' PLUS WAR RISKS
备注 Remarks:	⑭ 正本份数：　　　1 Original No. :
⑮ 投保人（签名盖章）： Name/Seal of Proposer:　Yw	⑯ 电话： Telephone No. : 123121312
地址： Address:	⑰ 日期： Date: DEC. 2, 2005

附录 11——出口收汇核销单

出口收汇核销单 出口退税专用

未经核销此联不得撕开

编号：015839581

出口单位：

单位代码：

货物名称	数　量	币种总价
⑧		

报关单编号：

外汇局签注栏：

年　　月　　日（盖章）

（海关盖章）

（出口单位盖章）

出口收汇核销单

③编号：015839581

出口单位：

单位代码：

银行签注栏	类　别	币种金额	日　期	盖　章
	④			

海关签注栏：　⑤

外汇局签注栏：　⑦

年　　月　　日（盖章）

（出口单位盖章）

出口收汇核销单 存根

编号：015839581

① 出口单位：

② 单位代码：

出口币种总价：

收汇方式：

预计收款日期：

报关日期：

备注：⑥

此单报关有效期截止到

附录 12——中华人民共和国海关出口货物报关单（出口退税专用）

中华人民共和国海关出口货物报关单

JG07

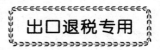
出口退税专用

中华人民共和国海关出口货物报关单

预录入编号：045600032　　　　　海关编号：020220050529024103

出口口岸　新港海关　0202		备案号	出口日期　2005－12－26	申报日期　2005－12－22
经营单位 1105919000　ABC 进出口公司	运输方式 江海运输	运输工具名称 HANJINLONDON/00027		提运单号　SC13EU24220A
发货单位 1105919000　ABC 进出口公司	贸易方式　一般贸易		征免性质　一般征税	结汇方式　电汇
许可证号	运抵国（地区）　瑞典	指运港　哥得堡		境内货源地　朝阳区（11059）
批准文号 033682940	成交方式 FOB	运费	保费	杂费
合同协议号 2006BVE61—T2000	件数　33	包装种类　纸箱	毛重（公斤）　363	净重（公斤）　297
集装箱号	随附单据		生产厂家	
标记唛码及备注				

项号	商品编号	商品名称、规格型号	数量及单位	最终目的国（地区）	单价	总价	币制	征免
1 (0)	6210400012	夹克 100% 尼龙	660.000 件 297.000 千克 660.000 件	瑞典（330）	6.5000	4290.00	USD 美元	照章征税
				用途：其他				

税费征收情况

录入员　　录入单位	兹声明以上申报无讹并承担法律责任	海关审单批注及放行日期（签章）	
报关员		审单	审价
单位地址	申报单位（签章）		
邮编　　电话	填制日期	征税	统计
		查验	放行

签发关员：

签发日期：